Wo Gottes Wort ist

Beiträge zu Theologie, Ethik und Kirche

Herausgegeben vom Schweizerischen Evangelischen Kirchenbund SEK

Wo Gottes Wort ist

Die gesellschaftliche Relevanz
von Kirche in der pluralen Welt

Festgabe für Thomas Wipf

Herausgegeben von
Thomas Flügge, Martin Ernst Hirzel,
Frank Mathwig, Peter Schmid

Bibliografische Information der Deutschen Nationalbibliothek

Die Deutsche Nationalbibliothek verzeichnet diese Publikation in der Deutschen Nationalbibliografie; detaillierte bibliografische Daten sind im Internet über ‹http://dnb.d-nb.de› abrufbar.

Umschlaggestaltung:

Simone Ackermann, Zürich
Foto: Brücke bei Konstanz 2007 TW

Abbildung Seite 5: SEK/Mosimann

Druck:

ROSCH-BUCH, Scheßlitz

ISBN 978-3-290-17576-4

© 2010 Theologischer Verlag Zürich

Thomas Wipf

Inhalt

8

IV. Kirche im ökumenischen Kontext

VORWORT

«Denn wo Gottes Wort ist, da ist auch Kirche.» Für christlich sozialisierte Ohren klingt die Einsicht ganz vertraut. Bezeichnenderweise findet sich der Satz in einer Rede von Pfarrer Dr. h. c. Thomas Wipf über ‹Protestantische Identität heute›. Im Kontext der Frage nach einer christlichen Identität in der pluralen Welt, also danach, was christliche Kirchen in ihrem Kern ausmacht, ist die Äusserung keineswegs so selbstverständlich, wie sie auf den ersten Blick erscheinen mag. Bereits die Formulierung ‹eine christliche Identität› provoziert die Rückfrage, ob es nicht angemessen ‹die christliche Identität› heissen müsste. Und auch die Eingrenzung des Horizonts auf die Frage nach ‹einer› – oder eben ‹der› – protestantischen Identität, schafft bekanntlich die Komplexität und Verschiedenheit der Antworten nicht aus der Welt.

Das Thema hat den Jubilar an- und umgetrieben. So sehr sein Herz stets an der protestantischen Version der Frage hing, so wenig hat er sich mit Antworten darauf zufriedengegeben. Die theologischen Zumutungen, die einem Zürcher Reformierten in gewisser Weise schon in die Wiege gelegt sind, zeigen sich in einer Such- und Dialogbewegung, die Thomas Wipf nicht nur durch die Welt, sondern ebenso über den kirchlichen und religiösen Globus geführt haben.

Als Pfarrer und Mitglied des Kirchenrates der Evangelisch-Reformierten Landeskirche des Kantons Zürich, während seiner zwölfjährigen Tätigkeit als Präsident des Rates des Schweizerischen Evangelischen Kirchenbundes (SEK), als Präsident der Gemeinschaft Evangelischer Kirchen in Europa (GEKE), Präsidiumsmitglied der Konferenz Europäischer Kirchen (KEK), Mitglied des Präsidiums der Arbeitsgemeinschaft christlicher Kirchen in der Schweiz AGCK-CH, Initiator und Vorsitzender des Schweizerischen Rates der Religionen (SCR), *spiritus rector* des Open Forum Davos, das jährlich in Kooperation mit dem World Economic Forum stattfindet, oder als Vorsitzender des Gesprächskreises Kirche und Wirtschaft (KiWi) war Thomas Wipf unterwegs, um die Stimme der christlichen Kirchen in der nationalen und internationalen Öffentlichkeit weithin hörbar zu machen.

Reisen sind Provisorien und halten den Blick frei für die biblische Wahrheit von der Vergänglichkeit der durchwanderten Gegenden. Des-

12

halb haben sich Weggefährtinnen und Freunde in der Festgabe zu einer gemeinsamen Rast zusammengefunden. Und folgerichtig bieten die hier versammelten Beiträge keine Rückschauen, sondern Ausblicke und Wanderrouten. Im besten biblisch-christlichen Sinne ehren die Autorinnen und Autoren den Jubilar mit einer politisch-theologischen Reiselektüre.

Ohne umfangreiche Mithilfe wäre der Band nicht zustande gekommen. Erst das spontane Interesse und die engagierte Bereitschaft der Autorinnen und Autoren haben die Realisierung der Idee des Buches möglich gemacht. Dem Schweizerischen Evangelischen Kirchenbund danken wir für vielfältige Unterstützung. Unser besonderer Dank gilt der Verlagsleiterin des Theologischen Verlags Zürich, Frau Marianne Stauffacher für ihre wohlwollende Förderung und entgegenkommende, tatkräftige Betreuung des Projekts.

Bern, im Oktober 2010   Die Herausgeber

GELEITWORT

Bundesrätin Eveline Widmer-Schlumpf

Beständiges Engagement mit langer Nachwirkung

Als «kirchenpolitisches Schwergewicht» und als «Reformierten zum Vorzeigen» bezeichnete *reformiert*, die evangelisch-reformierte Zeitung für die deutsche und die rätoromanische Schweiz, Thomas Wipf, als dieser im Januar 2010 seinen Rücktritt als Präsident des Rates des Schweizerischen Evangelischen Kirchenbundes (SEK) auf Ende 2010 ankündigte. Vorzeigen lässt sich meines Erachtens vor allem das Wirken von Thomas Wipf. Vieles, was er gemacht und erreicht hat, ist von grossem Gewicht, und es freut mich, dass ich mit dem Geleitwort in dieser Festschrift zur Würdigung dieses jahrzehntelangen Wirkens beitragen darf.

Ob als Präsident der Abgeordnetenversammlung, der Legislative des SEK, dann als Präsident des Rates SEK, als Mitbegründer des Schweizerischen Rates der Religionen (SCR), als Initiant des Open Forum Davos, als geschäftsführender Präsident der Gemeinschaft Evangelischer Kirchen in Europa oder als Teilnehmer der Gründungsversammlung der Weltgemeinschaft Reformierter Kirchen – in all diesen Funktionen stand und steht Thomas Wipf immer wieder in Beziehung zur Politik. Ich selbst erlebte ihn beispielsweise im Abstimmungskampf zur Minarettinitiative als Mitstreiter, dann aber auch im Rahmen des seit 2006 gepflegten regelmässigen Meinungsaustauschs zwischen Vertreterinnen und Vertretern des Bundes und dem SCR.

Thomas Wipf hat in einer seiner Reden Folgendes festgehalten: «Religion ist eine zutiefst persönliche Angelegenheit, aber gleichzeitig zielt ihre Wirkung auf den öffentlichen Raum. Religion ist eine Gestaltungskraft im Leben des Einzelnen und im Leben unserer ganzen Gesellschaft.» Mir scheint, hier sei so etwas wie ein Credo des «Vorzeige-Reformierten» Thomas Wipf zu erkennen. Er war und ist sich der Tatsache bewusst, dass Religion auf die Wahrnehmung in der Öffentlichkeit angewiesen ist, wenn sie ihre gestalterische Kraft entfalten will. Entsprechend zeigt er sich und bringt seine Ansichten, seine Anliegen und jene der Organisationen, die er vertritt, auf den verschiedenen Plattformen in den öffentlichen Diskurs ein. Dort, wo keine Plattformen vorhanden sind, schafft er sie selbst oder geht auf andere zu, um gemeinsam mit ihnen solche zu bilden. Dieses Wirken, unvermeidlich interreligiös und gesellschaftspolitisch, fällt auf und verdient Anerkennung. Zu anerkennen ist vor allem aber auch, dass Thomas Wipf es nie nur auf blosse Wirkung, auf blossen Effekt abgesehen hat. Immer ging und geht es ihm um die Menschen, die Inhalte, die Sache.

Eine Sache, die Thomas Wipf mit mir im direkten Gespräch erörtert hat, ist die Frage eines Religionsartikels in der Schweizerischen Bundesverfassung. Seit 1999, also seit dem Jahr seines Amtsantritts als Präsident des Rates SEK, macht sich Thomas Wipf für eine zukunftsfähige und umfassende verfassungsrechtliche Regelung des Verhältnisses zwischen dem Bund einerseits sowie den Kirchen und den übrigen Religionsgemeinschaften andererseits stark. Damals, im Rahmen der parlamentarischen Vorarbeiten zur Aufhebung des Bistumsartikels, war ein solcher Religionsartikel diskutiert worden und vorübergehend in mehr oder weniger greifbare Nähe gerückt. Die Staatspolitische Kommission des Ständerats hatte im August 1999 in einer Motion vorgeschlagen, nicht nur den Bistumsartikel aufzuheben, sondern gleichzeitig dafür zu sorgen, dass in der Bundesverfassung die allgemeinen Grundsätze der Beziehungen zwischen Religionsgemeinschaften und Staat festgehalten werden. Im Ständerat wurde diese Motion im Oktober 1999 mit 20 zu 18 Stimmen angenommen. Die Staatspolitische Kommission des Nationalrats empfahl die Motion dann aber zur Ablehnung. Die Kommission war der Ansicht, dass ein Verfassungsartikel, der nicht nur die Pflicht zur Genehmigung neuer Bistümer durch den Bund aufheben, sondern im gleichen Zug auch die Stellung aller Religionsgemeinschaften in der Schweiz regeln möchte, grössere Schwierigkeiten mit sich bringen würde. Und damit hätte sich dann eben auch die weit herum unbestrittene Aufhebung des Bistumsartikels verzögert. Der Nationalrat folgte dem Antrag seiner Kommission und lehnte die ständerätliche Motion im September 2000 mit 150 zu 6 Stimmen ab.

Noch im selben Monat setzte der Rat des SEK, der damals seit gut einhalb Jahren von Thomas Wipf geleitet wurde, eine Expertengruppe «Religionsartikel» ein. Diese hatte mögliche Stossrichtungen des weiteren

Vorgehens hin zu einer umfassenden Regelung des Verhältnisses zwischen dem Bund und den Kirchen beziehungsweise Religionsgemeinschaften in der Bundesverfassung aufzuzeigen. Die Expertengruppe tat dies ausgehend von einer Feststellung, die ich nur teilen kann: Im 21. Jahrhundert geht es in der Schweiz nicht mehr darum, über eine Trennung von Kirche und Staat zu diskutieren – vielmehr muss geklärt werden, wie der Staat den religiösen Pluralismus reguliert. Die in unserem Staat zusammengeschlossene Gemeinschaft muss festlegen, welche Position, welche Haltung sie gegenüber den verschiedenen religiösen Organisationen einnimmt und welche Rolle sie diesen in der Gesellschaft zuweist. Die Beziehung zwischen Staat und Kirche, so die Expertengruppe 2002, gelte es «zu überdenken und neu zu erfinden». Zugleich machte die Expertengruppe deutlich, dass dabei in ihren Augen nicht nur die Gesamtheit der Kantone, sondern auch der Bund gefordert ist. Schliesslich nehme er einen Teil seiner Aufgaben in Kooperation mit den Kirchen und Religionsgemeinschaften wahr, beispielsweise in der Entwicklungszusammenarbeit sowie bei der Betreuung von Asylsuchenden und Flüchtlingen, aber etwa auch bei der ausserschulischen Jugendförderung und der Seelsorge in der Armee.

Thomas Wipf vertrat und vertritt diesen Standpunkt, von dem aus eine aktive Religionspolitik als geboten erscheint, dezidiert und klar. «Das Thema Religion muss aus der politischen Tabuzone herauskommen», lautet eines seiner griffigen und anschaulichen Postulate. Dieses klare Anliegen war in meiner Wahrnehmung stets gepaart mit dem Verständnis für die Mechanismen unserer Politik. Deshalb warnte Thomas Wipf davor, unausgereifte Ideen als Forderungen aufs politische Tapet zu bringen: «Erst wenn zwischen den Kirchen ein Konsens gefunden ist, sollen die Vorschläge in die Politik eingebracht werden», heisst seine Losung. Daher sein Engagement für den Dialog zwischen den Kirchen und Religionen, das sein Wirken im letzten Jahrzehnt geprägt hat.

Heute nun ist auch die Politik wieder bereit, sich des Themas einer verfassungsrechtlichen Regelung des Verhältnisses zwischen Staat und Religion anzunehmen. Nach einer Art «Funkstille» seit 2000 wurden im laufenden Jahr auf Bundesebene gleich drei Vorstösse für einen Religionsartikel eingereicht: Ein Postulat von Kathrin Amacker-Amann mit 4 Mitunterzeichnenden, eine Parlamentarische Initiative von Walter Donzé mit 22 Mitunterzeichnenden sowie eine Standesinitiative des Kantons Basel-Stadt. Während die beiden letzteren noch pendent sind, hat der Bundesrat zum Postulat bereits Stellung genommen. In seiner Antwort vom 26. Mai 2010 hält er fest, er wolle sich der Diskussion über die Einführung eines Religionsartikels in der Bundesverfassung nicht verschliessen. Gespräche über eine Verfassungsbestimmung, die grundsätzliche Aspekte der gesellschaftlichen Bedeutung der Religionsgemeinschaften und ihres Verhältnisses zum Staat zum Gegenstand habe, seien angesichts der Entwicklungen der letzten Jahre durchaus sinnvoll. Deshalb sei er bereit, sich an solchen Gesprächen mit den Religionsgemeinschaften und den Kantonen zu beteiligen.

Thomas Wipf darf am Ende seiner Amtszeit also feststellen, dass eintritt, was ihm wichtig ist: Die Religion kommt aus der Tabuzone heraus und ist wieder Thema im politischen Diskurs. Der Bund bewegt sich auf die Plattform des Dialogs zu, deren Bildung und Betrieb Thomas Wipf seit den 1990er Jahren Aufgabe und Berufung ist. Thomas Wipf darf in der Gewissheit gehen, dass sein grosses Engagement in den Gesprächen, die aus Sicht des Bundesrats langfristig anzulegen sind, noch lange nachwirken wird.

I. THEOLOGISCHE PERSPEKTIVEN

Mit der Tora der Geschichte zum Trotz
Oder: Der Dialog hat erst begonnen

Michel Bollag

«Die Horizonte sind weiter, die Gefahren sind grösser geworden. […] Keine Religion ist eine Insel. Wir sind alle miteinander verbunden. Zweck des Dialogs ist weder, einander zu schmeicheln noch sich gegenseitig zu widerlegen, sondern einander zu helfen, Einsichten und Lernen zu teilen, bei akademischen Unternehmungen auf höchster wissenschaftlicher Ebene zusammenzuarbeiten und, was noch wichtiger ist, in der Wüste nach Quellen der Verehrung zu suchen, nach kostbarer Stille, nach Kraft der Liebe und Fürsorge für den Menschen.»

Dieses Zitat ist einem Vortrag des jüdischen Religionsphilosophen Abraham Jehoschua Heschel (1907–1970) entnommen, der jüdische Ethik und Mystik am Jewish Theological Seminary of America lehrte. Der Titel des Referates, das Heschel 1965 gehalten hatte, lautete: «Keine Religion ist ein Eiland», und es war derselben Thematik gewidmet, die heute Menschen beschäftigt, die sich im Dialog zwischen den Religionen engagieren, nämlich theologische Grundlagen zu finden – vielleicht müsste man eher sagen Rechtfertigungen – für einen Dialog des Judentums mit anderen Religionen, insbesondere aber – damals – mit dem Christentum.

Heschels Aussage ist in mehrfacher Weise bemerkenswert. Zunächst deshalb, weil sie in einer Zeit gemacht wurde, in welcher der Dialog der Religionen und dessen Notwendigkeit im öffentlichen Raum noch kaum zur Kenntnis genommen wurde.

Bemerkenswert und atypisch ist das Bekenntnis Heschels zur Notwendigkeit des Dialogs auch, weil es nicht dem Denken des Reformjudentums entstammt, welches demjenigen der europäischen Aufklärung nahesteht, sondern von einem Juden formuliert wurde, der aus einem traditionellen chassidischen ostjüdischen Milieu stammte und der die Halacha sein Leben lang als Richtschnur des jüdischen Lebens betrachtete und danach strebte, deren spirituelle Dimensionen offenzulegen.

Bereits im ersten Satz seines Vortrags begründet Heschel die Notwendigkeit des Dialogs mit denjenigen Argumenten, die heute immer wieder ins Feld geführt werden.

Mit der Feststellung, dass die Horizonte weiter geworden sind, ist zum einen die bereits damals sich ankündigende Globalisierung angesprochen. Die technologischen und wirtschaftlichen Entwicklungen lassen Menschen verschiedener Kulturen und Religionen näher zueinander rücken und zwingen sie, nebeneinander und miteinander zu leben. In der real und virtuell vernetzten Wirklichkeit geraten nicht nur Konsumgüter, sondern auch Ideen und Weltanschauungen weltweit in Umlauf. Die Dynamik der permanenten Veränderung, die dem modernen und noch mehr dem postmodernen Zeitalter eigen ist, verändert auch das menschliche Bewusstsein. Bisher als sicheres Wissen geltende Überzeugungen geraten ins Wanken, Weltbilder verändern sich, Identitäten werden in Frage gestellt. Zur technologisch verursachten, meist positiv konnotierten Mobilität von Gütern und Menschen kommt ganz entscheidend eine andere Form der Mobilität hinzu, welche Menschen verschiedener Religionen und Kulturen geographisch näher rücken lässt und etablierte Gesellschaften von innen her herausfordern: Die auf wirtschaftliche oder politische Gründe zurückzuführende Migration. Sie bringt es mit sich, dass ganz unterschiedliche Kulturen und Religionen in den geographischen Raum eindringen, der von der christlich-abendländischen Kultur geprägt ist.

Damit ist gleichzeitig auch der zweite Grund angesprochen, der den Dialog zwischen Kulturen und Religionen aus der Sicht Heschels notwendig macht. Mag in den Augen Heschels das Gefahrenpotential, das in unserem Umgang mit den natürlichen Ressourcen und insbesondere in der militärischen Nutzung der Atomenergie Anfang des letzten Drittels des 20. Jahrhunderts lag, noch im Vordergrund gestanden haben, erwächst den letztgenannten gesellschaftlichen Entwicklungen auch ein Konfliktpotential, das Heschel durch den Dialog zwischen Menschen verschiedener Religionen entschärfen will. Eine ganze interreligiöse Dialoggemeinschaft, darin unterstützt von progressiven politischen Kräften, unterschreibt heute Heschels These und sieht im Dialog ein Gebot der Stunde.

Bedenkenswert ist bei genauerer Reflexion von Heschels Aussage, dass – ähnlich wie sich bereits die Aufklärung im achtzehnten Jahrhundert nicht innerhalb der Kirchen ereignete, sondern zunächst gegen sie entstand und im Vorfeld der Aufklärung Religionskriege wesentlich dazu beigetragen hatten, Religionen in die private Sphäre zu verdrängen – auch der interreligiöser Dialog, der ohne Aufklärung nicht denkbar geworden wäre, nicht aus der natürlichen Neigung der Religionen zum Dialog und zur friedlichen Koexistenz erwächst, sondern vielmehr aus historisch bedingten Notwendigkeiten und gegen die natürliche Tendenz der Religionen, ihren eigenen absoluten Wahrheitsanspruch gegen andere zu verteidigen. Diese Einsicht scheint mir entscheidend, will man auch die Widerstände verstehen, mit denen sich Menschen konfrontiert sehen, die sich heute im interreligiösen Dialog engagieren, sei er jüdisch-christlich oder christlich-muslimisch, geschweige denn muslimisch-jüdisch. Denn der Dialog mit einem anderen, soll er lebendig sein und nicht nur den Austausch von Nettigkeiten bedeuten, stellt über Jahrhunderte gewachsene und zum Selbstbild der eigenen Religion gehörende Überzeugungen in Frage. Trug jedoch in den siebziger und achtziger Jahren des 20. Jahrhunderts eine gewisse gesellschaftliche Indifferenz Religionen gegenüber dazu bei, dass dialogische Bemühungen noch nicht rezipiert wurden, so ist es heute die viel zitierte Rückkehr der Religionen in die öffentliche Debatte, die Menschen dem interreligiösen Dialog skeptisch gegenüberstehen lässt. Denn angesichts einer immer komplexer werdenden Wirklichkeit, von Krisen und kollektiver Verunsicherung können Religionen mit ihren Weltbildern und Ritualen, auch wenn sie nicht praktiziert werden, eine stabilisierende Funktion für die Selbstvergewisserung der eigenen kulturellen Identität übernehmen.

Die Feststellung, dass Dialoge zwischen den Religionen erst aus Krisen entstehen, gilt im besonderen Mass für den christlich-jüdischen Dialog. Er entstand aus dem Entsetzen, das die Schoa zunächst bei vielen Christen ausgelöst hatte. Die Erkenntnis, dass die antijudaistischen Lehren der Kirche, die gemeinsam mit anderen antijüdischen und antisemitischen Klischees zum kulturellen Code Europas gehörten, den Nährboden für die Schoa gebildet haben, bewog allmählich kirchliche Gremien dazu, ihr Verhältnis zum Judentum zu revidieren.[1] Der Impuls zum Dialog kam und kommt bis heute von einzelnen Christen und von offiziellen Kirchen, die das Erbe der jahrhundertealten Lehre der Verachtung ernst nehmen und eine ernsthafte, ehrliche Umkehr eingeleitet haben, die häufig von einem tiefen Wunsch nach Versöhnung mit dem jüdischen Volk begleitet ist. Diesen Bemühungen stehen die Erben der Opfer ambivalent und zurückhaltend gegenüber. Während die Gesprächsangebote christlicherseits sehr deutlich theologisch motiviert sind, ist das jüdische Interesse am Dialog vornehmlich politisch bedingt. Man soll und will aufklären, man soll und will den Antisemitismus in Kirche und Gesellschaft reduzieren und man nimmt die positiven Signale der Kirchenleitungen durchaus wahr und schätzt sie als ernsthaft ein. Der Glaube an ihre Wirkung wird jedoch mehrheitlich überschattet durch die schmerzhafte historische Erfahrung einer Feindschaft, die sich nicht so schnell aus dem kollektiven Bewusstsein des Westens ausmerzen lässt. Zudem schwingt in der Skepsis dem Dialog gegenüber die Angst mit, es handle sich dabei nur um eine neue, modern verkappte Form der Mission, er diene eher der Assimilation der Juden und werde nicht auf Augenhöhe geführt.

Heschel gehört zu den wenigen jüdischen Denkern der zweiten Hälfte des 20. Jahrhunderts, die trotz der Erfahrung der Schoa im interreligiösen Dialog und zunächst im jüdisch-christlichen Dialog auch eine theologische Notwendigkeit sehen. Sein Ansatz, wie ich ihn eingangs zitiert habe, bietet bis heute von der Innenperspektive des jüdischen Denkens her betrachtet einen guten Ausgangspunkt für den interreligiösen Dialog im Allgemeinen und den jüdisch-christlichen im Speziellen. Heschel sieht dessen Sinn nicht in der platten Suche nach den Gemeinsamkeiten der Religionen, im Stile von: Wir haben denselben Gott, dieselbe Bibel, die-

---

[1]   Dieser Prozess hat auch innerhalb der dem Schweizerischen-Evangelischen Kirchenbund (SEK) angeschlossenen Landeskirchen stattgefunden. Ab den achtziger Jahren des letzten Jahrhunderts haben deren vielfältigen Bemühungen um einen respektvollen Umgang mit der jüdischen Gemeinschaft in der Schweiz dazu beigetragen, zwischen der offiziellen Kirche und den Vertretern der jüdischen Gemeinschaft ein Klima des Vertrauens herzustellen, in dem auf verschiedenen Ebenen ein Dialog entstehen konnte. 1987 haben der SEK und der Schweizerische Israelitische Gemeindebund (SIG) eine permanente Dialogkommission (EJGK) eingesetzt.

selbe Ethik usw.[2] Auch wenn solche Gemeinsamkeiten zwischen den monotheistischen Religionen zweifellos bestehen und auf jüdischer Seite wieder aufgegriffen werden mussten – was bereits eines der Verdienste der Haskala (jüdische Aufklärungsbewegung) und des Reformjudentums ist –, so ist der Zweck des Dialogs gemäss Heschel nicht, «einander zu schmeicheln» und Unterschiede zu verwischen.

Zweck des Dialogs ist aber auch nicht, sich gegenseitig zu widerlegen. Damit widersetzt sich Heschel implizit auch jenen Formen des theologischen Diskurses, welche auf einer essentialistischen Auffassung von Religion gründen und die jeweils eigene Religion als die einzig wahre und am Ende der Geschichte triumphierende erscheinen lassen.

Aus diesem Blickwinkel betrachtet, muss Heschel als Pionier und Vordenker observant-liberaler Juden betrachtet werden, die sich erst unter den Auspizien einer im Vergleich zu den sechziger Jahren pluralistischer und auch multikultureller gewordenen Gesellschaft artikulieren konnten. Zu Ihnen gehören Jonathan Sacks (Oberrabbiner Englands), Irwin Greenberg, David Hartmann, Alon Goshen Gottstein und viele andere, die dem Dialog der Religionen gerade aus dem partikularen Ansatz der Hebräischen Bibel und des Talmuds, aus dem Spezifischen und dem Differenten also, welches das Judentum auszeichnet, neue theologische Impulse vermitteln wollen. Der gemeinsame Ausgangspunkt dieser Gelehrten bildet zunächst eine Wiedererwägung des durch die Verfolgungsgeschichte erschütterten Bildes des anderen im Judentum. Sowohl inhaltlich als auch methodisch knüpfen sie an die traditionelle jüdische Hermeneutik der Spätantike und des Hochmittelalters an und bedienen sich derer Methoden. Dabei ist es immer wieder der universale Gedanke der Erschaffung des Menschen im Ebenbild Gottes, den observant-liberale Denker in der Nachfolge Heschels erneut in den Vordergrund rücken.

Auch wenn es starke Gegenströmungen gibt, die angesichts der Verachtung der Juden nur noch in diesen das Ebenbild Gottes sehen wollen, wird in den Quellen der rabbinischen Literatur der Spätantike, des Mittelalters und der Neuzeit sowie in den sich mit ihnen auseinandersetzen-

---

[2]   Im Jahr 2000 wurde in den USA ein von über 220 Rabbinern und Intellektuellen unterzeichnetes Dokument (*dabru emet* – Sprich die Wahrheit) über das Verhältnis von Christentum und Judentum, insbesondere deren theologische Unterschiede, veröffentlicht.

den Werken der klassischen jüdischen Religionsphilosophie und in halachischen Schriften der Gedanke der Ebenbildlichkeit mehrfach zum
obersten Prinzip erhoben. Dass menschliches Leben heilig ist, weil es
von Gott erschaffen wurde, ist eine autoritative Regel. Daraus folgt, dass
wer immer einen Menschen verachtet, auch Gott selbst verachtet.

Um es mit dem Oberrabbiner von Grossbritannien, Sir Jonathan
Sacks, pointiert zu formulieren: Es geht in der heutigen globalisierten
Welt um die Frage, ob wir das göttliche Ebenbild in einem Menschen
erkennen können, der nicht in unserem Ebenbild ist. Wenn uns dies
nicht gelingt, dann besteht die reelle Gefahr, dass religiös konnotierte
Konflikte uns in eine Reihe von zerstörerischen Konfrontationen stürzen, für die «9/11» ein bleibendes Mahnmal bildet.

Von der Grundvoraussetzung der fundamentalen Gottebenbildlich-
keit jedes Menschen werde ich in der Folge zwei Ansätze darstellen, die
aus jüdischer Perspektive im Dialog mit anderen Religionen fruchtbar
gemacht werden können.[3]

1. Tikkun Olam – Erhaltung der Schöpfung

Als erstes sei das in Kreisen des Reformjudentums bereits rezipierte
Konzept von *Tikkun Olam* erläutert. Tikkun Olam heisst übersetzt: Er-
haltung, Vorbereitung, Errichtung oder Reparieren der Welt. Tikkun Olam
verstanden die Rabbinen in der Mischna als die Gestaltung und Erhal-
tung der sozialen Ordnung. Tikkun Olam impliziert insbesondere die
Formulierung und Durchsetzung von Gesetzen, welche den Respekt vor
der Integrität menschlichen Lebens und Besitzes garantieren. Ohne sie
würde die Schöpfung zum Chaos zurückkehren. Tikkun Olam ist das
primäre Ziel der im Lichte der Tora erschaffenen Welt. Tikkun Olam hat
einen wesentlich universellen Charakter, betrifft alle Menschen und
gründet im biblischen Credo der Erschaffung des Menschen im Ebenbild Gottes und des an ihn erteilten Auftrages, den Garten, in den Gott
ihn gesetzt hat, zu bebauen, das heisst, dieser erschaffenen Welt zu dienen und sie zu bewahren.

---

[3]   Sie haben ihren Niederschlag in der Arbeit der vom Schweizerischen Evangelischen Kirchenbund und vom Schweizerischen Israelitischen Gemeindebund vor 21
Jahren eingesetzten Gesprächskommission EJGK gefunden (vgl. Anm. 1).

Alle Menschen, die sich mit dem Tikkun Olam befassen, gelten in den talmudischen Schriften als Söhne Noachs. Ihnen gewähren die Rabbinen ab dem 3. Jahrhundert n. Chr. den Status eines *Ger Toschaw*, eines Fremden mit Niederlassungsrecht in einer unabhängigen jüdischen Entität auf dem Boden des Landes Israel. Der Status des Ger Toschaw ist freilich ein rein theoretisches Konstrukt geblieben, das die Rabbinen des dritten und vierten Jahrhunderts angesichts der realen politischen Ohnmacht der Juden in Palästina und in der Diaspora entworfen hatten.

Jenseits der politischen Umsetzungsmöglichkeiten unter den Auspizien neuer Machtverhältnisse zwischen Juden und Nichtjuden im verheissenen Land liegt die theologische Relevanz des Status des Ger Toschaw in der talmudischen Aussage, dass ein Mensch, der sich an die noachidischen Gebote hält und damit den Auftrag des Tikkun Olam erfüllt, «Anteil an der kommenden Welt» hat. Diese rabbinische Formel, wie auch immer sie interpretiert wird, ob sie eine jenseitige oder diesseitige göttliche Vergeltung meint, enthält eine unmissverständliche Botschaft, die da lautet: Alle Menschen, die sich mit dem Tikkun Olam befassen, haben Anteil am Heil. Es bedarf keines spezifischen Glaubens, um am Heil Anteil zu haben. Alles wessen es zum Heil bedarf, ist sozusagen menschlicher Anstand, nicht irgendein religiöser Glaube, den alle Menschen teilen müssten. Insofern der Dialog der Religionen den Tikkun Olam fördert, ist er notwendig und gehört prinzipiell zum Kerngeschäft der Religionsgemeinschaften. Er ist sowohl eines ihrer theologischen Fundamente als auch deren Ziel: den Frieden zu fördern.

Rabbiner Chajim David Halevi (1924–1998), der Oberrabbiner von Tel-Aviv war, greift in seinen rabbinischen Responses das rabbinische Konzept des Tikkun Olam auf und wendet es an auf die neuen Bedingungen jüdischer Existenz nach der Emanzipation der Juden in Europa und der Erschaffung eines unabhängigen jüdischen Staates.

Den Spiess umdrehend, wenn man so sagen darf, statuiert er aus der Position derjenigen, die nun nach der Entstehung eines unhabhängigen jüdischen Staates ebenfalls Anteil an der Macht haben, dass die Juden der Mizwa dem Tikkun Olam genauso verpflichtet sind wie Nichtjuden. Diese Verpflichtung ist gewiss eine moralische. Aus der Perspektive einer rabbinischen halachischen Autorität ist sie integraler Bestandteil der Tora und hat vor den rituellen, partikularen Geboten Vorrang. An der Einhaltung der allgemeinen menschlich-ethischen Verpflichtungen, die dem Konzept von Tikkun Olam zugeordnet sind, und nicht an der Einhaltung der rituellen Gebote, die nur den Juden gelten, so schreibt Rabbiner Chajim David Halevy in seinen Responsen, werden Juden wie auch Nichtjuden von Gott gemessen. Diese Auffassung eines anerkannten orthodoxen Rabbiners ist für mein Dafürhalten eine bahnbrechende Aussage innerhalb des rabbinischen Schrifttums und stellt eine auf klassischen Quellen beruhende Überwindung der theologischen Hürden auf dem Weg zu einer positiven Beurteilung des anderen dar.

2. Verschiedene Zugänge zur göttlichen Offenbarung

Im jüdischen Offenbarungsverständnis finden verschiedene Gelehrte eine Grundlage für die Anerkennung verschiedener religiöser Wahrheiten und damit einen möglichen Ausgangspunkt für den Dialog mit anderen Religionen.

Auf den ersten Blick scheint die Idee der Offenbarung einer göttlichen Wahrheit, sei sie im Gleichnis eines visuellen oder eines auditiven Ereignisses beschrieben worden, einen religiösen Pluralismus auszuschliessen. In der Auslegung des Verses in jenen biblischen Kapiteln, welche die Offenbarung am Sinai schildern, wo es heisst: «Und das ganze Volk sah die Stimmen» *(Kolot)* (Ex 20,15) stösst sich der Midrasch an der Verwendung des Plurals «Stimmen», «wo es doch nur ein Gott ist, der das Zehnwort spricht».

Es heisst (Ex 20,18): «Das ganze Volk sah die Stimmen (Hakolot)». Es heisst nicht «Hakol» – die Stimme, sondern «Hakolot» – die Stimmen. R. Jochanan sagte:

«Die Stimme ging aus und teilte sich in 70 Stimmen nach den 70 Sprachen, damit alle Nationen sie vernehmen konnten.

Komm und sieh, wie die Stimme jedem Israeliten nach seinem Vermögen sich mitgeteilt hat: Den Alten nach ihrer Kraft, den Jünglingen nach ihrer Kraft, den Kleinen nach ihrer Kraft, wie es heisst (Ex 19,19): ‹Mose redete und Gott antwortete ihm mit Stimme› d. h. mit Stimme, die er ertragen konnte, so sagt er auch (Ps 29,4): ‹Stimme des Ewigen mit Kraft›. Es heisst nicht ‹bekocho›: mit seiner Kraft, sondern ‹Bekoach›: mit der Kraft eines jeden» (Shemot Rabba 5,4).

Nach dieser rabbinischen Deutung ist die Offenbarung weder absolutistisch noch monolithisch. Sie richtet sich grundsätzlich an alle Menschen. Weil diese zwar alle im Ebenbild des einen Gottes erschaffen sind und trotzdem kein Mensch dem anderen gleicht, muss die Offenbarung dem subjektiven Begriffsvermögen jedes Einzelnen und den entsprechenden Kulturen der verschiedenen Völker angepasst sein. Für den mittelalterlichen Bibelkommentator, Dichter und Philosophen Abraham Ibn Esra ist es die begrenzte Fähigkeit des menschlichen Empfängers, welche die Offenbarung notwendigerweise subjektiv macht und damit zugleich relativiert.

Der bis vor kurzem kaum rezipierte Gelehrte Netan'el Ibn al-Fayumi (um 1165 in Jemen) diskutiert auf dem Hintergrund der Offenbarung des Qur'ans an Muhammad in seinem Buch Bustan al.uqul (Garten des Verstandes) und gestützt auf die soeben zitierte rabbinische Interpretation explizit die Thematik mehrfacher Offenbarungen.

«Wisse sodann [...] dass nichts Gott daran hindert, in seiner Welt zu senden, wen immer er will [...] Selbst vor der Offenbarung der Tora sandte er Propheten zu den Völkern [...] und nach ihrer Offenbarung hat Ihn wiederum nichts daran gehindert – zu ihnen zu senden, wen Er will, damit die Welt nicht ohne Religion bleibe.»

Ibn Fayumi postuliert also eine Pluralität von Offenbarungen und deren kulturelle Bedingtheit. Offenbarung und Pluralität schliessen sich gegenseitig nicht aus. Ganz im Gegenteil: Sie bedingen einander.

Im Anschluss an den pluralistischen Ansatz Ibn Fayumis formuliert Norman Solomon, der ebenfalls zur Gruppe der observant-liberalen Denker gehört, drei Prinzipien, die einer jüdischen Theologie des interreligiösen Dialogs zugrunde liegen müssen.[4]

Das erste Prinzip ist aus historischer Perspektive die Unmöglichkeit, eine einzige Form einer der drei monotheistischen Religionen als die ideale, reine oder authentische hinzustellen. Zu verschieden sind die Überlieferungen innerhalb einer jeden von ihnen, als dass sie dies zuliessen.

Das zweite Prinzip: Diese Verschiedenheit ist kein Mangel, sondern ein Zeichen spiritueller, geistiger Kreativität eines jeden Glaubens.

Das dritte Prinzip: Die verschiedenen Erscheinungsformen innerhalb und umso mehr ausserhalb einer jeden Religion sind Ausdruck eines

---

[4]   Vgl. Norman Solomon, Auf dem Wege zu einer jüdischen Theologie des jüdisch-christlich-muslimischen Gesprächs, in: Judaica. Beiträge zum Verstehen des Judentums, 4/2001, 269–283.

Glaubens, der durch die Verschiedenheit der Menschen und Kulturen bedingt ist.

Der sich auf rabbinische Texte stützende und deren Verständnis erweiternde radikale Offenbarungspluralismus eines N. Solomon und anderer jüdischer Denker der Gegenwart fordert die sich immer wieder auf die Autorität der Rabbinen berufende Orthodoxie insofern radikal heraus, als er sich im Gegensatz zu den Dialogteilnehmern, die aus der Tradition der Reformbewegung kommen, auf die klassische jüdische Hermeneutik stützt. Während der orthodoxe Mainstream heute den Erwählungsbegriff im Sinne einer geistigen Exklusivität deutet, also davon ausgeht, dass es nur eine Wahrheit gibt, die der Schlüssel zur Erlösung ist und demzufolge explizit oder implizit, sogar ans Ende der Zeit projizierte rituelle Inklusivität fordert, plädiert der Offenbarungspluralismus für eine geistige Inklusivität, die logischerweise mit einer rituellen Exklusivität gepaart ist. Geistige Inklusivität bedeutet die Anerkennung, dass verschiedene Gruppen fähig sind, wenn auch in unterschiedlichen Bildern, Vorstellungen und Begriffen, Wahrheit zu verstehen oder, um Heschel nochmals zu zitieren, «Quellen der Verehrung der kostbaren Stille, der Liebe und Fürsorge für den Menschen» sein können.[5]

Die Erwählung verstanden als rituelle Exklusivität, ist das logische und notwendige Pendant dazu. Sie bedeutet, dass unterschiedliche religiöse Zugänge und rituelle Praxis wünschenswert, notwendig und bereichernd sind, und zwar deshalb weil sie eine Einübung in eine der bedeutenden religiösen Tugenden fördern: die Tugend der Bescheidenheit.

3. Hasse nicht den Ägypter, denn du warst ein Fremdling in seinem Land (Dtn 23,8)

Den Ansätzen zu einer innerjüdisch motivierten neuen Sicht auf den Anderen, die es ermöglichen, in einen fruchtbaren Dialog mit ihm zu treten, steht eine entscheidende hohe psychologische Hürde im Weg: die mehrfache Last der Geschichte, der Antijudaismus in der kirchlichen

---

[5] Vgl. Raphael Jospe, Pluralismus aus den Quellen des Judentums. Auf der Suche nach religiösem Pluralismus ohne Relativismus, in Judaica. Beiträge zum Verstehen des Judentums, 4/2008, 257–280.

Lehre, der Universalitätsanspruch des Christentums und die daraus entstandenen Verfolgungen bis hin zum geplanten Genozid.

Wie in diesem Aufsatz bereits einmal erwähnt: Die begonnene Auf-
klärungsarbeit innerhalb westlicher Kirchen und die mit ihr verknüpften
Aktivitäten – Synagogen- und Gottesdienstbesuche, Kurse zu jüdischen
Themen in Kirchgemeinden usw. – wird realpolitisch und durchaus
pragmatisch als Angebot für eine friedliche Koexistenz begrüsst. Bewusst oder unbewusst bleiben die Vorbehalte gegenüber dialogischen
Bemühungen vorhanden. Diese widerspiegeln das tiefe Misstrauen, das
Juden durch den Verlauf der Geschichte gegenüber Nichtjuden im Allgemeinen und Christen insbesondere entwickelt haben. Dieses nährt sich
nicht zuletzt aus dem bei weitem nicht überwundenen kollektiven Trau-
ma der Schoa. Diese Vorbehalte gelten umso mehr angesichts der realen
Bedrohungen, denen der Staat Israel heute ausgesetzt ist und die von den
Juden in aller Welt ungeachtet deren Haltung zur Politik dieses Staates
als existentiell erlebt werden. Juden jeglicher Schattierung messen angesichts der Geschichte der ferneren und näheren Vergangenheit Sinn und
Notwendigkeit des Dialogs an dessen Erfolg. Und dieser wiederum wird
daran gemessen, zu Recht oder zu Unrecht, ob er tatsächlich den Antisemitismus in Kirche und Gesellschaft nachhaltig abzubauen vermag.
Die diesbezügliche Skepsis vieler Juden muss angesichts der regelmässig
in der Bevölkerung durchgeführten Umfragen zum Vorhandensein des
Antisemitismus in der Schweiz und in anderen europäischen Ländern zur
Kenntnis genommen werden.

Die latente, subkutane Skepsis gegenüber der nichtjüdischen Welt, bis
hin zur tendenziellen Verachtung des Nichtjuden in bestimmten extrem
religiösen Kreisen, nährt sich aber nicht nur aus der Geschichte, sondern
aus deren Verarbeitung in Texten der biblischen und rabbinischen Tradition, die das Bild des Nichtjuden als ewigen Feind metaphysischen Aus-
masses zeichnen. Solche Texte lesen sich wie ein Spiegelbild des zum
kulturellen Erbe Europas gehörenden Antijudaismus und Antisemitismus.

Gemäss Heschels Toraverständnis bedeutet jedoch jüdische Existenz
mehr, als Schicksalsgemeinschaft zu sein, und jüdische Geschichte ist
mehr als die Summe der Judenverfolgungen. Gerade deshalb ist auf dem
Weg zu einer friedlicheren Welt im Kontext der pluralistischen, globalisierten Gesellschaft, dem keine Kultur und keine Religion entrinnen
kann, wie Heschel nüchtern feststellt, eine erneuerte jüdische Reflexion

über den anderen und im Dialog mit ihm die einzige Alternative zu einem selbstgemachten Ghetto ohne geistige Perspektiven und ohne religiösen Sinn.

Eine solche Reflexion muss aber auch die psychologische Hürde, die einer positiven Beurteilung des anderen im Wege steht, miteinbeziehen und aus der Tora heraus hilfreiche Antworten anbieten, die diesen Dialog zu begründen vermögen. Eine solche Perspektive bietet in meinen Augen eine Auslegung des Verses «… Einen Ägypter sollst Du nicht verabscheuen, denn du bist Gast gewesen in seinem Land» (Dtn 23,8) von Rabbiner Jonathan Sacks. Der logische Sinn dieses Gebotes, der in der Chronologie der Tora vierzig Jahre nach dem Exodus von Mose in der Steppe Moab formuliert wird, erscheint auf den ersten Blick unersichtlich. Mehr noch: Aus dem Blickwinkel der durch unmenschliche Sklavenarbeit gepeinigten und durch einen geplanten Genozid bedrohten Menschen erscheint dieser Vers wie ein Hohn. Betreibt die Tora hier letztlich nicht Geschichtsverleugnung und damit auch Geschichtsfälschung?

Rabbiner Sacks' Antwort auf diese Frage ist vom Gedanken her geleitet, dass die Tora gebietet, eine freie Gesellschaft aufzubauen, welche die Antithese Ägyptens sein soll; eine Gesellschaft nämlich, die auf Erbarmen und Gerechtigkeit basiert. Die Botschaft von Mose vierzig Jahre nach dem Exodus lautet, dass die Befreiung von Ressentiments gegenüber dem früheren Feind ein entscheidender Schritt in die Freiheit darstellt. Wenn die Israeliten die Ägypter weiterhin verabscheuen würden, so hätte Mose sie zwar aus Ägypten herausgeführt, aber es wäre ihm nicht gelungen, Ägypten aus ihnen herauszunehmen. In ihrer Mentalität wären sie immer noch dort, Gefangene der Vergangenheit. Das so zentrale Gebot des Erinnerns bedeutet gewiss, dass man mit der Vergangenheit leben soll, nicht aber in der Vergangenheit. Es ruft auch ins Gedächtnis, dass das Ziel der Erinnerung an die Vergangenheit der Aufbau einer besseren, will sagen friedfertigeren Gesellschaft ist.

Es bleibt viel zu tun. Für Juden und Christen. Der Dialog hat erst begonnen.

Kontextuelle Theologie in einer globalen Welt

Ingolf U. Dalferth

1. Wir leben, so heisst es, in einer postsäkularen Gesellschaft. Man kann darüber streiten, was das heissen soll.[1] Kaum strittig aber dürfte sein, dass wir in einer globalen Welt leben[2] – einer Welt, die unter dem Druck ökonomischer Entwicklungen, politischer Erfordernisse, medialer Vernetzung, digitaler Revolution und globaler Kommunikation[3] ökonomischen, politischen, ökologischen, kulturellen, sozialen, rechtlichen, medialen, lebensweltlichen und religiösen Entwicklungen ausgesetzt ist, die lokale Traditionen und traditionale Kulturen zunehmend bestimmen und sie in verzerrte Spiegelbilder voneinander transformieren, in denen alles

---

[1]   Vgl. Ingolf U. Dalferth, Post-secular Society: Christianity and the Dialectics of the Secular, in: *Journal of the American Academy of Religion* (2009), 1–29.

[2]   Man kann das begrüssen wie Martin Wolf, *Why Globalization Works*, New Haven 2004; Philippe Legrain, *Open World: The Truth about Globalization,* Chicago 2004; Thomas Friedman, *The World is Flat: A Brief History of the Twenty-First Century*, New York 2005. Man kann es beklagen und kritisieren wie Jerry Merry/Edward Goldsmith (eds.), *The Case against the Global Economy and for a Turn Toward the Local*, San Francisco 1996; Hans-Peter Martin/Harald Schumann, *The Global Trap: Globalization and the Assault on Democracy and Prosperity*, New York 1997; Zygmunt Baumann, *Globalization: The Human Consequences*, New York 1998; Tony Schirato/Jen Webb, *Understanding Globalization*, London, 2003; Berch Berberoglu (ed.), *Globalization and Change: The Transformation of Global Capitalism*, Lanham, MD 2005. Oder man kann eine kritisch-realistische Haltung dazu einnehmen wie David Held et. al., *Global Transformations: Politics, Economics, and Culture*, Stanford, CA 1999; Joseph E. Stieglitz, *Globalizaton and Its Discontents*, New York 2003; ders., *Making Globalization Work*, New York 2006. Einen einführenden Überblick bieten Boike Rehbein/Hermann Schwengel, *Theorien der Globalisierung*, Konstanz 2008.

[3]   Ökonomisch geht es dabei um Problemfelder wie weltweiter Handel, Personen- und Warenverkehr, Geldflüsse, Arbeitsmigration, Mobilität, Ressourcenknappheit, Energiesicherung, Wasserverfügbarkeit; politisch um Probleme wie die Sicherung von Leib und Leben, Gewaltmonopol, Rechtssicherheit, demokratische Verfahren, Partizipationsrechte, Minderheitenschutz, Freiheit, Gleichheit, Solidarität; und im Blick auf die globale Kommunikationsvernetzung um Probleme wie Internetkommunikation, Wissensverbreitung, Geschichtsverlust, Kommunikationsfreiheit, Datenschutz, Informationsmonopole, Datenmanipulation, Fremdkontrolle, Beschleunigungsphänomene, Gleichzeitigkeit des Ungleichzeitigen, Auflösung der Differenz zwischen Öffentlich und Privat u.v.a.m.

eigene zum Besonderen eines sich ausbreitenden Allgemeinen nivelliert zu werden droht.[4]

2. Vor diesem Hintergrund werden die Bemühungen postmoderner Denker der vergangenen Jahrzehnte verständlich, auf Differenz statt Gemeinsamkeit zu setzen, um die Andersheit der anderen (und damit zugleich die eigene Unverwechselbarkeit) zu wahren und sie gegenüber den Verallgemeinerungs- und Vereinheitlichungstendenzen der westlichen Moderne zu schützen. Doch das richtige und wichtige Lob der Differenz kann nicht darüber hinwegtäuschen, dass im Unterschied zum vergangenen Jahrhundert heute nicht mehr die formelle Anerkennung des anderen in seiner Andersheit das zentrale Problem ist, auch wenn es nicht nur in Europa oft noch so aussehen mag. Die eigentliche Herausforderung in einer sich formierenden Weltgesellschaft ist vielmehr die daraus sich ergebende Folgefrage, wie mit den so ‹im Prinzip› anerkannten anderen konkret in ein und demselben Staat und im Miteinander verschiedener Staaten mit divergierenden Interessen friedlich und menschlich zusammen gelebt werden kann. Haben wir die intellektuellen, politischen, rechtlichen und religiösen Ressourcen, unter Bedingungen radikaler Andersheit nicht nur nebeneinander her zu leben, sondern uns menschlich aufeinander zu beziehen, andere und uns selbst also nicht nur als Fälle eines wie auch immer spezifizierten Allgemeinen, sondern als Einzelne mit nicht antastbarer Würde und unverlierbarem Recht auf Differenz, Eigenart, Eigentümlichkeit, Widerspruch und Andersheit zu betrachten und zu behandeln?

3. Wie schwierig es geworden ist, diese Fragen zu beantworten, zeigt in wachsender Deutlichkeit die globale Kultur des Internet, das alle Bereiche des Lebens zu durchdringen im Begriff steht. Die Netzöffentlichkeit ist eine gigantische Kommunikationssphäre, die gleichermassen die Bedingungen der Möglichkeit für irreduzible Pluralität und Differenz und für uniformierende Gemeinsamkeit und manipulative Allgemeinheit bereitstellt.

Auf der einen Seite gibt es im Netz in keinem Bereich eine autoritative Kultur oder Norm setzende Normalität, die sich durch häufige Wie-

---

[4]   Auf das Nivellierungsphänomen hat schon Karl Jaspers in *Die geistige Situation der Zeit* Berlin, Leipzig 1931 hingewiesen: «Als technische und wirtschaftliche scheinen alle Probleme *planetarisch* zu werden». Damit sei ein «Prozess der *Nivellierung*» eingeleitet, «den man mit Grauen erblickt» (ebd. 67).

derholungen über längere Zeit aufbaut und dadurch Normativität gewinnt. Die vielen kurzzeitigen Datenkontakte und gleichzeitigen Datenverläufe verdichten sich zu keiner übergreifenden stabilen Normalform, vielmehr finden sich zu jeder Stimme andere Stimmen, zu jeder Meinung andere Meinungen, ohne dass einer per se grösseres Gewicht beizumessen wäre als einer anderen: Jeder kann sich zu allem äussern, und keiner muss gehört werden. Zwischen wahrem Wissen und blossem Meinen wird nicht mehr unterschieden, allenfalls quantitativ lassen sich mehr oder weniger stabile Meinungstrends und Kommunikationsnetze auf Zeit ausmachen. Die ungeheure Menge quantifizierbarer, austauschbarer und immer wieder anders vernetzbarer Daten sorgt dafür, dass nichts dauerhaft bestimmend bleibt, aber auch nichts verloren geht oder nicht mehr auftauchen könnte, was einmal ins Netz gestellt wurde. Selbst wenn es nicht mehr abgerufen oder an der einen oder anderen Stelle gelöscht wird, bleiben die Spuren erhalten. Differenz, Vielfalt, Pluralität sind nicht mehr rückgängig zu machen.

Auf der anderen Seite wird diese Vielfalt durch Betriebssysteme und Suchmaschinen gesteuert, die vorauswählen, was wir auswählen können, und die deshalb hintergründige Uniformierungen durchsetzen können, die uns kaum bewusst werden mögen: Die Gefahr der undurchschaubaren Manipulation der Einzelnen durch ein verschleiertes Allgemeines ist nirgends grösser als im *world wide web*. Google und das Netzwerk seiner Programme von Wiki über Google maps und Google books bis zu Flickr oder Youtube, die wechselseitig aufeinander referieren und sich gegenseitig die Bälle zuspielen, ist nur ein besonders deutliches Beispiel dafür. Ein und dasselbe Medium ist so in kürzester Zeit zum Hort irreversibler Vielfalt und Pluralität und zum Ort undurchschaubarer Manipulation auf nivellierende Gleichheit und Allgemeinheit hin geworden. Wir meinen, originell zu sein, und sind doch nur Datenfälle und Repräsentanten eines allgemeinen Trends, den nicht wir bestimmen, sondern der uns bestimmt. Indem wir das Netz benutzen, werden wir durch das Netz benutzt, meist ohne das zu wissen und in der Regel ohne zu wissen oder wissen zu können, gegen wen oder was wir uns im konkreten Fall schützen müssten oder wie wir uns dagegen schützen könnten. In der Ahnung, dass wir benutzt werden, spielen wir ironisch weiter mit ‹als ob› wir selbstbestimmt wählen würden. Aber nicht wir, sondern andere entscheiden.

Die Tendenzen der europäischen Moderne, im Bemühen um die Sicherung des allen Gemeinsamen im Namen der Gerechtigkeit, Gleichheit und Solidarität alles Individuelle zum Besonderen eines Allgemeinen zu machen, und der Protest der Postmoderne, im Namen der Freiheit und Kreativität des Einzelnen das Recht der Differenz gegenüber dem Allgemeinen und die Notwendigkeit der Pluralität gegenüber den Kräften der Vereinheitlichung einzuklagen, fallen im Internet in eigentümlicher Weise zusammen. Sie machen es schwierig, sich eindeutig zu dieser immer bestimmender werdenden Wirklichkeit unserer Gegenwart zu verhalten. Ein und dasselbe Phänomen kann als Gewinn oder als Verlust betrachtet werden, als zu begrüssende Erweiterung unseres Wissens oder als wahrheitsindifferenter Datenmüll, als Unterminierung unserer Freiheit oder als Steigerung unserer Freiheitsmöglichkeiten.

4. Aber das könnte noch eine zu harmlose Beschreibung des Problems sein. Ist es nicht überholt, die ambivalenten Möglichkeiten des Internet überhaupt unter Gesichtspunkten wie Freiheit oder Wahrheit, Wissen oder Gut und Böse zu betrachten? Diese Betrachtungsweisen unterstellen ja, dass es dort um unsere Freiheit, unser Wissen, unsere Möglichkeiten, richtig oder falsch zu leben, geht. Aber darum geht es nicht. Menschen interessieren im Netz nicht *als Menschen*, sondern als Bündel von Datenspuren, die sie als Repräsentanten von Trends oder Gegentrends ausweisen.

In dieser Sicht verdichtet und intensiviert sich ein zentraler Trend neuzeitlicher Wissenschaft, unter dessen Vorgabe moderne Verfechter des Allgemeinen und postmoderne Propheten der Differenz im Netz gleichermassen operieren: dass alles Individuelle in Beobachterperspektive in eine Datenmenge überführt werden kann, die nicht mehr sinnvoll zwischen *meiner* Sicht meiner selbst und der Sicht *anderer* auf mich zu unterscheiden erlaubt. Damit aber wird die Möglichkeit kritischer Selbstorientierung zerstört und ein entscheidendes Fundament menschlicher Würde untergraben. Es bleibt kein Ansatzpunkt mehr für das, was man in der Moderne *Autonomie* nannte, die selbstverpflichtende Orientierung des Einzelnen an dem, was für alle gut ist, oder – ohne dass das gleichzusetzen wäre – für das, was in der christlichen Tradition *Glaube* genannt wird, die verbindliche Orientierung von Menschen an Gott und die Begründung menschlicher Gleichheit und Würde nicht in einer stets revozierbaren Zuschreibung und Anerkennung dieser Sicht der Menschen durch Menschen, sondern in Gottes irrevozierbaren Beziehung zu allen

Menschen als seinen Nächsten. Philosophische Kategorien wie ‹Subjekt›, ‹Autonomie›, ‹Gemeinwohl›, ‹Gleichheit› oder ‹Würde› und theologische Kategorien wie ‹Glaube›, ‹Nächster›, ‹Gott› oder ‹Schöpfung› verlieren in dieser Sichtweise ihren Sinn. Dieser ist elementar mit der Differenz zwischen ‹Selbstbeschreibern› und ‹Fremdbeschriebenen›, *ipse-* und *idem-*Identitäten, ‹Ich- bzw. Wir-Sagern› (‹Ich bin .../Wir sind ...›) und ‹Er/Sie- bzw. Sie-Beschriebenen› (‹Er/sie ist .../Sie sind ...›) verknüpft, und zwar nicht als separaten Phänomenbereichen, sondern als irreduzibel verschiedenen Perspektiven auf dieselbe menschliche Wirklichkeit. Diese lässt sich sachgerecht nicht monistisch in einer einheitlichen wissenschaftlichen Beschreibung (Datenmenge), sondern nur dual in zwei Ausdrucksformen zur Sprache bringen, in Ich-Sprache (Selbstartikulation) und Fremd-Sprache (Fremdbeschreibung). Wo diese Differenz eingezogen, überspielt oder systematisch ignoriert wird, wird man nicht nur der Realität faktisch gelebten Lebens nicht gerecht, sondern die lebensorientierende Pointe philosophischer und theologischer Kategorien wird zwischen ihrer Reduktion auf empirisch Beschreibbares (‹neurologische Korrelate›) und ihrer historischen Verflachung zur blossen Erinnerung an Vergangenes zerrieben.

Im Netz werden wir und alles Übrige auch als Datenbündel behandelt, und die Frage der Individualität scheint sich darauf zu reduzieren, ob wir hinreichend detailliert bestimmt sind, um uns von allen bzw. allen relevanten anderen zu unterscheiden. Leibniz hatte so einst das definiert, was er Monaden nannte: Sie sind die Totalität ihrer Bestimmungen als Totalität ihrer Differenzen zu allen anderen. Aber er setzte hinzu, dass uns diese Totalität immer nur approximativ zugänglich sei und nur Gott die Totalität einer jeden Monade ganz und in jedem Detail kenne: Wir kennen uns, wie wir uns erscheinen, Gott weiss, wer und was wir sind. Diese Differenz spielt im Netz keine Rolle mehr. Das Netz kennt keinen Gott, keine Differenz zwischen dem, wie etwas erscheint, und dem, was es ist, zwischen einer Datenmenge und dem, was sie repräsentiert, und deshalb kennt es auch keine Personen in ihrer irreduziblen Eigentümlichkeit und menschlichen Würde.[5] Es transformiert jede *ipse*-Identität in eine *idem*-Identität, auch wenn Youtube, Facebook oder Twitter das Ge-

---

[5] Man kann sich nicht nur dann auf diese Würde berufen, wenn man sie von Gott her versteht. Aber worum es dabei geht, lässt sich nur von der Differenz her verständlich machen, die in Leibniz' System durch Gott offengehalten wird.

genteil suggerieren. Jeder ist präsent als Datenmenge und Datenspur, und jeder ist jedem im Prinzip so zugänglich – damit aber immer auch solchen, für die man gar nicht zugänglich sein möchte. Auf der einen Seite vermehrt diese allgemeine Datenpräsenz in unvorstellbarer Weise unsere Informationsmöglichkeiten. Auf der anderen Seite steigert sie aber auch in nicht zu unterschätzender Weise die Gefahr, ohne Rücksicht auf unsere Würde manipuliert und auf einen Fall unter Fällen reduziert zu werden. Jeder wird für jeden im Prinzip zum offenen Buch, aber keiner wird dabei noch als der ernst genommen, der er ist, sondern nur noch als derjenige, als der er erscheint – ja diese Differenz selbst wird eingezogen und zum bloss irrelevanten Schein erklärt.

5. Die tiefgehenden Herausforderungen der globalen Netzkultur sind von der evangelischen Theologie der Gegenwart noch nicht wirklich wahrgenommen worden. Die Theologie der vergangenen Jahrzehnte ist in der Realität der Globalisierungskultur des 21. Jahrhunderts noch nicht angekommen, sondern befasst sich weitgehend noch damit, auf die Problemlagen der Moderne und Postmoderne zu reagieren.

In der deutschsprachigen Universitätstheologie geschieht das im Wesentlichen im Gegeneinander einer entschiedenen Rückwendung zu den religionstheologischen Problemdiagnosen des ausgehenden 19. Jahrhunderts[6] oder einer verstärkten Zuwendung zu den konfessionellen Traditionen lutherischer – und ansatzweise auch reformierter – Theologie.[7] Protestantische Konfessionstheologie und neuprotestantische Vermittlungstheologie stellen sich für aussenstehende Betrachter aber beide als rückwärtsgewandte Versuche dar, sich mit den Pluralisierungstrends der

---

[6]   Vgl. Stefan Atze, *Ethik als Steigerungsform von Theologie? Systematische Rekonstruktion und Kritik eines Strukturprozesses im neuzeitlichen Protestantismus,* Berlin, New York 2008; Arnulf von Scheliha, *Dogmatik, «ihre Zeit in Gedanken gefasst»? Die dogmatische Aufgabe zwischen historischer Kritik und christologischer Gegenwartsdeutung* (http://web.uni-marburg.de/hosting/wgth/systematik/texte/scheliha.htm).

[7]   Vgl. Wilfried Härle, *Christlicher Glaube in unserer Lebenswelt. Studien zur Ekklesiologie und Ethik,* Leipzig 2007; ders., *Spurensuche nach Gott. Studien zur Fundamentaltheologie und Gotteslehre,* Berlin/New York 2008; Eilert Herms, *Erfahrbare Kirche. Beiträge zur Ekklesiologie,* Tübingen 1990; ders., *Offenbarung und Glaube. Zur Bildung des christlichen Lebens,* Tübingen 1992; ders, *Phänomene des Glaubens: Beiträge zur Fundamentaltheologie,* Tübingen 2006; ders., *Zusammenleben im Widerstreit der Weltanschauungen: Beiträge zur Sozialethik,* Tübingen 2007; Matthias Krieg/Gabrielle Zangger-Derron, *Die Reformierten. Suchbilder einer Identität,* Zürich 2002.

Gegenwart theologisch auseinanderzusetzen. Sie behandeln das Heutige wie einen Fall des Gestrigen. Aber das geht an der Dynamik der gegenwärtigen Entwicklungen und ihrer globalen Auswirkungen auf alle Sphären des Lebens vorbei, und es gelingt allenfalls punktuell, nicht nur auf gesellschaftliche Veränderungen, kirchliche und religiöse Entwicklungen und kulturelle Trends einzugehen, sondern auf die konkreten Anliegen konkreter Menschen, die sich in einer sich überschnell verändernden Welt zurechtzufinden suchen und oft Opfer von Veränderungen werden, die sie nicht durchschauen und zu denen sie sich nicht verhalten können.

6. Genau diese Ausblendung der Opfer- und Betroffenenperspektive sind in Abgrenzung von der überkommenen akademischen Theologie in den vergangenen Jahrzehnten besonders in den Ansätzen kontextueller Theologie eingeklagt worden, die sich innerhalb und ausserhalb der europäischen Konfessionstraditionen gebildet haben. Unter *kontextueller Theologie* wird dabei der Versuch verstanden, Theologie nicht in neutraler Wissenschaftlichkeit als begrifflich-argumentativen Klärungsprozess einer Glaubenstradition zu praktizieren, sondern engagiert und konkret im Blick auf bestimmte kulturelle, soziale, politische und ökonomische Problemlagen hin zu entwerfen. Kontextuelle Theologie ist engagierte Theologie, die nicht in Beobachterhaltung, sondern teilnehmend und mitstreitend vollzogen wird, und zwar in ausdrücklicher Kritik an den akademischen Theologietraditionen Europas – nicht also von der Position der Habenden und Herrschenden aus, sondern der Marginalisierten, Nichtshabenden und Armen.

So verstandene kontextuelle Theologien sind Teil des «struggle for cultural relevance» marginalisierter und unterdrückter indigener Traditionen.[8] Sie entstanden in der Regel als Reaktionen auf lokale und regionale Problemkonstellationen, die zur Ausbildung zugespitzter und zuweilen bewusst einseitiger Theologieentwürfe provozierten. Bekannte Beispiele sind die lateinamerikanischen Befreiungs- und Pluralismustheologien[9];

---

[8]   Vgl. Stephen B. Bevans, *Models of Contextual Theology: The Struggle for Cultural Relevance*, Maryknoll, NY 1992 (erw. Neuausg. 2002); Peter Beer, *Kontextuelle Theologie. Überlegungen zu ihrer systematischen Grundlegung*, Paderborn 1995.

[9]   Vgl. *Por los muchos caminos de Dios. Desafíos del pluralismo religioso a la teología de la liberación*, hrsg. von der Asociación Ecuménica de Teólogos y Teólogas del Tercer Mundo, Quito 2003; *Por los muchos caminos de Dios II. Hacia una teología cristiana y latinoamericana del*

black theologies in den USA und in Afrika; nordamerikanische, asiatische und schwarzafrikanische feministische Theologien; *womanist theologies* in Nordamerika[10]; makroökumenische Theologien[11]; indigene Theologien wie die *minjung theology* (Korea), die *third-eye theology* (Taiwan), die *Dalit theology* (India), die *people's power theology* (Philippines), oder die *Pancha Sila theology* (Indonesia), und viele andere mehr in Asien, Afrika oder Lateinamerika.[12] Infolge des wachsenden Globalisierungsdrucks während der vergangenen beiden Jahrzehnte sind diese lokalen und regionalen Bewegungen aber inzwischen zunehmend in den Kontext der weltweiten Globalisierung aufgehoben, die so zum «context of all contexts» zu werden scheint.[13]

7. Damit wird die Spannung unübersehbar, die kontextuelle Theologie von Anfang an geprägt hat. Sie lebt davon, auf ganz spezifische und nicht alle möglichen Kontexte bezogen zu sein. Aber sie kann ihrem Charakter als christliche Theologie nur gerecht werden, wenn sie die Fragen, die sie am Leitfaden ihrer Option für die Armen thematisiert, in einer Weise aufwirft und beantwortet, die nicht verdunkelt, dass das Evangelium nicht nur einigen, sondern allen gilt. Genau daraus speist sich ja die christliche Verpflichtung, nicht alles so zu lassen, wie es ist, sondern Kritik an dem zu üben, was evangeliumswidrig ist, und sich für das einzusetzen, was evangeliumsgemäss ist.

An diesem Punkt ergibt sich allerdings eine folgenreiche Verzweigung. Kontextuelle Theologien können sich auf die konkreten *Problemlagen* konzentrieren, die Menschen leiden lassen und daran hindern, ihre Möglichkeiten als Gottes Nächste in Würde zu leben und zu entfalten. Oder sie können sich auf die *Menschen* in diesen Problemlagen konzent-

---

pluralismo religioso, hrsg. von der Asociación Ecuménica de Teólogos y Teólogas del Tercer Mundo, Zaragoza 2004.

[10] Vgl. Rosemary Radford Ruether, *Feminist Theologies: Legacy and Prospect*, Minneapolis, MN 2007.

[11] Vgl. José María Vigil, Macroecumenismo: teología de las religiones latinoamericana, in: Alternativas 11 (2004) 27, 109–126.

[12] Vgl. Eleazar Hernández. López, *Teología India. Antología*, Cochabamba 2000.

[13] Darauf hat vor allem Anselm K. Min aufmerksam gemacht. Ich verdanke seinem Vortrag «Towards a Critique of Contextual Theology: Theological Method in the Age of Globalisation» auf der Konferenz der American Academy of Religion in San Diego 2008 wichtige Hinweise. Vgl. auch ders., *The Solidarity of Others in a Divided World. A Postmodern Theology After Postmodernism*, Edinburgh/New York 2004.

rieren, um mit ihnen zusammen nach Möglichkeiten zu suchen, unter den konkreten Bedingungen ihrer gesellschaftlichen Wirklichkeit ihr Leben menschlicher zu leben.

In dieser zweiten Hinsicht sind kontextuelle Theologien strikt funktionale Bemühungen, auf konkrete Fragen konkreter Menschen in konkreten Situationen einzugehen, und zwar so, dass mit diesen Menschen zusammen theologische Antworten auf ihre Fragen gesucht werden. Ihre Anliegen stehen im Zentrum der theologischen Bemühung und nicht die Fortsetzung der theologischen Reflexionskultur einer theologischen Tradition. Mit ihnen zusammen wird für sie gedacht, nicht für andere und nicht für alle. Ihre Probleme sind die zu lösenden Aufgaben. Sie werden nicht patriarchalisch von anderen für sie, sondern nur mit ihnen zusammen und damit nicht ohne sie selbst gelöst. Der Erfolg theologischer Bemühungen ist dementsprechend daran zu messen, ob ihnen geholfen wird, in ihren oft unmenschlichen oder menschenverachtenden Situationen Möglichkeiten zu finden, miteinander menschlicher zu leben.

8. Man mag im Einzelfall darüber streiten, was alles als ‹unmenschlich›, ‹menschenverachtend›, ‹ungerecht› oder ‹lebensbehindernd› ausgegeben wird, ob jede gesellschaftliche, politische oder kulturelle Differenz als Anlass für Diskriminierung und Marginalisierung aufgefasst werden muss, und ob die theologische Option für die Armen wirklich besagt, für alle unter irgendeinem Gesichtspunkt Marginalisierten und Diskriminierten einzutreten, was denn mit den Nichtmarginalisierten und Nichtdiskriminierten sei und ob auf bestimmte Weise nicht selbst diejenigen, die andere marginalisieren und diskriminieren, vom Evangelium mitgemeint sein müssten. Klärungsbedarf in den Grundlagen und den konkreten Ausrichtungen kontextueller Theologieentwürfe gibt es also durchaus.

Unübersehbar und positiv zu würdigen aber ist die Intention kontextueller Theologie, sich mit konkreten Menschen und ihren konkreten Nöten so zu befassen, dass diesen selbst eine Stimme verliehen wird. Je klarer kontextuelle Theologien das tun, desto deutlicher wird, dass sie zeitgenössische Varianten seelsorglicher und diakonischer Theologie sind, die die Verkürzung der Seelsorge zur Pflege der Innerlichkeit als Irrweg durchschaut haben und sich auf die Anliegen der Menschen in der konkreten Vielfalt und Vieldeutigkeit ihres Lebens einlassen. Je mehr sie sich dagegen auf die konkreten gesellschaftlichen Problemlagen konzentrieren und sich mit deren Voraussetzungen, Bedingungen und Folgen auseinandersetzen, desto stärker werden kontextuelle Theologien den Charakter von politischen Theologien oder gar sozialpolitischen Veränderungsprogrammen annehmen, bei denen der theologische Ausgangspunkt ganz in den Hintergrund treten kann.[14]

9. Beide Orientierungen, die Ausrichtung auf die leidenden Menschen oder auf die Problemkonstellationen, die sie leiden lassen, stellen zwei Blickweisen auf zusammengehörige Seiten einer gemeinsamen Wirklichkeit dar. Zu Recht stehen sie deshalb oft in enger Verbindung. Dennoch prägt es den theologischen Charakter kontextueller Theologie, ob sie ihren massgeblichen Kontext primär seelsorgerlich konstituiert sieht durch die Ausrichtung auf die Menschen in ihren konkreten Nöten, oder primär politisch durch ihre Auseinandersetzung mit den gesellschaftlichen Verhältnissen, in denen Menschen konkret leben oder kaum menschlich leben können.

So oder so ist der entscheidende Punkt allerdings nicht, dass Theologie heute kontextuell zu praktizieren ist, um den Problemlagen der Gegenwart gerecht zu werden (das war immer irgendwie der Fall), sondern welche Kontexte aus welchen Gründen für die theologische Arbeit unter welchen Gesichtspunkten für massgeblich oder relevant gehalten werden und auf welche Probleme man dementsprechend die theologischen Bemühungen konzentriert und ausrichtet. Die Antworten auf diese Fragen beziehen in der Regel zwei Gedankengänge aufeinander, in denen es um die Klärung dessen geht, was man mit ‹Kontext› und mit ‹Theologie› meint. Was wird unter ‹Kontext› verstanden, und wie versteht man darauf bezogen das, was man ‹Theologie› nennt?

10. Mit Recht hat Anselm Min von der wechselseitigen Konstitution von «context and concern» gesprochen: Kontexte sind Relationsgrössen (Kontext von …), keine eigenständigen lokalen oder regionalen Gegebenheiten. Auch die historischen, ökonomischen, politischen oder soziokulturellen Determinanten des Lebens in einer bestimmten Weltregion werden erst dadurch zu einem theologierelevanten Kontext, dass sie theologische Fragen provozieren oder unter theologischen Fragestellungen thematisiert werden. Es gibt keine Kontexte im Allgemeinen, sondern immer nur bezogen auf bestimmte Anliegen oder bestimmte Absichten: Der *concern* definiert den Kontext, und der Kontext den *concern*.

---

[14] Vgl. Lisa Isherwood/Kathleen McPhillips (eds.), *Post-Christian Feminism. A Critical Approach*, Aldershot, Burlington 2008.

Die Beziehung ist strikt wechselseitig zu verstehen. Bestimmte Kontexte werfen bestimmte Fragen auf und stellen bestimmte Herausforderungen dar, und bestimmte Fragen und Anliegen lassen bestimmte Problemlagen und Zusammenhänge im Leben der Menschen als Kontexte theologischen Denkens relevant werden.

Dabei unterliegen beide Relate bestimmten Bedingungen. Nicht alle Probleme im Leben von Menschen bilden einen solchen Kontext, sondern nur Problemlagen, die hinreichend spezifisch und konturiert sind, um ein bestimmtes Anliegen auf theologisch relevante Weise aufzuwerfen. Von einer Theologie Afrikas oder Asiens zu sprechen[15], oder von einer Theologie von Frauen für Frauen oder von Männern für Männer[16], ist in diesem Sinn ohne nähere Spezifizierung des relevanten Bezugskontexts viel zu pauschal. Es ist aber klar, dass Kontexte von sehr unterschiedlicher Komplexität und Reichweite sein können, und dass ihre fortschreitende Konkretion und unterscheidende Fortbestimmung dazu führen kann, einen ursprünglichen Ansatz in eine Serie kontextueller Theologien zu differenzieren, die sich kaum noch auf einen gemeinsamen Nenner bringen lassen, wie die Entwicklung der feministischen Theologie exemplarisch belegt. Allerdings provozieren bestimmte Kontexte nicht nur bestimmte Anliegen, sondern sie werden auch durch bestimmte Anliegen konstituiert und verändern sich dementsprechend mit den Anliegen, unter denen sie betrachtet und behandelt werden. Nicht nur ist nicht jedes von einem Kontext nahegelegte Anliegen per se auch schon ein theologisches Anliegen, sondern theologische Anliegen können auch so verschieden sein wie die theologischen Orientierungen, die ihnen zugrunde liegen. Die Dialektik von Kontext und *concern* ist daher an jedem Punkt zu beachten, und sie lässt das ganze Gefüge kontextueller Theologien labil und in steter Bewegung sein. Konkret wird theologisches Denken immer nur in Bezug auf einen bestimmten Kontext, und weil Kontexte sich ändern, müssen sich theologische Entwürfe auch ändern. Kontextuelle Theologien, so könnte man zugespitzt sagen, zielen geradezu darauf, sich selbst überflüssig zu machen. Sie sind erfolgreich, wenn man sie nicht mehr braucht.

---

[15] Vgl. Michael Amalados, *The Asian Jesus*, Maryknoll, NY 2006.

[16] Vgl. Irmtraud Fischer (Hg.), *Theologie von Frauen für Frauen? Chancen und Probleme der Rückbindung feministischer Theologie an die Praxis*, Berlin/Münster 2007.

Dass eine bestimmte kontextuelle Theologie überflüssig geworden ist, heisst freilich nicht, dass auch andere überflüssig wären und nicht notwendig bleiben würden. Aber nicht nur das. Kann man Theologie ganz in den jeweiligen Kontextbezug hinein überführen, sodass die Dialektik von Kontext und Anliegen das Ganze der Theologie definiert? Das würde verständlich machen, dass es immer und überall eine irreduzible Vielfalt verschiedener und verschiedenartiger Theologien gibt, die je für sich zum Zug bringen, was sie für theologisch halten. Aber es bleibt unklar, was dazu berechtigt, sie über diese Selbstcharakterisierung hinaus gemeinsam als Theologie anzusprechen.

11. Damit ist die Frage nach dem Theologieverständnis aufgeworfen, die sehr unterschiedlich beantwortet wird. In gezielter Übervereinfachung unterscheide ich zwei Argumentationslinien, die einer *traditionsgeleiteten* und die einer *ereignisorientierten Theologie*.

Die erste geht davon aus, dass kontextuelle Theologie in jedem Fall durch eine *Vermittlung zwischen Kontext und Tradition* charakterisiert ist. Theologie wird dabei als Reflexion der theologischen Tradition des Christentums definiert, ob diese katholisch verstanden wird im Rekurs auf die trinitarische Lehrtradition der Kirche, oder protestantisch im Rekurs auf die Bibel und die von dort her begründete Theologie einer Option für die Armen. Im einen wie im anderen Fall wird der thematisierte Kontext im Licht theologischer Anliegen konstituiert, die als Konkretionen einer bestimmten theologischen Tradition verstanden werden, und zwar auch und gerade dort, wo die eigene theologische Position ausdrücklich als Kritik an den bisherigen massgeblichen Ausformungen der Tradition vertreten wird. Die theologische Aufgabe besteht dementsprechend darin, die theologische Tradition mit dem gegenwärtigen Kontext und den gegenwärtigen Kontext mit der theologischen Tradition zu vermitteln.

Wo die theologische Aufgabe so bestimmt wird – und das geschieht auf katholischer wie auf evangelischer Seite –, handelt man sich methodisch ein Folgeproblem ein, das alle so argumentierenden Ansätze kontextueller Theologie charakterisiert: Man braucht eine Vermittlungstheorie, um zwischen Kontext und theologischer Tradition zu vermitteln, und das beschwört die Aporie eines Regresses der Vermittlungen herauf, wenn man sich fragt, wie denn diese Vermittlungstheorie ihrerseits mit dem Kontext auf der einen Seite und der theologischen Tradition auf der anderen zu vermitteln sei. Man kann diese Aporie zu vermeiden suchen, indem man die Vermittlungstheorie hermeneutisch konzipiert, sie also nicht als eine dritte theoretische Grösse neben den beiden anderen, sondern als den hermeneutischen Horizont versteht, in dem die Interpretation der kirchlichen oder biblischen Tradition einerseits und die Interpretation der gegenwärtigen Situation als Kontext der Theologie andererseits aufeinander bezogen werden können. Die vermittlungstheologischen Denkmodelle, die das leisten, sind seit dem 19. Jahrhundert wohlvertraut. Es handelt sich um komplexe Wertorientierungen (Freiheit, Gleichheit, Gerechtigkeit, Solidarität, Menschenwürde, Bewahrung der Schöpfung), die gesellschaftliche Leitideale der Gegenwart sind. Sie werden theologisch aufgegriffen und in Abgrenzung von ihren Deutungen in zeitgenössischen säkularen Ideologien in biblischer oder kirchlicher Begründung zum Transmissionsriemen der theologischen Tradition in die Gegenwart. Das Resultat sind rückwärtsbegründete Utopien, die in Gestalt ‹modern› genannter Theologien auftreten und am Leitfaden gegenwärtig akzeptierter gesellschaftlicher Wertüberzeugungen entworfen sind (liberal, demokratisch, wissenschaftlich, pluralistisch, diskriminierungsfeindlich, gendersensibel, religionsoffen) und in Abgrenzung von säkularen Ideologien, die dieselben Werte nichtreligiös konkretisieren, als Ausprägung einer religiösen ‹Ideologie› propagiert werden: Sie leisten als Deute- und Orientierungssysteme menschlichen Lebens dasselbe wie jene, nur – angeblich – auf bessere Weise.

12. Das in dieser Orientierung operative Theologieverständnis versteht Theologie als Tradierung einer einstmals gewonnenen Einsicht (Offenbarung) – sei es eine derer, die in der Bibel bezeugt werden, sei es die, die die Kirche bezeugt. Damit wird das Zeugnis, aber nicht das Bezeugte ins Zentrum des Theologieverständnisses gestellt. Die andere Argumentationslinie geht umgekehrt vor. Nicht die biblische oder kirchliche Tradition gilt es in den Kontexten der Gegenwart zu vermitteln, sondern es gilt, auf das Ereignis zu antworten, ohne das es jene Traditionen nicht gäbe und ohne dessen Sichereignen in der Gegenwart es keinen theologischen Grund gäbe, sich um diese Traditionen heute noch zu bemühen: das Ereignis der sich selbst auslegenden Selbstvergegenwärtigung Gottes im menschlichen Leben.

Dieses göttliche Geschehen konstituiert den Bruch im Leben, der von Christen – im Blick auf ihr eigenes Leben wie im Blick auf das Gesamtleben der Menschheit – als Beginn des Glaubens und als Anfang des Endes des Unglaubens erinnert wird, der responsorischen Grunddifferenz, die ein Leben charakterisiert, das zum Kontext des Ereignisses der Selbstvergegenwärtigung Gottes wird. Dieser Bruch wird als unverfügbares Widerfahrnis erlebt, das mit der Unterscheidung von *Ereignis* und *Kontext* sowie der kritischen Näherbestimmung dieses Ereignisses als *Gottes Selbstvergegenwärtigung* und seines Kontexts als *Wechsel vom Unglauben zum Glauben* theologisch in seiner Unverfügbarkeit zu verstehen gesucht wird. In der Differenz von *Ereignis* und *Lebenskontext* und ihrer Fortbestimmung als *Gottes Selbstvergegenwärtigung* und *Wechsel vom Unglauben zum Glauben* lässt dieser Bruch im menschlichen Leben das aufleuchten, was für kontextuelle Theologie zum Bezugskontext ihres Denkens wird. Sie kann nicht das Ereignis, sondern nur den dadurch eingetretenen Bruch im Leben thematisieren, durch den das undifferenzierte Leben zum differenzierten christlichen Leben und eben so zum Anlass und Kontext theologischer Verstehens- und Denkbemühungen wird. Dieser Bruch manifestiert sich in der Kontinuität des Lebens in der dynamischen, immer wieder zu konkretisierenden Unterscheidung des Alten (Unglaube) und des Neuen (Glaube), die so den Resonanzraum des Ereignisses aufspannt, in dem sich zeigt, was ‹Gottes Gegenwart› meint und was in einem bestimmten Leben damit vereinbar ist und was nicht. Eben dieser konkrete Resonanzraum, der sich durch den Einbruch der Gegenwart Gottes in ein Leben bildet, ist der Kontext, auf den sich die Reflexionen kontextueller Theologie beziehen.

13. Das aber heisst: Nicht die traditionsgeleiteten Anliegen der Theologie konstituieren die theologisch relevanten Kontexte, aber auch nicht die Armutserfahrungen der Marginalisierung, Diskriminierung oder Unterdrückung heutiger Menschen als solche, sondern das Ereignis der befreienden und Hoffnung stiftenden Selbstvergegenwärtigung Gottes im Leben und in der Geschichte von Menschen, das erst in aller Schärfe aufdeckt, was *coram Deo* menschenverachtend und gottwidrig in einem Leben ist. Die Dialektik von Kontext und *concern* führt nicht per se zu einer *theologischen* Konkretion, wenn diese nicht schon vorausgesetzt wird. Diese Konkretion wird aber auch nicht über eine Vermittlungstheorie erreicht, eine wertegeleitete Interpretation zweier Interpretationsprozesse, die eine Interpretation der theologischen Vergangenheit und eine Interpretation der soziokulturellen Gegenwart hermeneutisch aufeinander bezieht. Eine solche Vermittlung baut einerseits ganz auf der Akzep-

tanz gegenwärtig akzeptierter gesellschaftlicher Werte auf (und ist damit problematisch einseitig angelegt[17]) und bleibt andererseits ganz an die Vorgaben einer im Licht dieser Werte gelesenen theologischen Tradition gebunden (und aktualisiert damit auch diese problematisch einseitig[18]).

Die Dialektik von Kontext und *concern* ist vielmehr durch ein Drittes aufzubrechen, von dem her Kontext und *concern* erst konstituiert werden: Das Sichereignen der Gegenwart Gottes im Leben von Menschen, durch das dieses Leben zum Kontext der Gegenwart Gottes wird und als deren Resonanzraum deutlich werden lässt, was an der Wirklichkeit dieses Lebens im Widerspruch steht zu dem, wie es in Gottes Gegenwart sein könnte und sollte. Nicht das theologische Anliegen konstituiert den Kontext und nicht der Kontext das theologische Anliegen, sondern Gottes Selbstvergegenwärtigung schafft sich im Leben von Menschen einen Kontext, der theologisches Denken und Handeln dazu provoziert, zwischen dem gottwidrigen Alten und dem Gott entsprechenden Neuen kritisch zu differenzieren.

14. Die zentrale Aufgabe der Theologie ist daher nicht, theologische Zeugnisse der Tradition mit Interpretationen gegenwärtiger Kontexte hermeneutisch zu vermitteln, sondern auf die gegenwärtige Wirksamkeit und wirksame Gegenwart des damals und dort Bezeugten aufmerksam zu machen – mit Hilfe (kritisch vergegenwärtigter) theologischer Traditionen, aber ohne diese mit der theologischen Sache zu verwechseln, dem sich selbst auslegenden und eben so Glauben konstituierenden Ereignis der Selbstvergegenwärtigung Gottes im Leben von Menschen. Nicht Tradition und Vermittlung, sondern Unterbrechung, Hereinbrechen, und Aufbrechen (im Doppelsinn des Wortes), das Abbrechen alter und das Aufbauen neuer Lebensorientierungen sind die relevanten Kategorien einer solchen Ereignis-Theologie. Gott ist kein Gott der Vergangenheit, sondern der Gegenwart, an ihn zu erinnern heisst, auf das auf-

---

[17] Muss es nicht zu denken geben, dass so angelegte Vermittlungstheologien in Monarchien die Monarchie, in Demokratien die Demokratie und in Diktaturen die jeweilige Diktatur zu legitimieren tendieren?

[18] Ist es nicht bezeichnend, dass jede derartige einseitige Vergegenwärtigung der theologischen Tradition in erwartbarer Regelmässigkeit eine dagegen gesetzte Gegenlektüre eben derselben Tradition zu provozieren scheint? Die Geschichte der Rezeption des Zweiten Vatikanischen Konzils in der katholischen Theologie und Kirche ist ein Paradebeispiel dafür.

merksam zu machen, was hier und jetzt Neues wird, und nicht nur auf das hinzuweisen, was damals und dann geschehen ist. Der notwendige Rückbezug auf das Vergangene und die theologische Tradition kommt erst an zweiter Stelle, wenn es um die Auslegung dieser Selbstauslegung Gottes im Leben der Menschen heute geht im Versuch, den Reichtum an Bezügen und Einsichten über Gott, Mensch und Welt zu verstehen, den sie eröffnet. Dieser Rückbezug lebt davon, dass auch unsere Gegenwart heute Gottes Gegenwart ist, Gott also nicht erst über eine theologische Vermittlung des in der Vergangenheit Bezeugten mit dem in der Gegenwart Vorgefundenen vergegenwärtigt zu werden braucht, weil Gott selbst sich hier schon so vergegenwärtigt, dass eine kritische Auseinandersetzung mit dem Leben der Menschen heute von Gott zu reden theologisch unausweichlich macht.

In diesem Sinn ist eine kontextuelle Theologie dann *Theologie*, wenn sie das Leben von Menschen als Resonanz- und Reflexionsraum der Selbstvergegenwärtigung Gottes wahr- und ernst nimmt, also eben das zum Bezugskontext ihres Nachdenkens macht, was Gottes Gegenwart im menschlichen Leben verdunkelt oder erhellt. Kein abstraktes Allgemeines und keine abstrakte individuelle Differenz, sondern das konkrete Resonanzgeschehen der Selbstvergegenwärtigung Gottes im menschlichen Leben ist das Thema der Theologie. Es bedarf keiner wissenschaftlichen Vermittlungstheorien, um die heutige Lebenssituation in diesem Sinn als Kontext theologischer Reflexion zu erhellen. Alles verfügbare Wissen kann vielmehr herangezogen werden, um die *condition humaine* im Licht der Gegenwart Gottes kritisch auszuleuchten. Diese aber ist nicht mit diesen Mitteln zum Erscheinen zu bringen, sondern das, was den Kontext konstituiert, auf den kontextuelle Theologie sich bezieht: das konkrete Leben von Menschen, denen Gott näher kommt als sie sich selbst, und die eben dadurch unhintergehbar in das unterschieden werden, als was sie für andere und sich selbst in Erscheinung treten, und was sie im Urteil Gottes in Wahrheit sind.

15. So verstanden bekommt die Theologie aber eine Funktion, die angesichts der eingangs beschriebenen Herausforderungen der globalen Netzkultur kaum zu überschätzende Relevanz besitzt: Ihr permanenter Hinweis auf das unverfügbare Ereignis der Selbstvergegenwärtigung Gottes im menschlichen Leben, das in seiner nicht festlegbaren Unverfügbarkeit die Bestimmung des Menschen zur kritischen Selbstbestimmung seiner Menschlichkeit erweist, macht sie zum Anwalt der Würde

des Menschen in einer Kultur, die dem Rekurs auf die Würde des Menschen den Boden zu entziehen droht, indem sie ihn mit dem Apfel der ungeheueren Möglichkeiten globaler Kommunikation dazu verlockt, seine Identität auf die im Netz verfügbaren Datenmengen reduzieren zu lassen, die es anderen erlauben, sein Leben zu manipulieren, ohne dass er das bemerken oder sich dagegen wehren könnte.

Der Rekurs auf Gott kann das nicht verhindern. Aber er hält die Einsicht wach, dass nicht das Netz, sondern die Nutzer des Netzes der eigentliche Resonanzboden der Gegenwart Gottes sind. Dass Gott im Netz nicht zu finden sei, ist eine abwegige Klage, weil Gott in keinem Datenkontext (Empirie, Geschichte, Netz) zu finden ist, sondern durch seine Gegenwart den Bezugshorizont aufspannt, in dem sich diese Datenkontexte und damit auch das Netz und seine Nutzer kritisch verstehen lassen. Weil Gott kein Phänomen ist, sondern der Bezugspunkt des Horizonts, in dem Phänomene als Gottes Schöpfung wahrgenommen werden können, besteht auch keine Gefahr, dass Gott auf eine Datenmenge verkürzt oder mit einer solchen verwechselt werden könnte: Gott ist nie durch eine Definition oder Beschreibung von ‹Gott› zu ersetzen, wie umfangreich und detailliert auch immer diese sein mag. Er steht vielmehr für das unverfügbare Ereignis, in dem Menschen seine Gegenwart so widerfährt, dass sie irreversibel zum Selbst werden, weil sie nicht nicht auf sie antworten können: Was immer sie sagen, denken, fühlen oder tun oder nicht sagen, denken, fühlen oder tun, wird zur Reaktion auf dieses Ereignis. Ob sie auf diese Gottesgegenwart aber mit ‹Amen› antworten oder es ignorieren und sich zu antworten weigern, sie werden so oder so zu einem Ich oder Wir, das sich niemals mehr auf ein Er, Sie, Es oder Sie reduzieren lässt. Gottes Präsenz macht aus Menschen Personen unter Personen, die sich aufgrund von Gottes Bezug zu ihnen und ihrem – positiven oder negativen – Bezug zu Gott durch keine Datenmenge ersetzen lassen, sondern stets davon unterschieden bleiben: Wer Adressat von Gottes Gegenwart wird, geht in keiner Datenmenge mehr auf.

16. In der Moderne war der Rekurs auf Gott im Namen autonomer Selbstbestimmung als heteronome Fremdbestimmung verabschiedet und in der Theologie der Moderne durch das weiche und weniger anstössige Thema der Religion ersetzt worden. Die Postmoderne wiederum hat die zersplitterte Bedeutung von ‹Gott› als Zeichen der *differance* gedeutet und unter ‹Gott› weithin nur die anspruchslose Vielfalt der Götter gedacht,

die Menschen sich aus Lust oder Unlust am Leben entwerfen. Entsprechend haben postmoderne Theologien das, was einst Religion genannt wurde, als Vielfalt des Spirituellen konzipiert, die jedem zu erkunden oder nicht zu erkunden nach eigenem Bedürfen und Belieben frei steht. In der globalen Welt des 21. Jahrhunderts und seiner digitalen Kommunikationskultur ist die Situation anders geworden. Der Rekurs auf Gott in seiner unverfügbaren Selbstvergegenwärtigung ist nicht mehr eine Bedrohung der autonomen Würde des Menschen, sondern gerade umgekehrt der Verweis auf den Rechts- und Realitätsgrund dieser Würde, und die Ausarbeitung des Gottesverständnisses im Horizont einer Ereignis-Theologie ist kein Beitrag zur postmodernen Bastelspiritualität, sondern das theologische Eingehen auf das darin zum Ausdruck kommenden menschliche Bedürfnis, nicht als austauschbarer Fall eines Allgemeinen, sondern als unverwechselbares Selbst unter anderen wahr- und ernst genommen zu werden. Es ist Gott in seiner unverfügbaren Selbstvergegenwärtigung im menschlichen Leben, der dieses prinzipiell als mehr ausweist, als es von sich aus zu erkennen gibt oder zu erkennen geben kann. Und es ist die unverfügbare Selbstvergegenwärtigung Gottes im Leben von Menschen, die diese als Adressaten der Gegenwart von Gottes Liebe grundsätzlich davor bewahrt, in ihrer Identität auf das reduziert zu werden, was aufgrund ihres Verhaltens als Datenspuren ihres Lebens für andere fassbar wird.

Das ermöglicht einen anderen, kühleren Blick auf das Netz, und auf Gott. In der globalen Welt des 21. Jahrhunderts stellt der theologische Rekurs auf Gott kein unkritisches Relikt der Vormoderne dar, keine Gefährdung der Autonomie der Moderne, und auch keine expressive Fiktion der Postmoderne. Er ist vielmehr die mehr als notwendige Erinnerung daran, dass menschliches Leben in der Welt zum Glück mehr ist als das, was es von sich aus zu erkennen gibt und was sich wissenschaftlich erforschen lässt: Es ist das Leben von Geschöpfen, die in der Gegenwart ihres Schöpfers leben. Dieser unverfügbaren Gottesgegenwart verdanken sie ihre unverlierbare Würde als Menschen, und sie gibt ihnen allen Grund, auf eine Zukunft zu hoffen, die mehr ist als die Fortsetzung ihrer Vergangenheit oder das Ende ihrer Gegenwart.

Das Wort der Kirchen und die Enzyklika *Caritas in veritate*

Zwei Variationen über das gleiche Thema

+ *Peter Henrici SJ*

Acht Jahre nach dem schweizerischen *Wort der Kirchen. Miteinander in die Zukunft* des Schweizerischen Evangelischen Kirchenbundes und der Schweizer Bischofskonferenz erschien 2009 die Sozialenzyklika Papst Benedikts XVI. *Caritas in veritate. Über die ganzheitliche Entwicklung des Menschen in der Liebe und der Wahrheit.* Der eine Text ist ausdrücklich ökumenisch, der andere penetrant katholisch. Am einen Text hat Thomas Wipf entscheidend mitgearbeitet; den andern müsste er als aufrechter Zwinglianer mit kritischen Augen betrachten. Beide Texte befassen sich mit einem ähnlichen, um nicht zu sagen dem gleichen Gegenstand. Grund genug, sie in ökumenischer Offenheit gegen einander abzuwägen.

1. Zwei verschiedene Texte in christlichem Gleichklang

Doch lassen sich die beiden Texte überhaupt vergleichen? Zu verschieden ist der Problemhorizont, den sie im Blick haben: Auf der einen Seite die «soziale und wirtschaftliche Zukunft der Schweiz», auf der andern Seite die weltweite Entwicklung, namentlich in den Ländern der Südhalbkugel. Verschieden ist auch ihr Zielpublikum: einerseits die Bevölkerung der Schweiz und die in der Schweiz Verantwortlichen, anderseits nicht nur die «Bischöfe, Priester, Diakone und die Personen des gottgeweihten Lebens», sondern auch alle «christgläubigen Laien und alle Menschen guten Willens» – also offenbar keineswegs nur die Katholiken. Verschieden ist die Autorität, die hinter den beiden Texten steht: Der eine ist eine Antwort auf eine breit gestreute Konsultation unter der Schweizer Bevölkerung, seine Autorität ist jedoch nicht grösser als die Einsichtigkeit seiner Antworten und die Überzeugungskraft der beiden Kirchenleitungen, die diese Antworten vorlegen; der andere ist ein Text der päpstlichen Lehrautorität, abgestützt auf die Lehren seiner Vorgänger. Ihre Verschiedenheit zeigt sich auch in der Gestalt der beiden Texte: Das *Wort der Kirchen* ist in acht Kapiteln mit jeweils gleichem Aufbau klar nach Themen gegliedert; es umfasst im ganzen 238 kurze Abschnitte. Der päpstliche Text stellt sich als ein fortlaufender Diskurs dar, dessen Gliederung nur so weit ersichtlich ist, als in jeder seiner 79 Nummern jeweils ein Gedanke weiter ausgeführt wird.

Und doch besteht eine tiefere Verwandtschaft zwischen den beiden Texten. Beide gehen von einer kritischen Beurteilung der gegenwärtigen Situation aus, um Vorschläge für eine bessere Gestaltung der gesellschaftlichen und wirtschaftlichen Zukunft zu machen. Beides soll jeweils ausdrücklich aus christlicher Sicht geschehen. Das beinhaltet zunächst eine besondere Aufmerksamkeit für das Wohl jedes einzelnen Menschen. Der Papst spricht in erster Linie von der «Entwicklung des Menschen», bevor er auf die «Entwicklung der Völker» zu sprechen kommt, und blendet immer wieder auf die Befindlichkeit der Menschen in diesen Völkern zurück. Die dem *Wort der Kirchen* zugrunde liegende Diskussionsgrundlage enthielt eine Reihe von Fragen zur persönlichen Befindlichkeit der Befragten: «Hat sich ihre persönliche Lage in den letzten zehn Jahren verändert?», «Welche sozialen und wirtschaftlichen Veränderungen machen Ihnen Angst? Welche wecken Ihnen dagegen Vertrauen und Hoffnung?» und schliesslich: «Wären Sie bereit, zugunsten schwächerer Glieder der Gesellschaft auf persönlichen Wohlstand zu verzichten?» Noch tiefer ins Persönliche hinein leuchteten die abschliessenden Fragen: «Wie lassen sich Ihrer Erfahrung nach das Gebet und der Einsatz für eine gerechtere Welt in Einklang bringen?» und «Welche Bedeutung hat für Sie die Bibel für das Zusammenleben in den Kirchen und in der Kirche?»

Hier ist schon der ökumenische Zungenschlag der schweizerischen Konsultation zu spüren; doch beide Texte kommen darin überein, dass sie die Würde des Menschen bzw. der menschlichen Person als letztes und entscheidendes Kriterium in gesellschaftlichen und wirtschaftlichen Fragen betrachten. Diese Übereinkunft äussert sich darin, dass immer wieder die gleichen Grundwerte angesprochen werden: Freiheit und Gerechtigkeit, Gemeinwohl, Solidarität (eines der häufigsten Worte im päpstlichen Text) und auch das spezifisch schweizerische Prinzip der Subsidiarität.

In diesem grundsätzlich christlichen Gleichklang werden die einzelnen Themen zwar in verschiedener Reihenfolge und mit verschiedener Gewichtung behandelt; doch die erhobenen Forderungen und Folgerungen bleiben konvergent. Erst ein inhaltlicher Einzelvergleich kann die ökumenisch bedeutsamen Unterschiede der beiden Texte hervortreten lassen.

2. Vier gemeinsame Sorgen: Familie, Migration, Arbeitsgesellschaft, Umwelt

Vier Themen, denen das *Wort der Kirchen* je ein eigenes Kapitel widmet, erwähnt der päpstliche Text nur bei gegebener Gelegenheit.

1. Das erste ist das Thema der *Familie*. Es war in der Diskussionsgrundlage für die ökumenische Konsultation gar nicht vorgesehen und wurde erst aufgrund zahlreicher besorgter Stellungnahmen an prominenter Stelle in das «Wort der Kirchen» eingefügt. Während die Familien die erste Sozialisierungsinstanz sein müssten, befänden sie sich heute in einer schwierigen Lage. Das *Wort der Kirchen* fordert deshalb finanzielle Sicherheit für die Familien, keine Benachteiligung im Steuerrecht sowie auf dem Arbeits- und Wohnungsmarkt und Massnahmen gegen das Armutsrisiko der kinderreichen Familien und der Alleinerziehenden. Von diesen konkreten Forderungen findet sich beim Papst nur die in der katholischen Soziallehre immer wieder erhobene Forderung nach einem für die ganze Familie genügenden Lohn, nicht zuletzt auch in den Entwicklungsländern (nr. 63).[1] Dagegen kommt der Papst im Zusammenhang mit dem Bevölkerungswachstum auf die Rechte der Familien zu sprechen. Gegenüber «politischen Massnahmen einer erzwungenen Geburtenplanung» betont er einerseits «die vorrangige Zuständigkeit der Familien gegenüber dem Staat [...] sowie eine entsprechende Erziehung der Eltern» (womit er, ohne es zu sagen, wieder auf den ursprünglichen Sinn von *Humanae vitae* hinweist); doch dann wendet er sich dem ihm offenbar näherliegenden Problem des Geburtenrückgangs zu – «ein entscheidendes Problem gerade für die Wohlstandsgesellschaften. Der Geburten-

---

[1] Ich zitiere die beiden Texte nach ihren Randnummern, nötigenfalls mit einem unterscheidenden W oder C; den päpstlichen Text in der offiziellen vatikanischen Übersetzung, Città del Vaticano 2009.

rückgang, der die Bevölkerungszahl manchmal unter den kritischen demographischen Wert sinken lässt, stürzt auch die Sozialhilfesysteme in die Krise, führt zur Erhöhung der Kosten, schränkt die Rückstellung von Ersparnissen und in der Folge die für die Investitionen finanziellen Ressourcen ein, reduziert die Verfügbarkeit qualifizierter Arbeitskräfte und verringert das Reservoir der ‹Köpfe›, aus dem man für die Bedürfnisse der Nation schöpfen muss. Ausserdem laufen die kleinen, manchmal sehr kleinen Familien Gefahr, die sozialen Beziehungen zu vernachlässigen und keine wirksamen Solidaritätsformen zu gewährleisten.» Deshalb fordert der Papst, ähnlich wie das *Wort der Kirchen*, «politische Massnahmen [...], die die zentrale Stellung und die Unversehrtheit der auf der Ehe zwischen einem Mann und einer Frau gegründeten Familie [...] dadurch fördern, dass sie sich auch um deren wirtschaftliche und finanzielle Probleme [...] kümmern.» (nr. 44).

2. Als zweites widmet das *Wort der Kirchen* der *Migration* ein eigenes Kapitel – begreiflicherweise aus der Sicht eines Einwanderungslandes –, während der Papst in weltweiter Perspektive zweimal die «stattlichen, oft nur ausgelösten und dann nicht angemessen geleiteten Migrationsströme» erwähnt, die «ein soziales Problem epochaler Art» bilden (nr. 21, 62). Beide Texte sind sich einig, dass die Menschenwürde der Migranten gewahrt werden muss (C nr. 62; W nr. 84, 87) und ihre Integration zu fördern ist (C 62, W 77, 92–97). Erstaunlicherweise spricht der päpstliche Text das Problem der Flüchtlinge und der Asylsuchenden nicht an, sondern betrachtet die Migranten entwicklungstechnisch als «Fremdarbeiter», die «durch ihre Arbeit einen bedeutenden Beitrag zur wirtschaftlichen Entwicklung des Gastlandes leisten und darüber hinaus dank der Geldsendungen auch einen Beitrag zur Entwicklung ihrer Ursprungsländer erbringen». Über diese schon etwas in die Jahre gekommene Sichtweise hinaus macht der Papst die auch für die Schweiz wichtige Feststellung, dass das Problem der Migration nur durch eine «starke und weitblickende Politik der [...] engen Zusammenarbeit zwischen Herkunfts- und Aufnahmeländern der Migranten [...] mit angemessenen internationalen Bestimmungen» zu lösen sei. «Kein Land kann sich allein dazu imstande sehen, den Migrationsproblemen unserer Zeit zu begegnen» (nr. 62). Das *Wort der Kirchen* konnte aus seiner Perspektive nur auf das «Recht auf Auswanderung» hinweisen, dem ein internationales «Recht auf Einwanderung» entsprechen müsste (nr. 86).

3. Ein drittes langes Kapitel widmet das *Wort der Kirchen* der *Arbeits-gesellschaft*. Im Hintergrund der ökumenischen Konsultation stand nicht zuletzt das Problem der Arbeitslosigkeit Anfang der neunziger Jahre. Die Aufmerksamkeit richtet sich deshalb nicht nur auf die strukturellen Ver-änderungen in der Arbeitswelt, sondern auch auf die persönliche Befind-lichkeit der Erwerbslosen wie der Arbeitenden. Der Blick des päpstlichen Textes bleibt strukturbezogener, stellt aber weitgehend die gleiche Dia-gnose wie das *Wort der Kirchen*. Aus der Globalisierung ergebe sich oft eine «Verlagerung der Produktion in Niedrigpreisländer», was eine «De-regulierung der Arbeitswelt» und eine «Reduzierung der Netze der sozia-len Sicherheit» mit sich bringe, noch verstärkt durch «Streichungen in den Sozialausgaben» in den wirtschaftlich entwickelten Ländern, «die häufig auch von den internationalen Finanzinstituten angeregt werden» (nr. 25). Beide Texte heben die vermehrte Mobilität der Arbeit hervor, was zu Unsicherheit und «Patchworkbiographien» führe, da sie «keine konsequente Lebensplanung» mehr erlaube. Beide unterstreichen die Würde der menschlichen Arbeit, mit der Folge einer Ausgrenzung der Erwerbslosen, die ihren «sozialen Status» verlieren, bzw. zu «wirtschaftli-cher Bedeutungslosigkeit» verurteilt seien. Das *Wort der Kirchen* weist dar-über hinaus auf das Problem der «working poor» hin, auf den «Leistungs-druck» und die «erhöhten intellektuellen Anforderungen» sowie auf das «wachsende Lohngefälle» in der (schweizerischen) Arbeitswelt (nr. 99, 106–108).

Die abschliessenden Forderungen der beiden Texte stimmen wieder weitgehend überein. Das *Wort der Kirchen* fordert «menschengerechte, fa-milienfreundliche, gemeinschaftsfördernde, umweltverträgliche Arbeits-bedingungen» (nr. 131); der päpstliche Text etwas wortreicher «eine Ar-beit, die in jeder Gesellschaft Ausdruck der wesenseigenen Würde jedes Mannes und jeder Frau ist; eine frei gewählte Arbeit, die die Arbeitneh-mer, Männer und Frauen, wirksam an der Entwicklung ihrer Gemein-schaft teilhaben lässt; eine Arbeit, die auf diese Weise den Arbeitenden erlaubt, ohne jede Diskriminierung geachtet zu werden; eine Arbeit, die es gestattet, die Bedürfnisse der Familie zu befriedigen und die Kinder zur Schule zu schicken, ohne dass diese selber gezwungen sind zu arbei-ten; eine Arbeit, die den Arbeitnehmern erlaubt, sich frei zu organisieren und ihre Stimme zu Gehör zu bringen; eine Arbeit, die genügend Raum lässt, um die eigenen persönlichen, familiären und spirituellen Wurzeln wiederzufinden; eine Arbeit, die den in die Rente eingetretenen Arbeit-

nehmern würdige Verhältnisse sichert» (nr. 63). Zur Erreichung dieses
Idealzustandes schlagen die beiden Texte jedoch unterschiedliche Massnahmen vor. Das *Wort der Kirchen* fordert vor allem eine neue Bewertung
der menschlichen Arbeit, die nicht auf Erwerbsarbeit reduziert werden
könne. Es gelte «den – unersetzlichen – Wert der unbezahlten Arbeit für
das Wohlergehen der Gesellschaft», namentlich der «Familienarbeit»,
wieder zu entdecken. «Erwerbsarbeit und Existenzsicherung» sollen
entkoppelt werden; die «persönliche und intellektuelle Kompetenz der
einzelnen Menschen» sei durch «eine entsprechende Bildungs- und Wei-
terbildungspolitik» zu verstärken. Demgegenüber verweist der päpstliche
Text nur auf die «Strategie der Internationalen Arbeitsorganisation» (der
ILO in Genf) und auf die Rolle der «Gewerkschaftsorganisationen der
Arbeitnehmer», die sich «den neuen Perspektiven öffnen» und «den Blick
ebenso auf die Nichtmitglieder richten» müssen, «vor allem zugunsten
der ausgebeuteten und nicht vertretenen Arbeitnehmer». Dass dabei
«eine Rollen- und Aufgabenunterscheidung von Gewerkschaft und Politik» vorgeschlagen wird, könnte auch für uns bedeutsam werden (nr. 64).
    4. Beide Texte beschäftigen sich sodann recht ausführlich mit der
Umweltproblematik, und sie binden diese in die umfassendere Problematik
der Wirtschaft ein, das *Wort der Kirchen* mit wenigen einleitenden Sätzen
(nr. 133); die Enzyklika nach einer weit ausgreifenden Ausführung über
die sozialethischen Verpflichtungen der Wirtschaft (nr. 43–47). Auch der
Ansatz der beiden Texte ist verschieden. Das *Wort der Kirchen* setzt ein
mit der klassischen Feststellung der Begrenztheit der natürlichen Ressourcen und mit der daraus sich ergebenden Forderung nach Nachhaltigkeit (nr. 134). Beide Stichworte fehlen im päpstlichen Text. Das *Wort
der Kirchen* zählt dann die feststellbaren Umweltschäden auf: Schwinden
der Artenvielfalt, Luftverschmutzung, Klimawandel, explodierender
Energieverbrauch, grossindustrielle Tierhaltung (nr. 135). Der päpstliche
Text nimmt davon nur die Energieproblematik auf und führt sie weiter
aus. Seine Sichtweise ist zunächst theologisch, indem er die Natur nicht
nur als Schöpfung Gottes versteht (wie auch das *Wort der Kirchen*), sondern vor allem die «Beziehung des Menschen zur natürlichen Umwelt»
anspricht, die von Gott geschenkt sei und einem Plan Gottes entspreche.
Die Natur trage ihre eigene «Grammatik» in sich, «die Zwecke und Kriterien für eine weise, nicht funktionelle und willkürliche Nutzung angibt»
(nr. 48). Beide Texte verwahren sich dagegen, die Natur «auf eine Reihe

einfacher Gegebenheiten zu verkürzen», bzw. sie nur als «Sache, beziehungsweise Ressource für menschliche Bedürfnisse» zu betrachten.

Übereinstimmend betonen beide Texte die Verantwortung bei der Nutzung der Natur, namentlich die «Gerechtigkeit und Solidarität zwischen den Generationen», wobei der päpstliche Text auch die «dringende moralische Notwendigkeit einer erneuerten Solidarität, besonders in den Beziehungen zwischen den Entwicklungsländern und den hochindustrialisierten Ländern» anmahnt (nr. 49). Das beinhalte eine Drosselung des Energieverbrauchs in den entwickelten Ländern durch «Verbesserung der Leistungsfähigkeit der Energien», «Optimierung der Produkte», «Suche nach alternativen Energien», wobei der schweizerische Text auch auf das Recycling elektronischer Geräte hinweist (nr. 146). Zur Durchsetzung dieser Forderungen weisen beide Texte auf die Notwendigkeit einer Vollkostenrechnung hin, sodass «die wirtschaftlichen und sozialen Kosten für die Benutzung der Umweltressourcen offen dargelegt und von den Nutzniessern voll getragen werden und nicht von andern Völkern oder zukünftigen Generationen» (C nr. 50). Das setze eine «Überprüfung des Lebensstils» voraus, einen «Gesinnungswandel», «neue Konzepte von Wohlstand und Luxus», und zwar auf globaler Ebene. Erwähnenswert ist die Konvergenz der beiden Texte bezüglich der «Ehrfurcht vor dem Leben», bzw. dem «Recht auf Leben», sowie ihre Sorge bezüglich der ungleichen Verteilung der Wasserreserven, die Konflikte und gar Kriege auslösen könne.

3. Konvergenz bei verschiedener Sichtweise bezüglich der Beurteilung von Wirtschaft, Staat und internationaler Zusammenarbeit

Auf die Kapitel, in denen es primär um die Probleme und Sorgen ging, welche die Antworten auf die ökumenische Konsultation in den Vordergrund gestellt hatten, folgen im *Wort der Kirche* drei weitere Kapitel, die sich mit Problemen des öffentlichen Lebens befassen, mit der «Wirtschaft, hier primär verstanden als Marktwirtschaft» und deren finanziellen Ressourcen, mit dem «Stellenwert der Politik» und mit der Stellung der Schweiz in Europa und in der Welt. In diesen Kapiteln scheint das *Wort der Kirchen* der Problemstellung des päpstlichen Dokuments am nächsten zu kommen; doch gerade hier treten auch die Unterschiede der beiden Texte deutlich hervor.

1. Einige der Forderungen, die beide Texte an die Wirtschaft und an den Staat als Lenkungsorgan stellen, sind schon bei der Umweltproblematik sichtbar geworden. Auch bezüglich der Wirtschaft lässt sich zwar eine grundlegende Übereinstimmung feststellen, sowohl in ihrem grundsätzlichen Ja zur Marktwirtschaft wie auch in der Beurteilung der gegenwärtigen Situation und bei den Vorschlägen zur Verbesserung. Dennoch sind auch die Unterschiede unübersehbar. Das *Wort der Kirchen* konzentriert sich auf die finanziellen Aspekte und fordert einen «neuen Umgang mit Geld, Gewinn und Kapital». Der päpstliche Text stimmt diesen Forderungen zwar weitgehend zu; stellt sie jedoch in den weiteren, moraltheologisch geprägten Horizont von «Brüderlichkeit, wirtschaftlicher Entwicklung und Zivilgesellschaft» und kommt so zu viel weitergehenden Forderungen als das *Wort der Kirchen*.

Bei der Lagebeurteilung stellen beide Texte «Verzerrungen und Missstände» in einer «von Gewinn und Kapital dominierten Wirtschaft» fest, welche die Rolle der Arbeit und der «sozialen Beziehungen» bzw. des «sozialen Zusammenhalts» vernachlässige. Die Dominanz der Investoren mit ihren «kurzfristigen Renditenerwartungen» in einer globalisierten Welt mit hoher «Mobilität des investierten Kapitals» könne sich auf die ganze Wirtschaft verderblich auswirken – wie die jüngsten Finanzkrisen gezeigt haben. So stellt das *Wort der Kirchen* einleitend fest, «dass sich wirtschaftliche Sachlogik und Anforderungen der Lebenspraxis immer mehr auseinander entwickeln, bis sie sich schliesslich widersprechen» (nr. 150), während der päpstliche Text einleitend theologisch feststellt: «Zur Aufzählung der Bereiche, in denen sich die schädlichen Auswirkungen der Sünde zeigen, gehört nun schon seit langer Zeit auch jener der Wirtschaft. Auch unsere Zeit liefert uns dafür einen offensichtlichen Beweis» (nr. 34).

Es wäre jedoch falsch, nach diesen einleitenden Paukenschlägen zu erwarten, dass der schweizerische Text vor allem strukturelle Verbesserungen fordere und der päpstliche Text den für die Wirtschaft Verantwortlichen ins Gewissen rede. Genau das Gegenteil ist der Fall. Das *Wort der Kirchen* fordert schliesslich eine «Kultur des Masshaltens und der Verantwortung» sowie «Unternehmen mit Bürgersinn» (nr. 163), nachdem es schon vorher auf die «Sozialhypothek des Reichtums» und auf die Notwendigkeit von «Schenken und Teilen» in «globaler Solidarität» hingewiesen hat. Strukturell fordert es nur eine Korrektur des schweizerischen Bankgeheimnisses (nr. 165) und «eine Besteuerung [...] spekulativer Kapitalverschiebungen» (nr. 166).

Der päpstliche Text kann die genannten ethischen Forderungen unterschreiben, holt aber zu grundsätzlicheren Überlegungen aus. Aus dem einleitend dargestellten Geschenkcharakter der menschlichen Existenz folgert der Text, «dass eine wirtschaftliche, gesellschaftliche und politische Entwicklung, die wahrhaft menschlich sein will, dem Prinzip der Unentgeltlichkeit als Ausdruck der Brüderlichkeit Raum geben muss» (nr. 34). Im *Wort der Kirchen* schien die Unentgeltlichkeit nur in der Hochschätzung der Freiwilligenarbeit auf; der Papst hat sie, in Übereinstimmung mit seinen Vorgängern, zu einem der drei Grundprinzipien der Wirtschaft erhoben: «Das Wirtschaftsleben braucht ohne Zweifel Verträge, um den Tausch von einander entsprechenden Werten zu regeln. Ebenso sind jedoch gerechte Gesetze, von der Politik geregelte Mechanismen zur Umverteilung und darüber hinaus Werke, die vom Geist des Schenkens geprägt sind, nötig. [...] In der Zeit der Globalisierung kann die Wirtschaftstätigkeit nicht auf die Unentgeltlichkeit verzichten, welche die Solidarität und das Verantwortungsbewusstsein für die Gerechtigkeit und für das Gemeinwohl in seinen verschiedenen Subjekten und Akteuren verbreitet und nährt. Es handelt sich dabei schliesslich um eine konkrete und tiefgründige Form wirtschaftlicher Demokratie. [...] Während man früher der Ansicht sein konnte, dass man zuerst für die Gerechtigkeit sorgen müsse und dass die Unentgeltlichkeit danach als Zusatz hinzukäme, muss man heute feststellen, dass ohne die Unentgeltlichkeit auch die Gerechtigkeit nicht erreicht werden kann» (nr. 37–38).

Dieses Prinzip, das ein radikales wirtschaftliches Umdenken erfordert (doch man denke auch an die traditionelle, kulturelle und entwicklungspolitische Rolle des Stiftungswesens), unterstreicht der Papst durch den konkreten Vorschlag, neben den gewinnorientierten privaten und staatlichen Unternehmen einen dritten Unternehmenstyp zu fördern, d. h. «die nach wechselseitigen und sozialen Zielen strebenden Produktionsverbände [...]. Aus ihrem Zusammentreffen auf dem Markt kann man sich erhoffen, dass es zu einer Art Kreuzung und Vermischung der unternehmerischen Verhaltensweisen kommt und dass in der Folge spürbar auf eine Zivilisierung der Wirtschaft geachtet wird» (nr. 38). Die gleiche visionär anmutende Forderung nach einer neuen Unternehmensform (die in etwa den bisherigen kooperativen Unternehmen entspräche) wiederholt der Papst noch zweimal eindringlich, wobei ihm möglicherweise die Erfahrung der Fokolarbewegung mit ihren Gemeinschaftsunternehmen vor Augen stand. Zuerst weist er negativ auf das Ungenügen der bisherigen Wirtschaftsmodelle hin: «Wenn die Logik des Marktes und die Logik des Staates mit gegenseitigem Einverständnis auf dem Monopol ihrer jeweiligen Einflussbereiche beharren, gehen langfristig die Solidarität in den Beziehungen zwischen den Bürgern, die Anteilnahme und die Beteiligung sowie die unentgeltliche Tätigkeit verloren. Diese unterscheiden sich vom ‹Geben, um zu haben›, das die Logik des Tausches ausmacht, und vom ‹Geben aus Pflicht›, das für die öffentlichen Verhaltensweisen gilt, die durch staatliche Gesetze auferlegt werden. Die Überwindung der Unterentwicklung erfordert […] eine fortschreitende Offenheit auf weltweiter Ebene für wirtschaftliche Tätigkeiten, die sich durch einen Anteil von Unentgeltlichkeit und Gemeinschaft auszeichnen. Die exklusive Kombination Markt-Staat zersetzt den Gemeinschaftssinn.» Der Papst ist sich aber auch bewusst, dass sich eine solche Neuordnung der Wirtschaft nicht erzwingen lässt: «Es gibt keinen Markt der Unentgeltlichkeit und eine Haltung der Unentgeltlichkeit kann nicht per Gesetz verordnet werden. Dennoch brauchen sowohl der Markt als auch die Politik Menschen, die zur Hingabe aneinander bereit sind» (nr. 39).

In dieser personalistischen Sicht kommt er deshalb bei der Betrachtung der Rolle der Unternehmer nochmals auf sein Anliegen zu sprechen. Dankbar stellt er fest, dass «das Bewusstsein für die Notwendigkeit einer weiterreichenden ‹sozialen Verantwortung› des Unternehmens» wächst. Gegenüber dem Negativbild der «Zunahme einer kosmopolitischen Klasse von Managern […], die sich oft nur nach den Anweisungen der Hauptaktionäre richten, bei denen es sich normalerweise um anonyme Fonds handelt, die de facto den Verdienst der Manager bestimmen» (nr. 39), erinnert der Papst daran, «dass die unternehmerische Tätigkeit eine mehrwertige Bedeutung hat und dieser immer mehr gerecht werden muss.» Es gibt «verschiedene Arten von Unternehmen, weit hinaus über die alleinige Unterscheidung zwischen ‹privat› und ‹staatlich›. Jede erfordert und verwirklicht eine besondere unternehmerische Fähigkeit […]. Diese umfassendere Sicht fördert den Austausch und die gegenseitige Prägung unter den verschiedenen Arten von unternehmerischer Tätigkeit mit einem Kompetenzfluss vom nicht-gewinnorientierten Bereich zum gewinnorientierten und umgekehrt, vom öffentlichen zu dem der Zivilgesellschaft, von den fortgeschrittenen Wirtschaftsregionen zu jenen der Entwicklungsländer» (nr. 41).

Eine weitere Forderung des Papstes ergibt sich aus seiner Ablehnung der eingeschränkten Sicht des Dualismus Staat–Wirtschaft. Heute könne das «umverteilende Eingreifen des Staates» für die Regulierung der Wirtschaft «allein nicht mehr genügen» (nr. 39), «da die wirtschaftlichen Tätigkeiten nicht an territoriale Grenzen gebunden sind, während die Autorität der Regierungen weiter vorwiegend örtlich beschränkt ist» (nr. 37). Neben der moralischen Verantwortung der international operierenden Unternehmer brauche es deshalb auch «eine verteilte und auf verschiedenen Ebenen wirkende politische Autorität», indem «die zusammengewachsene Wirtschaft unserer Zeit [...] die Regierungen zu einer engeren Zusammenarbeit untereinander» verpflichte. Darüber hinaus betont der Papst die Rolle «anderer politischer Akteure neben dem Staat [...], die kultureller, sozialer, regionaler oder religiöser Art sind», sowie «der nationalen und internationalen Zivilgesellschaft und [...] der übernationalen und weltweiten Gemeinschaft» (nr. 41). Das führt schlussendlich zur Forderung nach einer «echten politischen Weltautorität, wie sie schon von meinem Vorgänger, dem seligen Papst Johannes XXIII., angesprochen wurde» (nr. 67) – einer Forderung, die fast als Einzige in der internationalen Medienwelt Beachtung fand.

Doch bevor er zu dieser Schlussfolgerung kommt, macht der päpstliche Text noch eine ganze Reihe weiterer Aussagen, die Beachtung verdienen. In einem Kapitel, das unter der Überschrift «Entwicklung der Völker, Rechte und Pflichten, Umwelt», vorwiegend ethischen Fragen gewidmet ist und mit der grundlegenden Aussage einsetzt, «dass die Rechte Pflichten voraussetzen, ohne die sie zur Willkür werden» (nr. 43), kommt der Papst auf die heute so beliebte Wirtschaftsethik zu sprechen. Er stellt dabei «eine gewisse Abnützung des Adjektivs ‹ethisch› fest» für einzelne «Sektoren oder Bereiche der Ökonomie oder des Finanzwesens», während doch «die gesamte Wirtschaft und das gesamte Finanzwesen ethisch sind und das nicht nur durch eine äusserliche Etikettierung, sondern aus Achtung vor den ihrer Natur selbst wesenseigenen Ansprüchen» (nr. 45), beispielsweise in der Beziehung zwischen Unternehmen und Gewinn. Hier kommt der Papst nochmals auf «Unternehmensgruppen, die Ziele mit sozialen Nutzen verfolgen» und auf «Vertreter der sogenannten [...] Gemeinschaftswirtschaft» zu sprechen (nr. 46). Von den verschiedenen in diesem Zusammenhang ausgesprochenen

Mahnungen scheint vor allem die Warnung vor den «oft viel zu kostspieligen bürokratischen Verwaltungsapparate[n]» der «internationalen Organismen» bedenkenswert. «Es kommt mitunter vor, dass der Hilfsempfänger zu einem Mittel für den Helfer wird und die Armen dazu dienen, aufwendige bürokratische Organisationen aufrecht zu erhalten, die für ihren eigenen Bestand allzu hohe Beiträge aus jenen Ressourcen für sich behalten, die eigentlich für die Entwicklung bestimmt sein sollten», weshalb «eine grössere Transparenz» zu fordern ist (nr. 47).

2. In seinen Ausführungen über Wirtschaft und Staat nimmt der päpstliche Text einiges vorweg, was im *Wort der Kirchen* erst in einem eigenen Kapitel über das Staatsleben behandelt wird, unter dem Titel: «Politik im Dienste des Gemeinwohls». Auch dieser Text stellt fest «dass vom Staat nicht alles erwartet werden kann» (nr. 171) und dass «die nationalen Grenzen […] durchlässig geworden» sind (nr. 173), weshalb es nötig ist, «sich auf den Weg zu einer neuen zivilgesellschaftlichen Identität […] zu begeben», in «einer europäischen und weltweiten Zivilgesellschaft» (nr. 180). Die weiteren Forderungen betreffend «Minderheitenschutz» (nr. 187f.), «Steuerpolitik», «Forschungspolitik» (nr. 190f.) und «Medien» im Blick auf eine nachhaltige Bildung der öffentlichen Meinung (nr. 195) sprechen spezifisch schweizerische Probleme an. Doch in seinen Grundforderungen nach «Gemeinwohl» (nr. 181f.), «Subsidiarität» (nr. 184f.) und «Funktionieren der Demokratie» (nr. 186) kann sich der schweizerische Text im Einklang mit den päpstlichen Aussagen wissen.

3. Manche dieser Prinzipien für den Staat und das politische Wirken behandelt der päpstliche Text in seinem vorletzten Kapitel, das der «Zusammenarbeit der Menschheitsfamilie» gewidmet ist, und dem im *Wort der Kirchen* das letzte Kapitel über das Verhältnis «Schweiz – Welt» entspricht. Auch da zeigt sich trotz dem wesentlich verschiedenen Blickwinkel eine bemerkenswerte Übereinkunft in der Sicht. Verschieden ist die Ausrichtung des päpstlichen Textes, der auf die weltweite Entwicklung blickt, während das *Wort der Kirchen* die spezifischen Probleme der Schweiz im Auge hat. Verschieden ist auch die Anlage der beiden Texte, denn auch da setzt der päpstliche Text wieder mit grundsätzlichen Überlegungen über die gemeinschaftliche Natur des Menschen und über die «Kategorie der Beziehung» ein (nr. 53), und er greift dafür auf das Urbild der göttlichen Dreifaltigkeit zurück (nr. 54). Wie alle einleitenden Überlegungen in den Kapiteln trägt auch dieser Text wieder die persönlichen Schriftzüge von Papst Benedikt. Von seinen grundlegenden Überlegun-

gen aus kommt der Papst dann auf die Rolle der Religionen zu sprechen, die auch einen Beitrag zum Gemeinwohl leisten müssen (nr. 55); er mahnt die Bedeutung der Religionsfreiheit an, warnt vor Laizismus und Fundamentalismus und fordert die gegenseitige Korrektur von Glaube und Vernunft (nr. 56).

Die beiden Texte treffen sich dort, wo der Papst das Prinzip der Subsidiarität nachdrücklich unterstreicht (nr. 57) – noch vor dem Prinzip der Solidarität (nr. 58) – und es zum Grundprinzip für die Entwicklung und für die internationale Zusammenarbeit erklärt. Daraus ergeben sich auf beiden Seiten ähnliche Forderungen: nach globaler Ausweitung des Gemeinwohls und Wahrung der Menschenrechte, nach «Schutz der Minderheiten» und «Autonomie der mittleren Gruppen», nach «kultureller Vielfalt» bzw. «Pluralismus der Kulturen», nach Reform der Steuerpolitik bzw. «steuerlicher Subsidiarität, die es den Bürgern gestatten würde, über den Bestimmungszweck von Anteilen ihrer dem Staat erbrachten Steuern zu entscheiden» (nr. 60). Konvergent sind die beiden Texte auch in den Forderungen bezüglich des internationalen Handels und der Abschaffung des Protektionismus, damit die Entwicklungsländer ihre Produkte auf die Weltmärkte bringen können, aber auch bezüglich «einer auch politisch organisierten Weltgesellschaft» (W nr. 199; vgl. C nr. 67).

Spezifisch schweizerisch dagegen ist die dreimal wiederholte Forderung nach einem «neuen kollektiven Wertesystem», der Hinweis auf das Problem der «Privatisierung der Dienste» bzw. der «öffentlichen Güter» (nr. 190), die lobende Erwähnung der Hilfswerke (nr. 224) und die Empfehlung der dann leider nicht verwirklichten «Solidaritätsstiftung» (nr. 228) sowie, breit ausgeführt, das Problem der schweizerischen Neutralität (nr. 207–209, 218–221), das einen «Bewusstseinswandel» erfordere (nr. 214). Eigengut des päpstlichen Textes sind dagegen die Hinweise auf das zwiespältige Phänomen des internationalen Tourismus (nr. 61, noch vor den bereits angesprochenen Problemen der Migration, der Arbeit und des Finanzwesens) sowie auf die «neue politische Macht [...] der Konsumentenverbände» (nr. 66). Zu all dem fügt der päpstliche Text noch ein abschliessendes Kapitel über die (wiederum zwiespältige) Rolle der Technik für die Entwicklung der Völker an, ein Thema, das das *Wort der Kirchen* kaum anspricht.

4. Zwei Texte – ein Schicksal

Bei aller inhaltlichen Konvergenz stehen die beiden Texte doch ganz
verschieden da. Das *Wort der Kirchen* ist übersichtlicher, griffiger, konkreter in seinen praktischen Forderungen. Der päpstliche Text wirkt etwas
diffus und unübersichtlich, holt in seinen Begründungen weit aus und
erhebt oft weitgehende Forderungen, die jedoch öfter etwas sehr allgemein wirken. Beide Texte können einander ergänzen; gegenüber dem
Wort der Kirchen könnte der päpstliche Text weitere Horizonte eröffnen,
während das *Wort der Kirchen* dazu helfen könnte, den päpstlichen Text
zu erden und in praktikable Folgerungen überzuführen.

Die Verschiedenheit der beiden Texte erklärt sich wohl nicht zuletzt
aus ihrer verschiedenen Entstehungsweise. Wie der päpstliche Text entstanden ist, lässt sich nur erahnen. Nach einem Wunsch des Papstes, der
vielleicht schon von einigen Textentwürfen begleitet war, haben dann
verschiedene Experten (Teil-)Entwürfe vorgelegt. Diese Entwürfe, die
sich immer wieder auf päpstliche Vorgängertexte beriefen, wurden dann
wohl mehrfach überarbeitet und zu einem Gesamttext zusammengestellt,
der sozusagen in letzter Minute auch den neuesten wirtschaftlichen Entwicklungen Rechnung tragen musste.

Anders das *Wort der Kirchen*. Experten wurden da erst im vorletzten
Moment zur Überprüfung eines bereits vorliegenden Textentwurfs ein-
geschaltet. Die Initiative ging von der Bischofskonferenz aus, die nach
dem Vorbild ihrer amerikanischen, deutschen und österreichischen Mit-
brüder ein Wort zur wirtschaftlichen und gesellschaftlichen Lage der
Schweiz in der Mitte der neunziger Jahre sagen wollte. Auf einer vorbereitenden Tagung in Lungern wurde jedoch klar, dass ein solches Wort
nur dann Gewicht hätte, wenn es von den beiden grossen christlichen
Kirchen gemeinsam gesprochen wird. Folglich musste das Wort ökumenisch ausgearbeitet werden, und es konnte auch nicht autoritativ von
oben gesprochen werden, sondern musste Antwort geben auf die Hoff-
nungen und Sorgen der schweizerischen Bevölkerung. So arbeitete man
zunächst eine «Diskussionsgrundlage» für eine «Ökumenische Konsultation» aus und stellte dann in einem «Auswertungsbericht» die eingegan-
genen Antworten zusammen, aufgrund derer schliesslich das *Wort der*

Kirchen erarbeitet wurde.[2] So entstand ein demokratisch-ökumenisch erarbeiteter Text, dem die Enzyklika als autoritative Äusserung des kirchlichen Lehramts gegenübersteht.

Unbeschadet dieser ihrer Verschiedenheit haben jedoch beide Texte das eine und gleiche Schicksal erlitten. Nach einer ersten kurzen Beachtung in den Medien sind beide weitgehend ungehört verhallt. Es besteht wenig Aussicht, dass sich das in Zukunft ändern wird, trotz den Bemühungen um ein «Follow up» für das *Wort der Kirchen* in einzelnen Kirchgemeinden. Die entscheidenden Kreise in Wirtschaft und Politik scheinen die beiden Texte überhaupt nicht erreicht zu haben. Sie teilen dieses Schicksal der Wirkungslosigkeit mit fast allen kirchlichen Texten. Die Kirche lebt nicht von Texten, so sorgfältig sie auch ausgearbeitet sein mögen. Die Kirche lebt von der Verkündigung des Wortes und vom Wirken ihrer Personen. So bleibt die Hoffnung, dass das eine oder andere Wort dieser Texte im Gewissen der einen oder andern Person widerhallt und ihr öffentliches Wirken prägt. Jedenfalls sind die Kirchen in der Schweiz so gut wie der Papst ihrer Berufung nachgekommen, «Rufer in der Wüste» zu sein.

---

[2] Hier ist eine nachträgliche päpstliche Korrektur zur Ökumenischen Konsultation anzumerken. Dort wurde nach der »Reich-Gottes-Verträglichkeit» der vorgeschlagenen Massnahmen gefragt; der päpstliche Text dagegen spricht theologisch genauer «von jener universellen Stadt Gottes, auf die sich die Menschheitsfamilie zubewegt», wobei alle Bemühungen die «der Stadt des Menschen die Gestalt der Einheit und des Friedens verleihen», diese «gewissermassen zu einer vorausdeutenden Antizipation der grenzenlosen Stadt Gottes machen» (nr. 7).

‹auf der Höhe unserer Sache›
Zur möglichen Fortsetzung eines begonnenen Briefwechsels

Frank Mathwig

> «Denn was kann der Christ in der Gesell-
> schaft anderes tun, als dem Tun Gottes
> aufmerksam zu folgen.»
>
> Karl Barth[1]

1. Rückblickend

Der auf einer mechanischen Schreibmaschine getippte und mit hand-
schriftlichen Bemerkungen ergänzte Brief ist datiert auf den «31. Oktober 1963», gerichtet an «Lieber Herr Wipf» und unterschrieben mit «Ihr
Karl Barth». Über die Umstände des Dokuments informiert eine editori-
sche Notiz der Herausgeber im sechsten Band der Karl Barth Gesamtausgabe. Der zwei Jahre zuvor – anlässlich seines 75. Geburtstags – emeri-
tierte Basler Theologieprofessor antwortet dem «Gymnasiasten Thomas
Wipf aus Zürich», weil dieser «Barth um Hilfe für ein Referat mit dem
Thema ‹Die Hauptunterschiede zwischen der katholischen und den protestantischen Konfessionen› gebeten» hatte.[2] Der Antwortbrief präsentiert eine Liste von sieben Unterscheidungsmerkmalen zwischen «ev.»
und «röm.kath.». Über den Einfluss dieser komprimierten Konfessions-
kunde auf den Vortrag des damaligen Schülers eines Wirtschaftsgymna-
siums – Barth schliesst den Brief mit «allen guten Wünschen für Ihre

---

[1] Karl Barth, Der Christ in der Gesellschaft, in: Jürgen Moltmann (Hg.), Anfänge
der dialektischen Theologie, Teil 1, München ²1966, 3–37 (37).
[2] Karl Barth, Briefe 1961–1968, in: ders., Gesamtausgabe, V. Briefe, hg. v. Jürgen
Fangmeier u. Hinrich Stoevesandt, Zürich 1975, 210–212.

Aktion am 22. November» – sowie dessen Wirkungen auf die Zuhörenden wird nichts mitgeteilt.[3]

Heute hängt Barths Antwort im Arbeitszimmer des Präsidenten des Rates des Schweizerischen Evangelischen Kirchenbundes in der Berner Geschäftsstelle. In einem Glasrahmen an der Wand gleich neben der Eingangstür kommt der Brief – wenn überhaupt – erst beim Hinausgehen in den Blick. An seinem Schreibtisch sitzend, weiss der damalige Adressat den Briefschreiber hinter sich, empfängt er am Konferenztisch im Raum Gäste, haben diese den Basler Theologen im Rücken.

Jemanden *hinter sich zu haben*, ist bekanntlich eine zweischneidige Sache. Steht eine Person hinter einer anderen, wirkt das auf letztere beruhigend, unterstützend, Vertrauen fördernd oder Mut machend. Gefühle der Unruhe, des Getriebenseins oder der Bedrohung stellen sich dagegen ein, wenn eine Person einer anderen *im Nacken sitzt*. Ob der eigene Schalk im Nacken, die Angst, eine mit welcher Autorität auch immer ausgestattete Person im Nacken sitzt oder die Füsse der Israeliten «auf den Nacken» der besiegten Könige gesetzt werden (Jos 10,24), in allen Fällen ergreift etwas rücklings Besitz von einem Menschen, ohne dass dieser sich dagegen wehren könnte.

Die Welt im Rücken ist somit in der einen wie in der anderen Weise riskant. Wir erleben solche Ambivalenzen ständig in und mit der Welt in unseren Rücken. Wir können uns ihnen nicht entziehen, weil ein Grossteil dessen, was wir sind, nicht von uns gestaltet, sondern mit uns gemacht wird. Das gilt in anderer Weise auch für den Autor des Briefs: für sein Denken und – wie von manchen behauptet – auch für seine Person. Den Theologen Karl Barth hinter sich zu wissen, bedeutet immer auch, ihn im Nacken zu haben. Die Platzierung des Briefes im Präsidentenbüro folgt damit sozusagen einer inneren Notwendigkeit. Befände sich das Dokument an einem anderen Ort, hätten es die Anwesenden dennoch unausweichlich – mal mehr, mal weniger (un)bequem – in ihren Rücken.

---

[3]   Unbekannt ist ebenfalls, ob der Gymnasiast auch andere Fachleute, etwa der Theologischen Fakultät vor Ort, konsultiert hat. Dass der Zürcher Schüler seinen Blick nach Basel richtet, kann im Nachhinein als frühes Indiz für eine Dynamik angesehen werden, die den späteren Theologen und Kirchenmann kirchenpolitisch zunächst nach Bern, dann weiter nach Wien und Brüssel und theologisch von Zürich (über Basel) Richtung Genf führen wird.

Natürlich sind die Welten im Rücken nicht kategorisch verschlossen. Die Möglichkeit, sich umzudrehen, bildet stets eine Option. Im konkreten Fall sehen wir dann nicht nur den Brief und damit seinem Autor quasi ins Gesicht. Wir blicken zugleich auf den Lebensweg zurück, den der Adressat des Briefs seither zurückgelegt hat. Allerdings haben auch Rückblicke – nicht nur für Bibelkundige – ihre Tücken. Der Erfolg von Erziehung bemisst sich nicht zuletzt an der nachhaltigen Korrektur jenes kindlichen Leichtsinns, vorwärts zu gehen und gleichzeitig rückwärts zu sehen. Der Blick von Lots Frau (Gen 19,26) zurück auf die Katastrophe als Ausdruck der Verweigerung gegenüber der verheissenen, aber unbekannten Zukunft, raubt bekanntlich alle Lebensgrundlagen. Der andere, geschichtstheologische, Blick von Walter Benjamins Engel auf das Paradies kann dem Wind des Fortschritts nicht standhalten. «Dieser Sturm treibt ihn unaufhaltsam in die Zukunft, der er den Rücken kehrt, während der Trümmerhaufen vor ihm zum Himmel wächst.»[4] Und in John Miltons *Paradise lost* sehen Adam und Eva – im Blick zurück – das Paradies in Flammen aufgehen: «They looking back, all th' Eastern side beheld / Of Paradise, so late thir happie seat, / Wav'd over by that flaming Brand, the Gate / With dreadful Faces throng'd and fierie Armes».[5]

Daraus darf nun nicht auf das Katastrophale rückblickenden Erinnerns *per se* geschlossen werden. Die Mitarbeit an einer Festgabe gilt allgemein nicht als besondere Gefahr für Leib und Leben. Gleichwohl wäre es für manche geehrte Person von Vorteil, würden die Ehrenden – in Erinnerung an die Geschichte von Sodom und Gomorra – die Möglichkeit des Erstarrens als Folge ihrer Rückschau – wenigstens probehalber – in Erwägung ziehen. Immerhin würde diese Aussicht die Risiken des sich Erinnerns gleichmässig verteilen und nicht allein der geehrten Person aufbürden.

Was immer die erwähnten Beispiele noch zu sagen haben, geht es darin auch um eine Form des Erinnerns, die nicht historische Fakten sammelt, sondern Geschehenes verstehend vergegenwärtigt. In diesem Sinne kann auch der Briefwechsel zwischen dem damals emeritierten Theologieprofessor und dem ehemaligen Schüler als Ausgangspunkt

---

[4] Walter Benjamin, Über den Begriff der Geschichte, in: ders., Abhandlungen. Gesammelte Schriften, Bd. I.2, Frankfurt/M. 1974, 693–704, 698.

[5] John Milton, Paradise Lost, Ed. Barbara K. Lewalski, Malden, MA/Oxford/Victoria 2007, (332), XII, 642–644.

einer «story» (Dietrich Ritschl) gelesen werden, die hier ein Stück weiter-
verfolgt werden soll. Entscheidend ist nicht, ob diese Geschichte sich
tatsächlich so zugetragen hat, sondern dass sie so hätte stattfinden können.

2. Kirche ‹in Bewegung›

Historisch betrachtet war der Vortrag des Gymnasiasten Wipf hoch
aktuell. Er fällt in eine der ökumenisch spannendsten Phasen des
20. Jahrhunderts: die Zeit des Zweiten Vatikanischen Konzils (Oktober
1962 bis Dezember 1965), genauer in die zweite *Sessio* von 29. September
bis 4. Dezember 1963, bei der ekklesiologische Fragen im Zentrum standen. Fast auf den Tag genau ein Jahr vor der Verabschiedung der dogmatischen Konstitution über die Kirche *Lumen Gentium* am 21. November 1964 mahnt deshalb der Basler Theologe angesichts der «heutige[n]
Lage (Konzil und die dahinterstehenden innerkatholischen Bewegungen)
[…] zu einer sorgfältigen Darstellung der Unterschiede».[6] «Aggiornamen-
to» – wörtlich «die Bücher oder Register auf den neuesten Stand bringen»[7] – lautete das Leitmotiv des damaligen Papstes Johannes XXIII. für
eine – auch ökumenische – Öffnung der römisch-katholischen Kirche,
«die sich selbst im Verhältnis zur Einheit und zur fundamentalen
Gleichheit aller Teile der Menschheit begreift».[8] Entsprechend beginnt
Lumen Gentium mit der Feststellung: «Da aber die Kirche in Christus
gleichsam das Sakrament beziehungsweise Zeichen und Werkzeug für
die innigste Vereinigung mit Gott und für die Einheit des ganzen Men-
schengeschlechts ist […]».[9]

---

[6] Barth, Briefe [Anm. 2], 211.

[7] Otto Hermann Pesch, Das Zweite Vatikanische Konzil. Vorgeschichte, Verlauf,
Ergebnisse, Nachgeschichte. Neuausgabe, Würzburg. 2001, 60.

[8] Wolfgang Lienemann, Kirche und Öffentlichkeit in Transformationsgesellschaften. Voraussetzungen, Bezugsrahmen, Leitfragen, in: Christine Lienemann-Perrin/Wolf-
gang Lienemann (Hg.), Kirche und Öffentlichkeit in Transformationsgesellschaften,
Stuttgart 2006, 21–50 (34).

[9] LG 1; «Cum autem Ecclesia sit in Christo veluti sacramentum seu signum et in-
strumentum intimae cum Deo unionis totiusque generis humanae unitatis […]».

Karl Barth hatte bereits vorher auf den «merkwürdige[n] Ausbruch der Gemeinde in die Welt» in der neueren Kirchengeschichte aufmerksam gemacht, der nur so erklärt werden könne, «dass die in Jesus Christus geschehene Versöhnung der Welt faktisch auch den Charakter der *Offenbarung*, des zur Aussprache drängenden *Wortes* Gottes hat».[10] Das ökumenische «*Faktum*» der «der *Abwendung der Welt* von der *Kirche* so merkwürdig zuwiderlaufende[n] *Zuwendung der Kirche zur Welt*» ist für den Theologen von eminent (welt-)politischer Bedeutung: «Es sähe heute Einiges anders aus, wenn man sich in gewissen weltpolitischen Verhandlungen und Konferenzen mindestens eben so ehrlich und offen und mindestens eben so bestimmt auf die Praxis ausgerichtet[,] um die Einigung unter den *Völkern* bemühen würde, wie man sich in Edinburgh, Stockholm, Amsterdam, Evanston usw. um die Einigung unter den *Kirchen* bemüht hat und in Genf – nicht im *Palais des Nations*, wohl aber an der *Route de Malagnou 17* ununterbrochen weiter bemüht.»[11]

Die positive Einschätzung der ökumenischen Bewegung aus der Feder eines ihrer prominenten kritischen Begleiter gilt auch für die «Römisch-Katholischen» jener Zeit. Auch dort sei «heute Vieles in Bewegung gekommen [...], die *vielleicht* zu Verständigungen und dann zu Modifikationen des ganzen Bildes führen könnte».[12] Bezeichnenderweise fügt Barth am Ende des Briefes – neben der allgemeinen Mahnung zu «vorsichtiger Behandlung» des Themas – noch eine zweite Warnung an die eigene Adresse hinzu. «*Vorsicht*» sei auch geboten, «weil wir Evangelischen unsererseits weithin durchaus nicht auf der Höhe unserer Sache sind und Grund haben, *aufzupassen*, dass Erstere nicht Letztere, Letztere nicht Erste werden könnten».[13] Dieser abschließende Satz des Briefes zeugt nicht nur von dem Selbst*bewusstsein* in eigener Sache, sondern zugleich von der damit notwendig verbundenen Fähigkeit zur Selbst*kri-*

---

[10] Karl Barth, Die Kirchliche Dogmatik, Bd. IV/3, 1. Tlbd., Zollikon-Zürich 1959, 40.

[11] A.a.O., 39. Barth verweist in dem Zitat auf die zweite Weltkonferenz für Glauben und Kirchenverfassung 1937 in Edinburgh, die Weltkirchenkonferenz von Stockholm 1925, auf der sich der Ausschuss für Praktisches Christentum konstituierte, die beiden ersten Vollversammlungen des ÖRK 1948 in Amsterdam und 1954 in Evanston. Die Genfer Adresse bezieht sich auf den damaligen Sitz des ÖRK.

[12] Barth, Briefe [Anm. 2], 212.

[13] Ebd.

tik. Konstitutiv ist das Verhältnis, weil ein unkritisches Selbstbewusstsein vermessen und eine Selbstkritik ohne Bewusstsein blind wäre.

Der Briefschluss gibt den zuvor genannten Merkmalen eine – für den Autor – bezeichnende Wendung. Die Unterscheidungen – im Sinne einer Erinnerung an reformatorische *Essentials* – wären als blosse Feststellungen ekklesiologisch-dogmatischer Differenzen auf dem Papier unerheblich und belanglos. Es geht im Kern nicht um konfessionelle Unterscheidungen, sondern um die Wirklichkeit und Sichtbarkeit von Kirche in der Welt. Barth hat mit seiner Gegenüberstellung die andere – wesentlichere – Differenz zwischen dem Sein und Bestimmtsein von Kirche im Blick, die allen Unterschieden hinsichtlich des historischen Gewordenseins von Kirchen eine nachgeordnete Bedeutung zuweist. Die *Bewegung* der Kirche bildet das Zeichen und gibt Zeugnis von dem befreienden Handeln des lebendigen Gottes, auf dem das Sein der Kirche in Freiheit gründet. Das Geschenk der Freiheit des freien Gottes ist der Grund der Kirche.

Der Blick auf die lebendige Kirche, die Barth dem Briefadressaten ans Herz legt, verfehlte rückblickend seine Wirkung nicht. Wohl beide Korrespondierenden konnten damals noch nicht absehen, wie sehr der Jüngere mit der christlichen Freiheit das Thema des Älteren zur eigenen Sache machen würde. Das Eintreten für die «Sache» der christlichen Freiheit versteht sich aus kirchenpolitischer Perspektive freilich nicht von selbst. Denn einerseits liefert die Kirchenhistorie viele Beispiele für die Dialektik der christlichen Freiheit in den Händen der Menschen. Auch die Geschichte der protestantischen Kirchen bietet eine vielfältige Bestätigung für die neo-kritische These: «Die schärfsten Kritiker der Elche waren früher selber welche.»[14] Und andererseits liegt die «Stärke der reformierten Tradition» gerade in «ihrer *Schwäche* [...]. Es geht ihr weder in erster noch in zweiter Linie um die Kirche, sondern um die Ehre Gottes und das Zeugnis in der Welt. Um wirkungsvoll der Versuchung widerstehen zu können, dass die Kirche zuviel auf sich selbst hält, ist bei-

[14] F. W. Bernstein (Fritz Weigele), Die Gedichte. Das heisst in diesem Falle Alle, München 2003, 27.

spielsweise der reformierte Gottesdienst auf Lobpreis, Gebet, Lesung und Predigt konzentriert.»[15]

Die Befreiung von der Schwere des Statischen und Unbeweglichen bildet die Voraussetzung für eine Kirche in Bewegung, die bewegt. In diesem Sinne steht der Koffer des Ratspräsidenten – wo der eine war, war der andere niemals weit entfernt – auch für ein Selbstverständnis von Kirche, die nicht von Menschen aufgesucht wird, sondern die zu den Menschen geht bzw. bei den Menschen *ist*.[16] Hans Joachim Iwand bemerkt im Blick auf Luther ganz reformiert: «Luther baut den Tempel ab. Alles das, was jetzt an Kirchenordnungen geschaffen wird, gleicht dem Notbau der Stiftshütte. Die Ordnungen, unter denen die Versammlungen Gottes unter dem Wort stattfinden, dürfen niemals etwas Bleibendes sein. Sie müssen ein Ausdruck des wandernden Gottesvolkes sein.»[17]

Diese Standortangabe erscheint auf den ersten Blick attraktiv für eine globale Welt in Bewegung. Gegen eine voreilige Harmonisierung sprechen allerdings die gewaltigen Migrationsströme, die die prekäre und ungewisse Kehrseite jener globalen Dynamiken dokumentieren. Analog zu der Einsicht von Odo Marquard,[18] dass Zukunft Herkunft braucht, benötigt jeder Weg einen Ausgangspunkt, um das Ziel der Bewegung nicht aus den Augen zu verlieren. Die erinnernde Vergegenwärtigung im Blick auf die Zukunft bildet deshalb seit jeher den Kern theologischer Reflexion und kirchlicher Verkündigung. Die immer wieder neu zu leistende – vor allem auch kirchenpolitische – Aufgabe bewegt sich dabei in den Gewässern zwischen Skylla und Charybdis: zwischen einer relativistischen Traditionsvergessenheit von Kirche und einer, die Eigenart christlicher Freiheit verkennenden Besitzstandswahrung. Anders gesagt,

---

[15] Michael Weinrich, Die Stärke der Schwäche, in: Matthias Krieg/Gabrielle Zangger-Derron (Hg.), Die Reformierten. Suchbilder einer Identität, Zürich 2002, 115–116 (115).

[16] Vgl. die Rede des Ratspräsidenten anlässlich der Abgeordnetenversammlung des SEK am 5. November 2007 in Bern: Thomas Wipf, ‹Wo das Wort ist, da ist Kirche›. Ein reformiertes Wort im ökumenischen Kontext. SEK Impuls 3, Bern 2007.

[17] Hans Joachim Iwand, Luthers Theologie, in: ders., Nachgelassene Werke, Bd. 5, München 1974, 250.

[18] Vgl. Odo Marquard, Zukunft braucht Herkunft. Philosophische Betrachtungen über die Modernität und Menschlichkeit, in: ders., Zukunft braucht Herkunft. Philosophische Essays, Stuttgart 2003, 234–246.

der Einsatz für die «Sache» der christlichen Freiheit weiss die Reformatoren hinter sich und hat manche kirchlich-christliche Tradition im Nacken.

3. Vertrautheit oder Vertrauen?

Zwar ist auch der Ratspräsident des SEK – um ein Bild von Jürgen Habermas aufzugreifen – ein «Reisende[r] mit grossem metaphysischen Gepäck»[19], und die Last – einschliesslich der ganz menschlichen Belastungen – ging nicht immer spurlos an ihm vorbei. Allerdings wäre es ein Irrtum, von der Gewichtigkeit der Reiseutensilien auf deren sperrige und unhandliche Ausmasse zu schliessen. So schwer das Wort, das Kirchen verkündigen, tatsächlich wiegt, so wenig hemmt es die Bewegungsfreiheit – im Gegenteil. Am Anfang des Weges der christlichen Gemeinde in (die) Freiheit steht die göttliche Tat der Befreiung. Sie gilt ebenso der schlechthin sündigen Existenz des Menschen, wie für die konkreten menschlichen Lebensvollzüge. Gottes befreiendes Handeln erschliesst sich den Menschen nicht in einem theoretischen Wissen oder einmaligen Geschehen, sondern als leibhaftige Erfahrung im Sinne einer lebenspraktischen Erkenntnis. Gleichwohl ist und bleibt real existierende Kirche das Werk von Menschen und bewegt sich deshalb unhintergehbar in der Spannung zwischen der befreienden Gewissheit im *Vertrauen* auf Gott und der Last des gemeinsamen Erbes orientierungs- und identitätsstiftender *Vertrautheiten*.

---

[19] Jürgen Habermas, Religiöse Toleranz als Schrittmacher kultureller Rechte, in: ders., Zwischen Naturalismus und Religion. Philosophische Aufsätze, Frankfurt/M. 2005, 258–278 (270). Gross ist das Gepäck, weil für den Gläubigen «ein epistemischer Vorrang des Guten vor dem Gerechten [besteht]. Unter dieser Prämisse hängt die Gültigkeit des Ethos von der Wahrheit des Weltbildes ab, das seinen Kontext bildet. Demnach verbinden sich mit verschiedenen ethischen Lebensorientierungen und konkurrierenden Lebensformen die exklusiven Geltungsansprüche der zugrunde liegenden Weltbilder.» (Ebd.). Vgl. in diesem Zusammenhang die Rede von Thomas Wipf anlässlich der Abgeordnetenversammlung des SEK am 17. Juni 2007 in Basel: ders., Dialog mit den Muslimen: Transparenz und Offenheit unverzichtbar, SEK Impuls 1, Bern o. J.

So vertraut den Reformatoren der Begriff des Vertrauens war, so selten begegnet er in der gegenwärtigen theologischen Diskussion.[20] Für Luther gehören Glauben (*fides*) und Vertrauen (*fiducia*) untrennbar zusammen: «Fides est fiducia praesentis promissionis, spes est expectatio futurae liberationis.»[21] und «Quod si fides et fiducia et recta et sincera est, Deum rectum habebis»[22]. Glauben und Vertrauen werden synonym verwendet, «d. h. was ‹Glaube› meint, wird durch die personale Beziehungskategorie ‹Vertrauen› präzisiert».[23] Der Beziehungsaspekt steht auch in philosophischen Begriffsbestimmungen im Mittelpunkt: Für Platon und Aristoteles gibt es ohne Vertrauen keine Freundschaft und kein Zusammenleben in der menschlichen Gemeinschaft (*polis*). In der Neuzeit rückt die vertragliche Dimension von Vertrauen ins Blickfeld, als dessen Voraussetzung (Fichte) oder als Ausdruck interpersonaler Sicherheit (Kant).[24]

Genau dort machen die aktuellen Diskussionen fest, allen voran die vielstimmige Debatte um «the crises of trust».[25] Reimt sich in einem Song von Depeche Mode noch «trust» auf «lust», so begegnet Vertrauen gegenwärtig vor allem – negativ konnotiert – als Misstrauen in einer «culture of suspicions».[26] Mit dem wechselseitigen Vertrauen ergeht es dem modernen Menschen offenbar ähnlich wie dem Mann, der seinen alten Bumerang fortschleuderte, um sich einen neuen zu bauen: Der alte kehrte stets wieder zurück. So sehr sich Juristinnen, Politiker, Ökonominnen u. a. darum bemühen, instabile Vertrauensbeziehungen durch

---

[20]   Vgl. neben den knappen Artikeln in den einschlägigen Lexika (TRE, RGG und EKL) Ingolf U. Dalferth, Trust and Responsibility, in: FZPhTh 53/2006, 73–104; Eilert Herms, Vertrauen, in: Theologie für die Praxis 31/2005, 55–67; Andreas Hunziker/Simon Peng-Keller, Gott vertrauen – was heisst das?, in: Reformatio 58/2009; 264–271; Wolf Krötke, Vertrauen. Zum Gebrauch und zum Missbrauch einer theologischen Grundkategorie, ZdZ 45/1991, 45–50; Reiner Strunk, Vertrauen. Grundzüge einer Theologie des Gemeindeaufbaus, Stuttgart 1985.

[21]   Luther, WATR 4,4613: «Glaube ist das Vertrauen auf die gegenwärtige Verheissung, Hoffnung ist die Erwartung der zukünftigen Befreiung.»

[22]   Luther, Grosser Katechismus, BSLK 560,21f.: «Ist der Glaube und das Vertrauen recht, so ist auch Dein Gott recht».

[23]   Reiner Strunk, Vertrauen I, in: TRE XXXV, Berlin, New York 2003, 71–73 (72).

[24]   Vgl. die Belege bei Tanja Gloyna, Vertrauen, in: HistWbPhil 11, Basel 2001, 986–990.

[25]   Onora O'Neill, A Question of Trust, Cambridge 2002, 4, mit kritischer Intention.

[26]   O'Neill, A Question [Anm. 25], 18.

rationale und sichere Kooperationsformen zwischen Menschen, Interessengruppen, Institutionen oder Staaten zu ersetzen, so gewiss landen sie irgendwann wieder beim Ausgangspunkt: dem Vertrauen.[27] Vertrauen mag eine knappe Ressource sein, aber sie bleibt unersetzbar. So selbstverständlich wir anderen vertrauen, so unbestreitbar gilt: «It is always *a risk* to trust. [...] as *trust* is fact of our life, so is the *breath of trust*.»[28] Dahinter steckt ein sehr altes und grundsätzliches Problem menschlicher Sozialität: «There is no *complete* answer to the old question: ‹who will guard the guardians?›»[29] Die ‹Wächterinnen› und ‹Wächter› in Politik, Recht und Ökonomie stehen heute unter Dauerverdacht.[30] Genau darin besteht das eigentlich Prekäre der westlichen politischen Kultur, in der – wie in den USA wörtlich – politische Ämter als *trust* bezeichnet und verstanden werden. Was tun, wenn die Personen, die von Amts wegen als vertrauenswürdig gelten, kein Vertrauen mehr geniessen?

Allerdings führt diese Frage entweder auf einen Holzweg oder muss umformuliert werden. Denn in funktional ausdifferenzierten Gesellschaften können wir gar nicht anders, als anderen zu vertrauen.[31] «Every day and in hundreds of ways we trust to do what they say, to play the rules and to behave reasonably. We trust other drivers to drive safely; we trust postal staff to deliver letters efficiently – more or less; we trust teachers to prepare our children for exams; we trust colleagues to do what they say; we even trust strangers to tell us the way.»[32] Theologisch gesprochen: Stellvertretung ist Vertrauenssache.[33] Ethisch und soziolo-

---

[27] Vgl. O'Neill, A Question [Anm. 25], 6: «Elaborate measures to ensure that people keep agreements and do not betray trust must, in the end, be backed by – trust.»

[28] Dalferth, Trust [Anm. 20], 77f.

[29] O'Neill, A Question [Anm. 25], 6.

[30] Vgl. dazu Dalferth, Trust [Anm. 20], 74ff.

[31] Das erklärt die Bedeutung von ‹Vertrauen› in den aktuellen ökonomischen Debatten. Mit dem Nobelpreis für Ökonomie wurden im letzten Jahr bezeichnenderweise wissenschaftliche Leistungen geehrt, die intensiv um Fragen von Vertrauen in wirtschaftlichen Zusammenhängen kreisen: Elinor Ostroms Forschungen zur Nutzung von Allgemeingütern und Oliver E. Williamsons Grundlagenarbeiten zur Transaktionskostenökonomie. Zur ökonomischen Kategorie des Vertrauens vgl. einführend Tanja Ripperger, Vertrauen im institutionellen Rahmen, in: Wilhelm Korff et al. (Hg.), Handbuch der Wirtschaftsethik, Bd. 3, Gütersloh 1999, 67–99.

[32] O'Neill, A Question [Anm. 25], 23f.

[33] In diesen Zusammenhang gehört die Diskussion um die guten Seiten eines recht verstandenen Paternalismus und die schlechten Seiten einer falsch verstandenen Selbst-

gisch gewendet: Sobald die Zeitlichkeit menschlicher Existenz ins Bewusstsein rückt, ist Vertrauen im Spiel. «Vertrauen, als Hypothese künftigen Verhaltens, die sicher genug ist, um praktisches Handeln darauf zu gründen, ist als Hypothese ein mittlerer Zustand zwischen Wissen und Nichtwissen um den Menschen.»[34] Als soziales und um seine Zeitlichkeit wissendes Wesen ist der Mensch *homo fiducia*.

Wenn Menschen also *nicht* nicht vertrauen können – und deshalb um das Risiko von Vertrauensbrüchen nicht herumkommen –, stellt sich die Frage, worauf die verbreitete Rede von Vertrauensverlusten stattdessen zielt. An dieser Stelle kommt Niklas Luhmanns Unterscheidung zwischen *Vertrauen* und *Vertrautheit* ins Spiel. Vertrauen ist für den Soziologen das «Problem der *riskanten Vorleistung*. Die Welt ist zu unkontrollierbarer Komplexität auseinandergezogen, sodass andere Menschen zu jedem beliebigen Zeitpunkt sehr verschiedene Handlungen frei wählen können. Ich aber muss hier und jetzt handeln. Der Augenblick, in dem ich sehen kann, was andere tun und mich sehend darauf einstellen kann, ist kurz. In ihm allein ist wenig Komplexität zu erfassen und abzuarbeiten, also wenig Rationalität zu gewinnen. Es ergäben sich mehr Chancen für komplexere Rationalität, wenn ich auf ein bestimmtes künftiges (bzw. gleichzeitiges oder vergangenes, für mich aber erst künftig feststellbares) Handeln anderer vertrauen möchte. Wenn ich das Vertrauen haben kann, am Gewinn beteiligt zu werden, kann ich mich auf Formen der Kooperation einlassen, die sich nicht sofort und nicht in meinem unmittelbaren Zugriffsbereich bezahlt machen.»[35] Nebenbei bemerkt gibt diese Analyse präzise die politische Ausgangslage und soziale Herausforderung der Reformatoren wieder, wie sie etwa in der Situation Luthers auf dem

---

bestimmungsrhetorik; zum theologischen Begriff der Stellvertretung vgl. J. Christine Janowski/Bernd Janowski/Hans P. Lichtenberger (Hg.), Stellvertretung. Theologische, philosophische und kulturelle Aspekte, Bde. 1: Interdisziplinäres Symposium Tübingen 2004, Neukirchen-Vluyn 2006; Stephan Schaede, Stellvertretung. Begriffsgeschichtliche Studien zur Soteriologie, Tübingen 2004.

[34] Georg Simmel, Soziologie. Untersuchungen über die Formen der Vergesellschaftung, Frankfurt/M. 1992, 393.

[35] Niklas Luhmann, Vertrauen. Ein Mechanismus der Reduktion sozialer Komplexität, 3., durchges. Aufl., Stuttgart 1989, 23f. Luhmann nimmt hier das aus der Spieltheorie bekannte Gefangenendilemma auf, vgl. Anatol Rapoport/Albert M. Chammah, Prisoner's dilemma: a study in conflict and cooperation, University of Michigan 1965; Robert Axelrod, Die Evolution der Kooperation, München 2000.

Reichstag zu Worms prägnant zum Ausdruck kommt. Vertrauen und Misstrauen als Einstellungen gegenüber der Zukunft setzen Vertrautheit als anonyme «Konstitution von Sinn und Welt»[36] notwendig voraus. «In der Kommunikation zwischen Menschen wird diese Vertrautheit nur zum Teil verbalisiert, im übrigen als Verständigungsgrundlage vorausgesetzt und durch moralische Bewertung als selbstverständlich, gut und richtig gesichert. [...] Vertrautheit in diesem Sinne ermöglicht relativ sicheres Erwarten und damit auch ein Absorbieren verbleibender Risiken [...]. Erst in dem Masse, als der andere Mensch nicht nur als Gegenstand in der Welt, sondern als alter ego ins Bewusstsein tritt, als Freiheit, die Dinge anders zu sehen und sich anders zu verhalten, wird die traditionelle Selbstverständlichkeit der Welt erschüttert, wird ihre Komplexität in einer ganz neuen Dimension sichtbar, für die vorerst keine angemessenen Formen der Erfassung und Absorption zur Verfügung stehen.»[37]

Das klingt für ethische Ohren ganz vertraut. Luhmanns begriffliche Differenzierung verläuft analog zu der seit Aristoteles gebräuchlichen Unterscheidung zwischen *Ethos* und *Ethik*.[38] Die überkommenen und vor-reflexiven[39] Gewohnheiten, Sitten und Verhaltensweisen von Ethos bzw. Moral – analog dazu: Luhmanns Verständnis von Vertrautheit – werden in der Ethik zum Gegenstand methodischen Nachdenkens und bei Luhmann zur Herausforderung des Umgangs mit den Risiken zeitlicher Kontingenz. Ethik und funktionale Kontingenzbewältigung resultieren aus Krisenwahrnehmungen infolge des Verlusts gesellschaftlicher Selbstverständlichkeiten. Die Kontinuität der drei Zeitmodi Vergangenheit, Gegenwart und Zukunft scheint unterbrochen. Aus systemtheoretischer Perspektive geht es an dieser Stelle um die Unterscheidung zwischen «Beständen» und «Ereignissen». Gegenwart «produziert Bestände in dem Masse, als ihre gegenwärtigen und ihre künftigen Gegenwarten identisch bleiben, sie produziert Ereignisse in dem Masse, als sie Diskontinuitäten erzeugt. [...] In der Ereignisperspektive werden mit der Ge-

---

[36] Luhmann, Vertrauen [Anm. 35], 18.
[37] A.a.O., 18f.
[38] Vgl. dazu Wolfgang Lienemann, Grundinformation Theologische Ethik, Göttingen 2008, 14–24.
[39] Dem vorreflexiven Charakter von Moral entspricht Luhmanns Bestimmung der «gemässigten Zone» einer vertrauten Lebenswelt «ohne spezifische Vertrauens- oder Misstrauensprobleme» (Luhmann, Vertrauen [Anm. 35], 22).

genwart die Bestände, in der Bestandsperspektive mit der Zukunft und
der Vergangenheit die Ereignisse bewegt, das heisst für andere Möglichkeiten aufgeschlossen.»[40]

Vertrauen und Vertrautheit bilden somit alternative Modi der Vergegenwärtigung von Zukunft: als das Vertraute im Neuen, insofern darin
Bekanntes fortgeschrieben wird oder als Vertrauen gegenüber dem Neu-
en, angesichts der Präsenz des anderen. «In vertrauten Welten dominiert
die Vergangenheit über Gegenwart und Zukunft. In der Vergangenheit
gibt es keine ‹anderen Möglichkeiten› mehr, sie ist stets schon reduzierte
Komplexität. Die Orientierung am Gewesenen kann daher die Welt
vereinfachen und verharmlosen. Man unterstellt, dass das Vertraute bleiben, das Bewährte sich wiederholen, die bekannte Welt sich in die Zukunft hinein fortsetzen wird. […] Demgegenüber ist Vertrauen in die
Zukunft gerichtet. Zwar ist Vertrauen nur in einer vertrauten Welt möglich; es bedarf der Geschichte als Hintergrundsicherung. […] Im Akte
des Vertrauens wird die Komplexität der zukünftigen Welt reduziert.
Der vertrauensvoll Handelnde engagiert sich so, als ob es in der Zukunft
nur bestimmte Möglichkeiten gäbe. Er legt seine gegenwärtige Zukunft
auf eine künftige Gegenwart fest. Er macht damit den anderen Menschen das Angebot einer bestimmten Zukunft, einer gemeinsamen Zukunft, die sich nicht ohne weiteres aus der gemeinsamen Vergangenheit
ergibt, sondern ihr gegenüber etwas Neues enthält.»[41]

Vor dem Hintergrund dieser Unterscheidung lässt sich «the crises of
trust» als Krise des *Vertrauten* – und eben nicht als *Vertrauens*krise – de-
konstruieren. Der vieldiskutierte Verlust des Vertrauens in politische Institutionen, gesellschaftliche Kohäsionskräfte oder auch in die Kirchen zeigt
sich bei genauerem Blick eher als der Verlust bekannter und überkom-
mener Vertrautheiten. Die Behauptung der eigenen Welt im Singular –
mit Verweis auf die eigenen Traditionen und eindeutigen Identitätskon-
struktionen – angesichts einer befremdlich wahrgenommenen Gegenwart im Plural belegen jene Verlustwahrnehmungen von Vertrautem in
vielfältiger Weise. Die Dialektik von Vertrautheit und Vertrauen beschäftigt auch die Kirchen. «Es gibt Formen religiöser Vertrautheit, die den
Zugang zum Wagnis des Vertrauens versperren.» Dann dient «die Kom-

---

[40] A.a.O., 12.15.
[41] A.a.O., 20.

munikation in einer Kirche einseitig der gegenseitigen Vergewisserung in vertrauten Überzeugungsmustern, Frömmigkeits- und Lebensstilen [...] Fremdheit sowie Meinungs- und Verhaltensabweichung werden dann als störende Irritation im Kontext des Vertrauten angesehen und ausgeklammert. Und Vertrautheit, die ihre Bestände bedroht sieht, behauptet sich dann gern selbstverteidigend gegen die Zumutungen des Vertrauens, das den Weg auch zur Begegnung mit Fremdem und Unvertrautem einschlägt.»[42]

4. Kirche zwischen gegenwärtiger Zukunft und zukünftiger Gegenwart

Mit dem Spannungsverhältnis von Vertrautheit und Vertrauen ist der *Kirchenpolitiker* Thomas Wipf gewiss weitaus stärker konfrontiert worden, als der *Theologe* Thomas Wipf. Auf nationaler und internationaler Ebene kirchlich-institutionell dort zu arbeiten, wo Kirche aus ekklesiologisch-theologischer Einsicht jeweils herausgefordert ist, verlangt nicht nur die Vertrautheit mit der Kirche und ihren, in ihrer langen Geschichte herauskristallisierten Mechanismen, sondern ein mindestens ebenso grosses Vertrauen in ihre darin angelegte Zukunftsfähigkeit. Karl Barths Mahnung, stets darauf zu achten, «auf der Höhe unserer Sache» zu sein, muss auch als Forderung an die Kirche gelesen werden, weder – in der Vertrautheit des Gewohnten – die Gegenwart *auf der Höhe der Zeit* noch – im Vertrauen auf die eigenen Möglichkeiten – die eigene Herkunft *auf der Höhe des Evangeliums* zu verpassen. Kirche *bewegt* sich – nicht *gegen* oder *mit* der Welt, sondern *in* der Welt, in der Kirche die Gegenwart Gottes bezeugt und verkündet.

Allerdings betrifft das nur die eine Seite des Vertrauens. Auch das Vertrauen in die Kirche ist – *als Vertrauen* – stets riskant und keinesfalls vor Enttäuschungen sicher. Wer ein Berufsleben lang im Dienst der Kirche steht, wird der Einsicht des Psalmisten wohl kaum widersprechen wollen: «Besser ist es, beim Herrn Zuflucht zu suchen, als Menschen zu vertrauen.» (Ps 118,8). Wie geht das zusammen? Die lebenspraktische

---

[42] Hunziker/Peng-Keller, Gott [Anm. 20], 266; vgl. auch die Bemerkungen im Kontext religiöser Pluralisierung von Albrecht Grözinger, Im Vertrauten fremd – Fremd im Vertrauten, in: ThZ 66/2010, 148–162.

Faustregel ‹Vertrauen ist gut, Kontrolle ist besser› mag eine Berechtigung
im kirchenpolitischen Alltag haben, aber sie liefert weder eine theologisch tragfähige noch ethisch befriedigende Antwort. Denn erstens werden damit alle Zuständigkeiten wiederum nur dem Menschen als dem
«schlechthinnigen Sicherheitsrisiko der Weltgesellschaft»[43] zugeschoben,
zweitens entspricht die Strategie nicht dem Selbstverständnis von Kirche
als *creatura verbi divini*[44] und drittens wird damit jene Einsicht in die
menschliche Wirklichkeit gerade verkannt, nach der vertraut werden
muss, weil es an Kontrolle – im Sinne eines präzisen Wissens über die
Zukunft – gerade mangelt. Theologisch gesprochen, lebt Kirche aus der
Erkenntnis ‹Vertrauen ist gut, Hoffnung ist alles›.

Die theologische Bestimmung der Grenze von Vertrauen im Horizont der Wirklichkeit christlicher Hoffnung – «*in spe nondum in re*» (Augustinus) – folgt der Mahnung Barths zu selbstkritischer Aufmerksamkeit in
eigener Sache. Es geht dabei – wie der Theologe in seinem programmati-
schen Text von 1933 ausführt – um nichts Geringeres als «unsere theologische Existenz».[45] Er führt aus: «Dass wir in der Ängstlichkeit vor
allerhand Gefahren der Gewalt des Wortes Gottes nicht mehr so ganz
trauen, sondern ihm mit allerhand Veranstaltungen zu Hilfe kommen zu
müssen meinen und damit unser Vertrauen auf seinen Sieg ganz und gar
wegwerfen. Dass wir bestimmte Dinge besser anderswoher als aus und
durch Gottes Wort meinen beantworten, lösen, schaffen zu können und
damit beweisen, dass wir es faktisch in keinem Ding als den Schöpfer,
Versöhner und Erlöser zu würdigen wissen. Dass wir unser Herz teilen
zwischen dem Wort Gottes und allerlei Anderem, was wir ausdrücklich
oder stillschweigend neben ihm mit der Herrlichkeit des Göttlichen um-
kleiden, und damit zeigen, dass wir unser Herz gar nicht beim Worte
Gottes haben. Dass wir unter dem stürmischen Eindruck gewisser
‹Mächte, Fürstentümer und Gewalten› Gott noch anderswo suchen als in
seinem Wort und sein Wort noch anderswo als in Jesus Christus und
Jesus Christus noch anderswo als in der heiligen Schrift Alten und Neu-

---

[43] Eberhard Jüngel, Gottesgewissheit, in: ders., Entsprechungen: Gott – Wahrheit –
Mensch. Theologische Erörterungen II, 3., erw. Aufl., Tübingen 2002, 252–264 (255).
[44] Vgl. dazu Christoph Schwöbel, Das Geschöpf des Wortes Gottes. Grundeinsich-
ten der reformatorischen Ekklesiologie, in: ders., Gott in Beziehung. Studien zur Dogmatik, Tübingen 2002, 345–377.
[45] Karl Barth, Theologische Existenz heute!, München 1933, 5.

en Testamentes und eben damit solche sind, die Gott gar nicht suchen.»[46] Oder kurz und knapp positiv gewendet in der ersten These von
Barmen: «Jesus Christus, wie er uns in der Heiligen Schrift bezeugt wird,
ist das eine Wort Gottes, das wir zu hören, dem wir im Leben und im
Sterben zu vertrauen und zu gehorchen haben.»[47]

Vertrauen meint aus theologischer Perspektive den responsiven Akt
des Glaubens in der Wahrnehmung und im Erleben der Gegenwärtigkeit
des handelnden Gottes. Gott*vertrauen* ist die glaubende Antwort auf die
liebende Zuwendung Gottes zum Menschen als sein Anfang, Grund und
Sein. Darin unterscheidet sich *responsives* Vertrauen von einem interper-
sonalen Vertrauen *aus Gründen*, das dann vorliegt, «wenn die vertrauensvolle Erwartung bei einer Entscheidung den Ausschlag gibt» – und
Luhmann ergänzt: «andernfalls handelt es sich um eine blosse Hoffnung».[48]

Hinter der etwas despektierlich klingenden Bemerkung des Soziolo-
gen über die «blosse Hoffnung» verbirgt sich eine eminent theologische
Einsicht. Die oben dargestellte Unterscheidung zwischen Vertrautheit
und Vertrauen als alternativen Modi im Umgang mit Zukunft muss ergänzt werden um den dritten Modus der *Hoffnung*. Für die christliche
Hoffnung sind zwei Merkmale wesentlich: Sie ist erstens nicht auf eine
Zukunft in der Welt gerichtet, sondern auf das «Ende dieser Welt [*aion* =
Weltzeit]» (Mt 24,3) – systemtheoretisch gesprochen: auf das Ende von
Kontingenz,[49] theologisch-eschatologisch formuliert: auf den «Austritt
aus der Zeit» und den «Eingang in Gottes ewiges Gedenken»[50]. Christliche Hoffnung unterscheidet sich zweitens von interpersonalem Vertrau-
en darin, dass sie nicht Erfahrungen – in Form der Kalkulation von Erwartungen – in die Zukunft extrapoliert, sondern in der Gegenwärtigkeit
des Erhofften (Jüngel: «Heilsgewissheit») lebt. Während Vertrauen aus

---

[46] A.a.O., 6.
[47] Barmer Theologische Erklärung, zit. n. Carsten Nicolaisen, Der Weg nach Barmen. Die Entstehungsgeschichte der Theologischen Erklärung von 1934, Neukirchen-
Vluyn 1985, 173.
[48] Luhmann, Vertrauen [Anm. 35], 24f.
[49] A.a.O., 25: «Der Hoffende fasst trotz Unsicherheit einfach Zuversicht. Vertrauen
reflektiert Kontingenz, Hoffnung eliminiert Kontingenz.»
[50] Wolfgang Schoberth, Einführung in die theologische Anthropologie, Darmstadt
2006, 148.

dem Erleben der Gegenwart auf die Zukunft schliesst, kommt in der Hoffnung das Zukünftige in die Gegenwart hinein. Hoffnung ist somit keine spekulative Vision aus Mangel an Gründen, sondern das jenseits jeder Begründung liegende Erleben der Liebe Gottes als wirkliche Gegenwart und Gegenwart des Wirklichen.

In der Erfahrung christlicher Befreiung und Freiheit wird «der dem Menschen bisher vertraute Zusammenhang seines Lebens *elementar unterbrochen* [...]. Wo sich jedoch Gottesgewissheit einstellt, da wird alles, was bisher selbstverständlich war, einer Krise ausgesetzt. [...] Es gehört zur eisernen Ration evangelischer Theologie, aber auch zum Erkenntnisgewinn menschlicher Erfahrung, dass der Mensch ausser sich geraten muss, wenn er *erneuert* werden, wenn er ein *neuer Mensch* werden soll.»[51]

Theologisch gesprochen, beginnt Vertrauen mit dem Getroffen-Werden von dem «Aussergewöhnlichen» (Kierkegaard). Es gründet nicht in einer menschlichen Souveränität, Tat oder Tugend, sondern in dem christlichen «Geheimnis [...], dir geschehe wie du glaubest, oder wie du glaubest, so bist du, glauben ist sein».[52] Die *Ent-*Fremdung durch die – für den sich selbst gegenüber entfremdeten Menschen – befremdliche Begegnung mit Gott bildet den Ursprung allen Vertrauens. Wolf Krötke hat mit Blick auf die reformatorische Theologie – gegen eine gemütliche Vertrauensrhetorik – an den grundsätzlich prekären Status menschlicher Vertrauensverhältnisse erinnert: «Vertrauen als Möglichkeit des Menschseins kommt in bezug auf Gott demnach überhaupt nur als Götzendienst vor. Deshalb wird dem Sünder in CA II das Vertrauen in dieser Hinsicht regelrecht abgesprochen. *Sine fiducia erga deum*, ohne Vertrauen gegen Gott – das ist die menschliche Realität bei allen Menschen, der niemand entfliehen kann. [...] *In Sachen Vertrauen gibt es* [deshalb] *nur die Demut der Bedürftigkeit aller.»*[53]

---

[51] Jüngel, Gottesgewissheit [Anm. 43], 260.

[52] Sören Kierkegaard, Die Krankheit zum Tode. Der Hohepriester – der Zöllner – die Sünderin. Ges. Werke und Tagebücher, 24. u. 25. Abt., Simmerath 2004, 93.

[53] Krötke, Vertrauen [Anm. 20], 47. Der Autor bezieht sich auf die bekannte Stelle im Artikel über die Erbsünde «nascantur cum peccato, hoc est, sine metu Dei, sine fiducia erga Deum et cum concupiscentia» (dass sie alle von Mutterleib an voll boser Lust und Neigung seind und kein wahre Gottesfurcht, keinen wahren Glauben an Gott von Natur aus haben können»); BLSK 53,4ff.

Christliche Freiheit bewegt sich somit in der vergegenwärtigten Komplementarität der temporalen Dimensionen von Vergangenheit, Zukunft und dem Ende der Zeit. Sie wird real in der Einheit der drei Modi von Vertrautheit, Vertrauen und Hoffnung. Im reformatorischen Verständnis von Kirche als der *ecclesia reformata semper reformanda* wird diese Freiheit real in «dem geistlichen Charakter der Glaubensgemeinschaft», aus der «nicht deren Unsichtbarkeit, sondern lediglich deren Unabgegrenztheit»[54] folgt.

5. Von der Unsichtbarkeit der Nähe Gottes

Thomas Wipf hat sein Verständnis reformatorischer Freiheit einmal im Rahmen der spannenden Frage nach einer reformierten Ästhetik deutlich gemacht. In den zeitgenössischen Formen künstlerischer «Reduktion und Abstraktion» sieht er «die innere Freiheit der Empfindung und Interpretation» gewahrt. «Zwar können wir auch von Gott und vom Glauben nur in Bildern reden. Bilder dürfen aber das Unsichtbare nicht verdecken. Sie sollen unsere Augen öffnen dafür. […] Die biblische Empfehlung, Gott in der Unsichtbarkeit zu belassen, kann vor der Vereinnahmung und Überschwänglichkeit bewahren.»[55]

Die dialektische Bestimmung von Bild und Wirklichkeit, wie sie ästhetisch etwa in der Bildhermeneutik der monochromen Malerei Robert Rymans greifbar wird,[56] nimmt theologisch die Grenzkritik im Spätwerk von Dietrich Bonhoeffer auf: «das Reden von den menschlichen Grenzen ist mir überhaupt fragwürdig geworden […], es scheint mir immer,

---

54   Hans-Richard Reuter, Der Begriff der Kirche in theologischer Sicht, in: Gerhard Rau/Hans-Richard Reuter/Klaus Schlaich (Hg.), Das Recht der Kirche, Bd. 1: Zur Theorie des Kirchenrechts, Gütersloh 1997, 23–75 (51).

55   Thomas Wipf, Grusswort, in: Matthias Krieg et al. (Hg.), Das unsichtbare Bild. Die Ästhetik des Bilderverbots, Zürich 2005, 6.

56   Vgl. Christel Sauer/Urs Raussmüller, Robert Ryman. Espace d'Art Contemporain, 7, rue de Lille, Paris. Hallen für neue Kunst, Schaffhausen, Schaffhausen 1991 (darin Robert Ryman, On Painting. Speech held on January 9, 1991 in New York in the context of ‹The Guggenheim Museum's Salon Series, 57–67); Haus der Kunst München/Kunstmuseum Bonn (Hg.), Robert Ryman, Ostfildern 2000; Nicole Matthiss, Robert Rymans Realismus oder: Was ist ein Bild?, Taunusstein 2004.

wir wollten dadurch nur ängstlich Raum aussparen für Gott».[57] Das Bewahren des Unsichtbaren vor dem Verdecken durch das Bild wehrt die Begrenzung der Gegenwart Gottes durch die Raumkoordinaten menschlicher Weltbilder ab. «Gott ist mitten in unserem Leben jenseitig.»[58] Er lässt sich nicht in der Welt verorten, weil die Welt in ihm verortet ist. In diesem Sinne hat Bonhoeffer bereits in seinen Ethikmanuskripten die Aufgabe von christlicher Ethik bestimmt: «Es geht also darum, *an der Wirklichkeit Gottes und der Welt in Jesus Christus heute teilzuhaben* und das so, dass ich die Wirklichkeit Gottes nie ohne die Wirklichkeit der Welt und die Wirklichkeit der Welt nie ohne die Wirklichkeit Gottes erfahre.»[59]

Christliche Freiheit verwirklicht sich in der Einheit des Raumes, der offen ist für das Unsichtbare in seiner Mitte. In diesem Raum der «Heilsgewissheit» kehrt sich die Dialektik von Gottesferne und Gottesnähe um. «Ferne ist nun die Kraft [von Gottes] Nahekommen, ist sozusagen der ontologische Schwung seiner Nähe. […] Und *im Glauben* an Jesus Christus kommt Gott dem glaubenden Ich näher, als ich mir selber nahe zu sein vermag. Seine Ferne besteht nun präzis im Komparativ seiner Nähe. Dass die Menschheit und das glaubende Ich über Gott trotz so unerhörter Annäherung gleichwohl nicht verfügen kann, dass es die *inmitten noch so grosser Ferne* immer *noch grössere Nähe* Gottes ist, die sich in Jesus Christus und durch ihn ereignet, das ist eben eine Näherbestimmung der Nähe Gottes.»[60] Gottes befreiende Nähe begegnet in einer Kirche, die die Vertrautheit mit ihrer Tradition weder mit dem Vertrauen in ihre «Sache», noch mit ihrem, in der Hoffnung ausgedrückten Sein, als *creatura verbi divini* verrechnet. Christliche Freiheit wird – mit Thomas Wipf – greifbar in Bildern die «unsere Augen öffnen» für das «Unsichtbare» oder – mit den Worten Karl Barths an den ehemaligen Schüler – in einer «Bewegung», die «zu Modifikationen des ganzen Bildes führen könnte».

---

[57] Dietrich Bonhoeffer, Brief an Eberhard Bethge vom 30. April 1944, in: ders., Widerstand und Ergebung, DBW 8, Gütersloh 1998, 401–408 (407).

[58] A.a.O., 408.

[59] Dietrich Bonhoeffer, Ethik, DBW 6, Gütersloh 1992, 40f.

[60] Jüngel, Gottesgewissheit [Anm. 43], 258f.

II. KIRCHE UND ÖFFENTLICHKEIT

Paul Grüninger und die Menschenrechte

Michael Bünker

> «in Österreich Jude zu sein bedeutet immer
> zum Tode verurteilt zu sein
> die Leute mögen schreiben und reden was sie wollen
> der Judenhass ist die reinste die absolut unverfälschte Natur
> des Österreichers
> [...]
> die Schweizer sind ein charakterloses Volk insgesamt
> Aber Sie wissen ja Ausnahmen bestätigen die Regel»
>
> Thomas Bernhard[1]

I.

Vielleicht ist es gewagt, ja sogar unhöflich, die beiden Zitate von Thomas Bernhard (1931–1989), dem typisch österreichischen «Übertreibungs-künstler»[2], einem Beitrag voranzustellen, der Thomas Wipf gewidmet ist. Ist doch der scheidende Präsident des Schweizerischen Evangelischen Kirchenbundes und so vielfältig ökumenisch und interreligiös engagierte Pfarrer einer, der sich stets für Menschlichkeit, Toleranz und Verständigung eingesetzt hat. Versöhnung ist es seiner Meinung nach, was die Evangelischen Kirchen Europa schulden,[3] und für Versöhnung hat er gewirkt und wirkt er weiterhin. Aber der Blick in die Geschichte stellt vor Abgründe, die auch heute zur Wachsamkeit verpflichten und deren

---

[1]   Thomas Bernhard, Heldenplatz, Frankfurt/M. 1988.
[2]   Wendelin Schmidt-Dengler, Der Übertreibungskünstler. Zu Thomas Bernhard, Wien ⁴2010.
[3]   Thomas Wipf, Die Bedeutung des Protestantismus für Europa, Rede anlässlich der 3. Etappe der 3. Europäischen Ökumenischen Versammlung in Wittenberg am 17. Februar 2007.

Folgen bei weitem nicht überwunden sind. Paul Grüninger, Kommandant der St. Galler Kantonspolizei, verbindet die Schweiz und Österreich. An seinem Beispiel soll der bleibenden Verpflichtung, sich auf der Basis der Menschenrechte für ein versöhntes Miteinander einzusetzen, nachgegangen werden. Diese Verpflichtung gilt in besonderer Weise für die evangelischen Kirchen.

II.

Paul Ernst Grüninger wurde 1891 in St. Gallen geboren. Sein Vater war der katholische Tapezierermeister Oskar Grüninger, seine Mutter die evangelische Maria, geborene Forrer. Später betrieben die Eltern einen Zigarrenladen in der Stadt. Paul besuchte das Lehrerseminar in Rohrschach, wobei sein Herz eher für den Fussball als für die Pädagogik geschlagen haben dürfte. Nach der Abschlussprüfung im Jahr 1911 trat er seine erste Stelle in Räfis bei Buchs an, anschliessend unterrichtete er an der evangelischen Realschule in Au im Bezirk Unterrheintal. Trotz anfänglicher Schwierigkeiten scheint er sich gut in den Lehrerberuf gefunden zu haben, in einem Inspektionsbericht wird er «füglich als Meister der Schule»[4] bezeichnet. Nebenbei spielte er Linksaussen im FC Brühl und gab Klavierstunden. Politisch bezeichnete er sich als konservativ und war ohne grossen Einsatz Mitglied der Freisinnig-Demokratischen Partei. 1919 bewarb er sich um Übernahme in den Polizeidienst, 1925 wurde er Kommandant («Landjägerhauptmann»). Bald nach Antritt der neuen Tätigkeit heiratet er die Kaufmannstochter Alice Federer.

In Grüningers Zuständigkeitsbereich gab es bereits Erfahrungen mit illegalen Grenzübertritten. Durch Vorarlberg in Österreich, die Schweiz und Süddeutschland gab es die wichtigsten Schmuggelrouten, auf denen Spanienkämpfer über die Grenzen gegangen waren. Die grenzüberschreitende Zusammenarbeit wurde durch regelmässige Treffen der zuständigen Polizeikommandanten geregelt. Dazu gehörten Dr. Julius Längle, Polizeireferent in Dornbirn und Anhänger des katholischen au-

---

    [4]   Stefan Keller, Grüningers Fall. Geschichten von Flucht und Hilfe, Zürich ⁴1998, 38.

toritären Ständestaates in Österreich, der GESTAPO-Offizier Joseph
Schreieder aus Lindau und eben Paul Grüninger aus St. Gallen.

Am 17. August 1938 kommt es in Bern zu einer Konferenz der zuständigen Minister und Polizeidirektoren aus 23 Kantonen, die die Situation an den Grenzen berief. Heinrich Rothmund, der Chef der Frem-
denpolizei, trachtete danach, zunächst für die Juden aus (dem
ehemaligen) Österreich, dann aber auch für jene aus dem «Altreich» die
Einreise unmöglich zu machen. Rothmund hatte von sich gesagt, dass er
gegen die «Überfremdung» und die «Verjudung der Schweiz» kämpfen
wolle. Damals gab es in der Schweiz 18 888 Jüdinnen und Juden. Die
Beamten am Tisch stimmten – teils durch Schweigen, teils expressis
verbis – zu. Nur einer, so hält es das Protokoll fest, widersprach: «Die
Rückweisung der Flüchtlinge geht schon aus Erwägungen der Menschlichkeit nicht.»[5] Es war Paul Grüninger.

Am 31. März 1939 beschliesst der Regierungsrat die Suspendierung
Grüningers und leitet ein Strafverfahren gegen ihn ein, am 12. Mai wird
er fristlos entlassen. Die gerichtliche Verhandlung begann 1940 und
wurde 1941 mit dem Urteilsspruch abgeschlossen. Grüninger war seit
seiner Entlassung einer regelrechten Hetze ausgesetzt. Alles Mögliche
wurde ihm vorgeworfen: Er habe sich bereichert, Geld von den Juden
oder Marxisten genommen, er habe geflüchtete Frauen sexuell genötigt,
er sei insgeheim ein «Frontist», also ein Anhänger des Nationalsozialismus, der Polizeibericht spricht von «Charakterdefiziten im Sinne fehlender Hemmungen» und angeblichen psychischen Krankheiten. Gegen die
Flut der Unterstellungen half es auch nichts, dass das Gericht 1941 festgestellt hatte, dass er durch seine Taten «keinerlei persönlichen Vorteil
für sich beabsichtigte noch sonst erhielt». Grüninger lebte bis zu seinem
Tod als völlig verarmter und sozial isolierter Mann.

Heinrich Rothmund behielt sein Amt bis lange nach dem Ende des
Krieges. Es war ihm gelungen, das Einreiseverbot in Kooperation mit
der NS-Regierung auf alle jüdischen Flüchtlinge auszudehnen. Im Rückblick sagt er über die Grenzschliessung im Sommer 1938: «Die Sperr-
massnahme musste rigoros durchgeführt werden und stiess auf den Un-
willen der Grenzbevölkerung. Einige Grenzkantone, namentlich St.
Gallen und Basel, zum Teil auch Schaffhausen, konnten nur mit grösster

---

5   Zit. n. Keller, Grüningers Fall [Anm. 4], 48.

Mühe zur Vernunft gebracht werden und liessen noch zahlreiche Flüchtlinge ein.»[6]

Was hatte Paul Grüninger getan? Es gilt als sicher, dass er im Jahr vor
seiner Suspendierung mehrere hundert, vielleicht sogar einige tausend
Jüdinnen und Juden gerettet hat. Er hat sie illegal einreisen lassen und –
falls nötig – ihre Einreisedokumente, vor allem durch Rückdatierung
nach der Grenzsperrung, korrigiert. Unmittelbar nach dem sogenannten
«Anschluss» Österreichs im März 1938 waren vier- bis fünftausend Menschen jüdischer Herkunft über Vorarlberg in die Schweiz geflohen. Die
ersten Flüchtlinge waren sogar noch legal mit gültigen Ausweisen gekommen. Sie galten in der Schweiz als politisch verfolgt. Da für jüdische
Flüchtlinge seit 1. April 1938 Visumpflicht bestand, mussten sie später
«illegal» einreisen. Für einige Zeit beruhigte sich die Situation an der
Grenze. Aber Ende Juli setzt eine neue Massenflucht aus der «Ostmark»,
wie Österreich nun hiess, ein. Das hängt mit dem äusserst brutalen Vorgehen der Nazis gegen Jüdinnen und Juden in Österreich zusammen.
Was die Machthaber selbst in Berlin erstaunte, war, dass alle Massnahmen breite Unterstützung in der Bevölkerung fanden. Bereits im Juli
1938 wurde in Wien Jüdinnen und Juden die Arbeit im Handel und in
der Industrie verboten und damit die Existenzgrundlage genommen, und
am 22. August 1938 richtete Gauleiter Bürckel in Wien die «Zentralstelle
für jüdische Auswanderung» ein, die von Adolf Eichmann geleitet wurde. In kurzer Zeit sank die Zahl der Jüdinnen und Juden in Österreich
von beinahe 200 000 auf unter 70 000. Es war das Beispiel Österreichs,
das die Nazis ermutigte, auch in Deutschland mit grösserer Brutalität
vorzugehen. Als letztlich in der Reichspogromnacht am 9. November
1938 im ganzen Reich die Synagogen brannten und niemand einschritt,
war der Weg frei für die totale Ausgrenzung der jüdischen Bürgerinnen
und Bürger und eine Entwicklung beschleunigt, die letztlich zur Vernich-
tung führte.

Am 19. August 1938 wurde in der Schweiz die Grenzsperre verhängt.
Das an der Grenze aufgezogene Militär hatte den Befehl, alle Flüchtlinge
ausnahmslos zurückzuweisen. Dabei kam es zu dramatischen Szenen. In
der Nacht vom 23. zum 24. August hörte man bis in den Ort Diepoldsau
hinein die Schreie der Verzweifelten, die von der schweizerischen Grenz-

---

[6] A.a.O., 183.

wache aufgegriffen und nach Deutschland abgeschoben worden waren. Wenige Tage später waren bis in den Ort Schüsse zu hören. Die Bevölkerung in Diepoldsau[7] nahm die Flüchtlinge freundlich auf. Es gab keinen Zaun um das Flüchtlingslager. Harry Weinreb erzählt, dass es in Diepoldsau eher Feindseligkeiten zwischen Evangelischen und Katholischen gegeben habe, als gegen Juden. Zumindest seien die jüdischen Flüchtlinge den Diepoldsauern nicht unsympathischer gewesen als die Angehörigen der anderen Konfession. Antisemitische Bemerkungen waren selten zu hören, höchstens dass ihnen jemand vorwarf, sie hätten ja Gott gekreuzigt: «Ehr hond o üsen Herrgott gekrüziget.»[8]

Frieda Prossner, die später als Frieda Rosenberg in New York lebte, hatte Glück. Die Wienerin ging mit einer Freundin am 24. August über die Grenze, nachdem die beiden vorher fast eine Woche unter freiem Himmel umhergeirrt waren. In Diepoldsau werden sie freundlich aufgenommen, sie finden im Flüchtlingslager Aufnahme. Paul Grüninger datiert ihre Einreise auf den 6. August – also noch vor der Grenzsperrung – zurück. Wie viele solche Rückdatierungen er vornahm, lässt sich nicht mehr mit Sicherheit sagen. Das Gericht ging von 21 dokumentierten Fällen aus. So gelangte etwa Harry Weinreb, ein 17-jähriger Wiener Lehrling, mit zwei Freunden auch im August über Hohenems in Vorarlberg nach Diepoldsau. Sie werden von der Grenzpolizei aufgegriffen. Der zuständige Beamte erklärt ihnen, er werde jetzt den Kommandanten holen. Dieser werde sie auffordern umzukehren, andernfalls müsste man sie erschiessen. Die Jungen sollten dann die richtige Antwort geben. Als Grüninger in Diepoldsau eintraf, sagen die Flüchtlinge, dass sie sich lieber erschiessen lassen wollten, als zurückzukehren. Darauf Paul Grüninger: «Ja, wenn das so ist, dann müssen sie wohl hierbleiben.» Am 27. Oktober 1938 gab es im Flüchtlingslager Diepoldsau eine Geburtstagsfeier für Grüninger unter dem Titel «Wiener Heurigenmusik».

Die von Grüninger Geretteten bewirkten, dass in Washington und Los Angeles Ehrentafeln für ihn errichtet wurden. 1971 wurde er von Israel als «Gerechter unter den Völkern» an der Holocaust-Gedenkstätte Yad Vashem geehrt. Aber in der Schweiz änderte das nichts, obwohl es 1969 und 1970 Anträge auf eine Rehabilitierung Grüningers gab.

---

[7]   Leider findet sich auf der Website der Gemeinde www.diepoldsau.ch kein Hinweis auf diese Geschichte.

[8]   Keller, Grüningers Fall [Anm. 4], 60f.

Paul Grüninger starb 1972. Bei seiner Beerdigung predigte der Pfarrer über den 13. Psalm. Rabbiner Lothar Rothschild zitierte die bekannte Stelle aus dem Talmud: «Wer nur eine Seele rettet, gleicht einem, der die ganze Welt gerettet hat.»

Die Initiativen für seine Rehabilitierung hörten aber nicht auf. Durch Zeitungsberichte und Filme, öffentliche Veranstaltungen und politische Initiativen wurde das Vorhaben betrieben. Die St. Galler Regierung verhärtete sich in ihrer Position zunächst und stellte mehrere Male die Behauptung in den Raum, das es gegen Grüninger noch andere schwere Vorwürfe gebe. Nach langen und bestimmt kontroversen Diskussionen war es am 30. November 1993 so weit. Die St. Galler Regierung erklärte, dass sich Paul Grüninger 1938 an ethischen Werten orientiert habe, die mittlerweile zu den Grundlagen des internationalen und des schweizerischen Rechts gehörten. Ihm wird «Anerkennung und Respekt» ausgesprochen. Allerdings war dies ausdrücklich nur eine «politische», keine juristische Rehabilitierung. Grüningers Nachkommen, seine Tochter Ruth Roduner und seine Enkel, beauftragten den Basler Professor für Strafrecht Mark Pieth mit einem Gutachten. In diesem Gutachten stellte Pieth fest, dass Grüninger aufgrund des bestehenden Notstandes nicht nur keine Gesetzesverletzung begangen hat, sondern dass er im Gegenteil sogar verpflichtet gewesen sei, die Gesetzte zu übertreten, denn auch ein Polizeibeamter dürfe «nicht einfach zusehen, wie ein wehrloses Opfer von einem Mörder verfolgt, geschweige denn von einem verbrecherischen System – und sei es ein staatliches – mit dem Tode bedroht werde».[9] Grüningers Beamtengehorsam habe ihn zur Rettung der Flüchtenden verpflichtet. So kam es zur Neuaufnahme des Verfahrens, und am 30. November 1995 wurde Paul Grüninger von der Anklage freigesprochen und damit auch im juristischen Sinne rehabilitiert.

Erin Jahr später wurde in St. Gallen ein Platz nach ihm benannt. Im 21. Wiener Gemeindebezirk Floridsdorf erhielt eine Schule seinen Namen.

---

[9] A.a.O., 231.

III.

Über die Motive Paul Grüningers ist wenig bekannt. Es gibt keine Hinweise, dass er sich zu seinem Verhalten aus religiösen Motiven ermutigt oder gar gedrängt gefühlt hätte. Auch wenn mittlerweile der Widerstand gegen den Nationalsozialismus aus religiösen Motiven in der zeitgeschichtlichen Forschung anerkannt ist[10], gibt es keinen Grund, Paul Grüninger hier zuzuordnen[11]. Was sich im Rückblick festmachen lässt ist, dass er gewissermassen vorwegnehmend das Grundrecht auf Asyl und Schutz umgesetzt hat. In der Tat waren es die Erfahrungen des Krieges und des NS-Terrorregimes, die die Umsetzung von Menschenrechten als Rechte des Einzelnen gegenüber dem Staat förderten. Auch die Kirchen haben aus diesen Erfahrungen ihre Lehren gezogen. Um das nachvollziehen zu können, ist ein Blick in die Geschichte des Verhältnisses von Kirche und Menschenrechten hilfreich. Wenn dies im Folgenden kurz und ohne Anspruch auf Vollständigkeit geschieht, steht die evangelische Kirche im Zentrum der Aufmerksamkeit. Wolfgang Huber, ehemaliger Bischof der Evangelischen Kirche von Berlin-Brandenburg und der Schlesischen Oberlausitz und Ratsvorsitzender der EKD, ein profilierter Sozialethiker und ausgewiesener Rechtstheologe, beginnt seine Darstellung des Verhältnisses der Kirchen zu den Menschenrechten[12] mit einer historischen Erinnerung. «In einer benachbarten Stadt wird von der Kanzel nicht über das Evangelium, sondern über die deutschen Grundrechte gepredigt; auch der Katechismus der Schulkinder soll dort vorerst wegen Erklärung dieser Rechte zurückgelegt sein.» Dieses Zitat findet sich in der Zeitung «Schwäbischer Merkur» vom 29. Mai 1849 und zeigt eine der gar nicht so seltenen über die Massen positiven Reaktionen auf die in der Frankfurter Paulskirche verkündeten «Grundrechte des Deutschen Volkes» vom Dezember 1848 innerhalb der Evangelischen

---

[10] Dazu als neueres Beispiel: Irmgard Aschbauer/Andreas Baumgartner/Isabella Girstmair (Hg.), Allein in der Tat ist die Freiheit. Widerstand gegen den Nationalsozialismus aus religiöser Motivation, edition Mauthausen, Wien 2010.

[11] Ein analoges Beispiel aus Österreich wäre Robert Bernardis, dazu: Evangelische Kirche A. und H.B. in Österreich, Robert Bernardis. Österreichs Stauffenberg zum ehrenden Gedenken anlässlich seines 100. Geburtsjubiläums, Wien 2008.

[12] Das Folgende nach: Wolfgang Huber, Gerechtigkeit und Recht, Gütersloh ^{3}2006.

Kirche. Weiter verbreitet und vor allem wirkungsvoller war allerdings die
Kritik, mit der von evangelischer Seite die Paulskirchenverfassung, besonders aber deren Grundrechtsteil bedacht wurde. Als einer der promi-
nentesten Kritiker sticht Friedrich Julius Stahl (1802–1861) hervor. Er
beurteilte die Feststellung der Grundrechte als die «Feierliche Lossa-
gung» des Staats vom christlichen Glauben zugunsten einer allgemeinen
Vernunftreligion. Freiheit und Gleichheit, das war seine tiefe Überzeugung, mussten sich auf jeden Fall in ihr Gegenteil verkehren, wenn sie
aus dem Zusammenhang einer gottgesetzten Ordnung herausgelöst werden. Dieser Fehler war nach Meinung von Stahl zum ersten Mal von der
Französischen Revolution gemacht worden. Die möglichen Güter einer
Verfassung, die auf Grundrechten beruht, verkehren sich zu Übeln,
«wenn der Mensch sie ausserhalb Gottes Ordnung eigenmächtig sich
aneignet». Diese Tradition ist im Protestantismus bis weit ins 20. Jahrhundert hinein verbreitet gewesen. Wir stossen auf einen Befund, der
uns in der heutigen Auseinandersetzung ebenfalls, allerdings aus anderen
kirchlichen und konfessionell geprägten Bereichen begegnet.

Es ist eine schon oft festgestellte Beobachtung, dass in Bezug auf die
Entstehung der Menschenrechte zweierlei zu sagen ist: Auf der einen
Seite haben sie sich unbestreitbar unter christlichem Einfluss entwickelt
und sind ohne diesen Einfluss nicht denkbar. Zugleich gilt, dass sie gegen erheblichen kirchlichen Widerstand durchgesetzt, ja den Kirchen
abgerungen werden mussten. Dies betrifft nicht die Römisch-katholische
Kirche allein, sondern – wie das eingangs zitierte Beispiel dokumentiert –
auch die evangelischen Kirchen auf dem europäischen Kontinent.

Begünstigt wurde diese ablehnende Einstellung natürlich durch den
Umstand, dass in Europa die Menschenrechte im Wesentlichen durch
die Französische Revolution Eingang in die gesellschaftliche Wirklichkeit
gefunden hatten. Mit dem *terreur*, in den die Revolution mündete, und
mit ihrer antiklerikalen Grundausrichtung waren damit in kirchlichen
Augen zugleich die Menschenrechte desavouiert. Man sah generell in den
Menschenrechten den Ausdruck einer heillosen Selbstmächtigkeit des
Menschen, der seine überzogenen Freiheitsansprüche über alle überlie-
ferte Ordnung stellen wollte und von der für Kirche und Theologie
grundlegenden Sündhaftigkeit des Menschen nichts wissen will.

Diese paradoxe Situation hinsichtlich des Verhältnisses von Kirche
und Menschenrechten in der Entstehungszeit der Menschenrechte ist
von Kardinal Walter Kasper einmal als die Tragik der neuzeitlichen

Entwicklung, dass wesentliche Impulse des Christentums gegen die etablierte Christenheit zur Geltung gebracht werden mussten, bezeichnet worden. Erst die Erfahrungen der Verbrechen im Zeitalter der Weltkriege und besonders des Nationalsozialismus lösten einen Prozess des Umdenkens aus. Die schrankenlose Schändung menschlicher Würde machte es auch für Kirche und Theologie notwendig, ein positives Verhältnis zu den Menschenrechten zu entwickeln und sich für ihre universale Geltung einzusetzen. Gerade jene erste Gruppe der Menschenrechte, auf die sich Einzelpersonen und Gruppen angesichts des Missbrauchs von Macht gegenüber dem Staat und den politischen Verantwortungsträgern berufen können, erschien alsbald als unstrittig. Bereits während der Zeit des Zweiten Weltkriegs hat sich hier sowohl auf evangelischer wie auch auf katholischer Seite ein deutlicher Prozess des Umdenkens angebahnt. Im Mittelpunkt standen die klassischen Abwehrrechte, an ihrer Spitze die Religionsfreiheit.

Als Beispiel für diesen Umdenkprozess im Schatten der nationalsozialistischen Verbrechens- und Gewaltherrschaft sei an Dietrich Bonhoeffer (1906–1945) und seinen Entwurf einer Ethik erinnert. Dieser Entwurf stammt aus dem Jahr 1940. Bonhoeffer geht darin in den historischen Teilen durchaus positiv auf die Entdeckung der Menschenrechte sowohl in Amerika wie in der Französischen Revolution ein. In den letzten Begründungen meint er allerdings, ganz dem theologischen Denken seiner Zeit entsprechend, dass nur im Glauben an Jesus Christus eine Anerkennung der Menschen- und Naturrechte möglich sei. Hier sieht er also die Menschenrechte noch stark im christlichen Verstehenszusammenhang der Welt, dem Glaubenszugang zu Welt und Mensch, begriffen. Ganz anders am Anfang der Ethik, in der er im Abschnitt «Kirche und Welt» auf eine «erstaunliche Erfahrung» aufmerksam macht, die in den Jahren der Bedrängnis alles Christlichen gemacht wurde. Nämlich die Herausbildung «einer Art Bundesgenossenschaft» zwischen den Christen und jenen Werten, die «noch bis vor Kurzem als Kampfparolen gegen die Kirche, gegen das Christentum, gegen Jesus Christus selbst gedient hatten». Nämlich Freiheit, Vernunft, Bildung, Humanität, Toleranz und Eigengesetzlichkeit. Genau diese Werte fanden sich auf einmal überraschend dem Bereich des Christlichen ganz nahegerückt. Bonhoeffer deutet dies nicht nur als eine Zweckgemeinschaft, die bloss so lange anhalten sollte, wie der gemeinsame Kampf gegen die verbrecherische Ideologie des Nationalsozialismus währte. «Das entscheidende ist viel-

mehr, dass eine Rückkehr zum Ursprung stattfand. Die selbständig gewordenen und entlaufenen Kinder der Kirche kehrten in der Stunde der
Gefahr zu ihrer Mutter zurück. Wenn sich auch in der Zeit der Entfremdung ihr Aussehen und ihre Sprache sehr verändert hatten, so erkannten
sich im entscheidenden Augenblick Mütter und Kinder wieder. Vernunft, Recht, Bildung, Humanität und wie die Begriffe alle heissen, such-
ten und fanden in ihrem Ursprung neuen Sinn und neue Kraft. Dieser
Ursprung ist Jesus Christus.»[13]

Erst in den 1970er Jahren kam es dazu, dass die Menschenrechte aus
evangelischer Sicht theologisch begründet wurden. Für den evangelischen Bereich ist die Veröffentlichung von Wolfgang Huber/Hans Eduard Tödt «Die Menschenrechte»[14] bahnbrechend geworden. In dieser
Publikation wird die positive Würdigung der Menschenrechte auch mit
der Forderung nach ihrer Begründung verbunden.

Menschenrechte sind begründungsbedürftig und zugleich begrün-
dungsoffen. Das bedeutet mit anderen Worten, dass die Menschenrechte
nach evangelischem Verständnis in den Bereich jener Voraussetzungen
gehören, die der moderne Verfassungsstaat nach dem berühmten Bö-
ckenförde-Diktum sich nicht selbst geben kann. Von daher sind sie nicht
aus dem gesellschaftlich-politischen Zusammenhang allein zu begründen,
sondern bedürfen einer anderen Herleitung. Das ist unter ihrer Begrün-
dungsbedürftigkeit zu verstehen. Zugleich kann der weltanschaulich neutrale und gegenüber Religionen und Weltanschauungen pluralistische
moderne Rechtsstaat nicht eine einzige Begründung zur alleinig und
absolut gültigen erklären. Die Begründungen der Menschenrechte haben
sowohl die weltanschauliche Neutralität des Staates wie auch die Pluralität der gesellschaftlichen Verhältnisse widerzuspiegeln. Das bedeutet,
dass die Bedürftigkeit nach Begründung grundsätzlich in eine Offenheit
verschiedener Begründungen mündet. Als am 10. Dezember 1948 von
den Vereinten Nationen die «Allgemeine Erklärung der Menschenrechte»
in Paris beschlossen wurde, wird gleich im ersten Artikel auf die Menschenwürde Bezug genommen: «Alle Menschen sind frei und gleich an
Würde und Rechten geboren.» Die Idee, dass jedem Menschen eine un-
veräusserliche und unantastbare Würde zukomme, findet sich erstmals

---

[13]   Dietrich Bonhoeffer, Ethik, München 1975, 59f.
[14]   Wolfgang Huber/Heinz Eduard Tödt, Menschenrechte. Perspektiven einer
menschlichen Welt, ²1978.

im Werk *De iure naturae et gentium* des sächsischen Pfarrersohnes Samuel Pufendorf (1632–1694), das er als Professor in Schweden 1672 veröffentlichte. Mittlerweile hat der Begriff Eingang in die Verfassungen von verschiedenen Staaten gefunden; 1949 ins deutsche Grundgesetz und in den letzten Jahrzehnten in die Verfassungen Schwedens, Polens, Russlands, Spaniens, Griechenlands, der Tschechischen Republik, der Türkei und der Schweiz. Theologisch lässt sich die Unbedingtheit der Menschenwürde und ihrer Achtung mit dem Schöpfungsglauben begründen[15], wodurch eine starke Verbindung zwischen Religion und Menschenrechten geknüpft werden kann.

IV.

Die Frage nach dem Verhältnis von christlicher Moral und den Menschenrechten spielt derzeit in der ökumenischen Diskussion eine grosse Rolle. Ausgelöst wurde die Diskussion durch die Stellungnahme der Russisch-Orthodoxen Kirche «Würde, Freiheit und Rechte des Menschen», aus dem Jahr 2008.[16] Die «Gemeinschaft Evangelischer Kirchen in Europa (GEKE)» hat auf diese Veröffentlichung im Mai 2009 mit einer kritischen Würdigung reagiert.[17] Ausgangspunkt für das Gespräch miteinander war das Ergebnis einer Konsultation der Kommission «Kirche und Gesellschaft» der «Konferenz Europäischer Kirchen» vom Frühjahr 2007, an der sich sowohl die GEKE-Mitgliedskirchen wie auch die Russisch-Orthodoxe Kirche beteiligt hatten. Dort hatten die Kirchen sich darauf verständigt, «dass die Folge der gegenwärtigen Debatte über die Menschenrechte innerhalb der russisch-orthodoxen Kirche und unter den europäischen Kirchen sein wird, das Bekenntnis der Kirchen zu den Menschenrechten zu verstärken, wie sie zum Beispiel in der Allgemeinen Erklärung der Menschenrechte, der Europäischen Menschenrechtskon-

---

[15] Z. B. Ulrich Barth, Religion in der Moderne, Tübingen 2003; Eilert Herms (Hg.), Menschenbild und Menschenwürde, Gütersloh 2001.

[16] Das russische Original und eine autorisierte englische Übersetzung auf www.mospat.ru. Eine deutsche Übersetzung findet sich in dem Band: Patriarch Kyrill, Freiheit und Verantwortung im Einklang, Freiburg/Ue 2009, 220–239.

[17] Präsidium der GEKE, Menschenrechte und christliche Moral, www.leuenberg.net.

vention, der Europäischen Sozialcharta sowie in den Dokumenten der Abschlusskonferenzen der Organisation für Sicherheit und Zusammenarbeit in Europa festgehalten wird».[18] Die zentrale Anfrage – neben Anfragen zu einzelnen Rechten – der GEKE an die Russisch-Orthodoxe Kirche betrifft das Verhältnis von Moral und Recht. Dabei liegt eine Differenz in der Deutung des Begriffs «Menschenwürde» zugrunde. Indem der Begriff der Menschenwürde – so die GEKE – an die sittliche Vervollkommnung des Menschen gebunden werde, würde sie in eine «moralische Kategorie» transformiert. Für die evangelische Tradition ist es aber entscheidend, dass die Menschenwürde nicht relativiert oder in irgendeiner Form am Massstab der Sittlichkeit abgestuft wird. Sie kommt allen Menschen bedingungslos zu und kann nur ohne jede Relativierung als «unantastbar» in Geltung gesetzt werden. «In der Stellungnahme der russisch-orthodoxen Kirche führt dies zu einem Missverständnis der Menschenrechte. Da die russisch-orthodoxe Kirche Menschenwürde nur als moralischen Massstab entfaltet, kann sie die Würde nicht als Begründung eines unbedingten Schutzes gegen menschliche Übergriffe verstehen. Menschliche Würde steht hier nicht für ein Tabu, das sich kategorisch gegen jede Verdinglichung und Instrumentalisierung von Menschen stemmt, sondern wird zu einer Auszeichnung, die sich Menschen im Handeln erwerben müssen und damit auch verspielen können.»[19]

Für den evangelischen Zugang zu den Menschenrechten kann sich die GEKE auf ein Lehrgespräch beziehen, das zur Grundlegung ethischer Fragen durchgeführt worden ist.[20] Dort wird festgehalten, dass die Menschenrechte als Schutz- und Partizipationsrechte einen Rahmen für das Zusammenleben der Menschen, gerade in einer pluralistischen Gesellschaft, darstellen und deshalb aus evangelischer Sicht zu würdigen sind. «Orientiert an der Unterscheidung von Gesetz und Evangelium können die evangelischen Kirchen den Menschenrechtsgedanken konstruktiv aufnehmen und kritisch vertiefen. Zwischen der neuzeitlichen Gestalt der Menschenrechte und den Grundinhalten des christlichen Glaubens besteht nämlich ein Verhältnis der Entsprechung und Differenz: Gegenüber einem exklusiven theologischen Begründungsanspruch

---

[18]   http://www.cec-kek.org/content/pr-cq0715e.shtml.

[19]   Menschenrechte und christliche Moral [Anm. 17], 2.

[20]   Michael Bünker/Martin Friedrich (Hg.), Gesetz und Evangelium, Leuenberger Texte 10, Frankfurt/M. 2007.

gilt es den säkularen Charakter der Menschenrechte ernst zu nehmen. Ihr Begriff nötigt dazu, sie universal zu denken und nach Anschlussmöglichkeiten in den kulturellen Traditionen der Menschen zu suchen. Im Rahmen der Lehre von der erhaltenden Funktion des Gesetzes ordnet evangelische Theologie das Anliegen der Menschenrechte dem Erhaltungswillen Gottes zu, ohne ihren säkularen Charakter zu leugnen. Geschichtliche und theologische Einsicht verbietet es, ein formuliertes Ethos unmittelbar mit dem Gesetz Gottes zu identifizieren.»[21] Aufgrund der Lehre von Gesetz und Evangelium macht hier evangelische Theologie einen wichtigen Unterschied, der in dem kurzgefassten Satz gipfelt: «Die Menschenrechte sind nicht das Evangelium.»[22] Sie haben eine begrenzte, allerdings eminent wichtige und unverzichtbare weltliche Funktion. Sie stellen keinen Erlösungsanspruch, wohl aber die Rahmenbedingungen, die für das Zusammenleben in einer pluralistischen Gesellschaft unerlässlich sind.[23] Christliches Ethos, Moral und Sittlichkeit nach dem Gebot Gottes haben zwar manche Übereinstimmungen mit den Menschenrechten, gehen aber nicht in ihnen auf.

Mittlerweile geht die Diskussion weiter.[24] Die evangelischen Kirchen werden aufgrund ihrer theologischen Einsichten ihre Standpunkte vertreten und sich für ein gemeinsames Eintreten der Kirchen für die Menschenrechte einsetzen. Sie werden dabei selbstkritisch darauf hinweisen, dass auch in der evangelischen Theologie und Kirche die Frage der Menschenrechte lange Zeit umstritten war und erst durch die Erfahrungen der Schreckensherrschaft des Nationalsozialismus ein neuer Zugang eröffnet wurde.

---

[21] A.a.O., 143

[22] A.a.O., 145

[23] Jürgen Habermas, Europa und seine Immigranten, Kleine politische Schriften XI, Frankfurt/M. 2008, 88–95.

[24] In Auswahl: Barbara Hallensleben/Nikolaus Wyrwoll/Guido Vergauwen, Zur Ambivalenz der Menschenrechte. Missverständnisse der ‹Gemeinschaft Evangelischer Kirchen in Europa›, SKZ 177 (2009), 497–502; Frank Mathwig, Menschenrechte und Ökumene. Zur Diskussion zwischen ROK und GEKE, G2W (10/2009), 25–27; Ingeborg Gabriel/Stefan Tobler, Der Glaube und die Menschenrechte, Herder Korrespondenz 64 (2010), 29–34; Reinhard Slenczka, Abfall von den Grundlagen christlicher Gemeinschaft im Protestantismus, Ansbach 2010; Ingeborg Gabriel, Menschenrechte in der ökumenischen Debatte, G2W (5/2010), 18f.; Stefan Tobler, Menschenrechte als kirchentrennender Faktor?, ZThK 107 (2010), 325–348.

V.

In der heutigen Situation stellt sich die Herausforderung durch mannig-
fache Bedrohungen der Menschenrechte auch in den europäischen Ländern neu. Verschärft wird dies durch den Befund, dass in der Bevölkerung offenkundig die Kenntnis der Menschenrechte sowie die Einsicht
in ihre unbedingte und universale Geltung auf wackeligen Beinen stehen.
Dazu als Beispiel eine Studie aus dem August 2010, die die Einstellung
der Bevölkerung Österreichs zu den Menschenrechten untersucht. Dabei
ergibt sich ein zwiespältiges Bild: Während 73 Prozent der Befragten es
befürworten, den Menschenrechten mehr Achtung zu verschaffen, wissen überhaupt nur 24 Prozent, dass das Recht auf Asyl zu den Grundrechten gehört. Das setzt sich fort: Während 83 Prozent mehr Schutz für
Kinder fordern, sind es jeweils nur wenige Befragte, die den Rechten für
Minderheiten, für Homosexuelle, für religiöse und ethnische Minderheiten und vor allem für Asylanten Bedeutung geben. Beispiele aus anderen
europäischen Ländern liessen sich leicht beibringen, die ebenfalls darauf
hindeuten, dass der Einsatz für Menschenrechte eine dringende Aufgabe
ist. Sie stellen – bei allem offenkundigen Widerspruch zwischen Anspruch und Wirklichkeit – das einzige universell anerkannte Rechts- und
Wertesystem dar. Verantwortlich dafür sind die Politik, aber auch die
Medien, die Justiz sowie jede/-r einzelne Bürger/-in. Verantwortlich sind
auch die Kirchen. Der Jahresbericht des SEK für das Jahr 2009 zeigt,
dass dies im Bereich des Zusammenlebens der Religionen und in der
Migrationspolitik Schwerpunkte kirchlicher Arbeit sind.[25]
    Die Erinnerung an Menschen wie Paul Grüninger und die aktuelle
Diskussion in und zwischen den Kirchen geben dieser Verantwortung
einen verpflichtenden Charakter.

---

[25] Schweizerischer Evangelischer Kirchenbund, Jahresbericht 2009, Bern 2010,
13f.21f.

Religiöse Freiheit

Eine Prise Aussensicht – darin liegt die Chance jedes Dialogs

Christine Egerszegi-Obrist

Die Religionsfreiheit ist ein wichtiges Grundrecht in unserem Land. Auch wenn sich die Schweizer Verfassung auf die christliche Tradition beruft, haben wir eine strikte Trennung von Kirche und Staat. So gibt es in der Schweiz keine Staatskirche, und wir lehnen die Instrumentalisierung der Religion für politische Zwecke strikte ab.

Durch Globalisierung und Migration sind uns aber auch die Kulturen, Traditionen und Werthaltungen anderer Länder näher gekommen und es stellen sich neue Fragen um die Umsetzung unserer verbrieften Religionsfreiheit. Die Abstimmung über das Minarettverbot, die Diskussionen um das Tragen von Kopftüchern oder die Teilnahme am Schwimmunterricht aller in den Schulen zeigen, dass wir uns mit dem Grundsätzlichen dieser Themen befassen sollten.

Die religiöse Freiheit ist – wie andere Freiheitsrechte – nicht absolut, sondern Teil eines Ganzen und es gibt in unserem Land Errungenschaften und Werte, die nicht verhandelbar sind. Dazu gehören die Einhaltung der Menschenrechte, die gleichen Rechte von Mann und Frau (nicht nur die gleiche Würde!), die Betonung der Freiheit des Individuums, unsere Demokratie und die Rechtstaatlichkeit.

Die Menschenrechte, die Grundwerte sowie die verfassungsrechtlich geschützten Freiheitsrechte gelten nach unserer Auffassung überall, auch im privaten Bereich. Religiöse und kulturelle Traditionen im Bereiche der Familie oder des Erbrechts können also nie über dem Gesetz stehen. So sind unsere Verfassung und die daraus hervorgegangenen Gesetze für alle Religionen verpflichtend, auch wenn sie diese in ihrer Ausübung behindern können.

Die Schweiz hat viel Erfahrung im Umgang mit Minderheiten. Diese haben ein Recht auf Schutz und Bewahrung ihrer Kultur. Aber es ist immer eine Zwei-Bahn-Strasse. Sie müssen auch die gewachsene Kultur und die Werte der Mehrheiten unseres Landes achten. Dazu braucht es einen offenen, ehrlichen Dialog. Dafür hat sich Thomas Wipf während seiner Amtszeit als Präsident des Rates des Schweizerischen Evangelischen Kirchenbundes auf vielfältige und eindrückliche Weise eingesetzt und ihm gehört ein ganz grosser Dank.

‹Freiheit› ist eines der schönsten Wörter in allen Sprachen der Welt. Es steht zentral in unserer Bundesverfassung und ist die Basis unserer Grundrechte. Es ist ein machtvolles Wort in unserer modernen, sich ständig verändernden Welt.

Unsere Erde ist mit den neuen Technologien und dem Internet zu einem grossen Dorf geworden. Handels- und Denkströme verbinden uns. Durch die Globalisierung wird die Distanz zu allen Ländern kleiner. Mit den meisten hat die Schweiz sehr gute gegenseitige wirtschaftliche und diplomatische Beziehungen. Doch die Globalisierung hat nicht nur wirtschaftliche Auswirkungen. Durch Globalisierung und Migration sind uns auch andere Kulturen, Traditionen und Werthaltungen näher gekommen, und in der mitten in Europa gelegenen Schweiz treffen die unterschiedlichsten Weltanschauungen und Geisteshaltungen aufeinander. Der christliche Glauben wird bei uns mehr und mehr zu einem Bekenntnis unter anderen. Gerade darum erhalten auch die Glaubens- und Gewissensfreiheit eine grössere Bedeutung denn je.

Das zwingt uns aber auch dazu, dass wir uns ganz konkret mit diesen Freiheiten befassen müssen.

1. Im Namen Gottes des Allmächtigen

So beginnt unsere Bundesverfassung von jeher. Es ist eine Aussage mit nur fünf Wörtern, aber sie beinhaltet ein klares Bekenntnis zur christlichen Kultur. Sie steht zwar als Präambel und somit als Leitgedanke über der Verfassung, und trotzdem: Wir haben in der Schweiz eine Trennung zwischen Kirche und Staat. Das haben wir nicht ganz freiwillig entschieden, sondern nach den grossen Religionskriegen schien es den Verantwortlichen unserer ersten Bundesverfassung wichtig, die Religionsfreiheit festzuschreiben, aber klar zu regeln, dass sich alle der Verfassung und ihren Gesetze unterordnen müssen.

Bereits die erste Bundesverfassung von 1848 sah konkret vor, dass alle Schweizer vor dem Gesetze gleich sind. Diese Gleichheit galt allerdings nicht für alle, denn die Niederlassungsfreiheit galt zunächst nur für Schweizer, welche «einer christlichen Konfession angehören» und die Gleichbehandlung bei gerichtlichen Verfahren war ebenfalls nur den «Schweizer Bürgern christlicher Konfession» vorbehalten. Diese Formulierung war gegen jüdische Menschen gerichtet und wurde in den Teilrevisionen von 1866 bzw. 1874 korrigiert.

Schon in der Verfassung von 1874 wurde die Religionsfreiheit als unverletzliches Gut angesehen (Artikel 49). Es wurde ganz konkret festgehalten, dass niemand zu einer religiösen Handlung gezwungen werden oder deswegen bestraft werden darf. Einerseits wurde die Religionsfreiheit geschützt, andrerseits war die Unterordnung unter Recht und Verfassung klar geregelt: «Die Ausübung bürgerlicher oder politischer Rechte darf durch keinerlei Vorschriften oder Bedingungen kirchlicher oder religiöser Natur beschränkt werden» und «die Glaubensansichten entbinden nicht von der Erfüllung der bürgerlichen Pflichten». Trotz dem Bekenntnis zur Freiheit der Religionsgemeinschaften war in jener Zeit jedes Wirken der Jesuiten in Schulen und Kirchen untersagt und das Errichten neuer und die Wiederherstellung aufgehobener Klöster oder religiöser Orden verboten.

2. ... dass frei nur ist, wer seine Freiheit gebraucht ...

Auch die neueste Verfassungsreform von 1999 behielt die christliche Präambel, fügte zusätzlich unter anderem noch die Verantwortung gegenüber der Schöpfung bei und betonte, dass frei nur ist, wer seine Freiheit gebraucht (und nicht missbraucht), und sie einsetzt zum Wohl der Schwächeren. Die Religionsfreiheit wurde in der neuen Verfassung mit folgenden Worten bekräftigt: «Niemand darf diskriminiert werden, namentlich nicht wegen [...] der religiösen, weltanschaulichen oder politischen Überzeugung» (Art. 8 BV). Auch die Glaubens- und Gewissensfreiheit ist gewährleistet: «Jede Person hat das Recht, ihre Religion und weltanschauliche Überzeugung frei zu wählen und allein oder in Gemeinschaft mit anderen zu bekennen. Jede Person hat das Recht, einer Religionsgemeinschaft beizutreten oder anzugehören und religiösem Unterricht zu folgen, aber niemand darf gezwungen werden einer Religionsgemeinschaft beizutreten oder anzugehören, eine religiöse Handlung vorzunehmen oder religiösem Unterricht zu folgen.» (Art. 15 Abs. 2 und 3). Diese verfassungsrechtlichen Bestimmungen schliessen auch das Recht ein, seine Religion zu wechseln. Allerdings stösst die Konversionsfreiheit in der Realität oft an die Schranken kultureller oder familiärer Traditionen.

Interessant ist, dass zwar in allen Verfassungen die Freiheit der Religion explizit als wichtiges Prinzip behandelt wird, aber in Wirklichkeit handelt es sich eher um verschiedene Wahlmöglichkeiten im christlichen Gedankengut, denn jede Verfassung im Laufe der Jahrhunderte beginnt mit der Präambel «Im Namen Gottes des Allmächtigen». Das erklärt auch, dass es eigentlich klar ist, dass, wenn vom Verhältnis «Kirche und Staat» die Rede ist, das von den Kantonen zu regeln ist (Art. 72), unsere christliche Tradition gemeint ist und andere Religionsgemeinschaften nur aus Analogiegründen mehr oder weniger eingeschlossen sind. Der Bund und die Kantone haben allerdings die Kompetenz einzugreifen, wenn es den verschiedenen Gemeinschaften an gegenseitigem Respekt und Achtung fehlt.

Zusammengefasst heisst das, dass unsere Bundesverfassung ihrer Bevölkerung das Recht auf Religionsausübung, auf Religionsverzicht, auf Religionswechsel und die Wahrung des Religionsfriedens garantiert.

3. Religionsfreiheit ist immer Teil eines Ganzen

Die Religionsfreiheit gehört zur Visitenkarte eines demokratischen Staates. Sie beinhaltet immer auch die Freiheit der Andersgläubigen und muss sich selbst einfügen in die anderen individuellen Freiheitsrechte.

Die Präsenz wachsender neuer Religionsgemeinschaften in der Schweiz ist eine Herausforderung für manche Institutionen und Gemeinden. Es ist heute vor allem eine Aufgabe der öffentlichen Schulen, für ein breiteres Religionsbewusstsein zu sorgen, damit die Kinder andere Menschen kennen und ihren Glauben respektieren lernen, aber dennoch klare Werte unserer hier verankerten Kultur vermittelt erhalten. Die Schulen dürfen bei dieser Aufgabe aber nicht allein gelassen werden. Wir setzen bei den Erwachsenen die Sprachvermittlung ins Zentrum der Integrationsmassnahmen. Das ist schon richtig, aber wichtig wäre auch, dass wir Kenntnisse über unser Staatssystem und unsere hier verankerte Kultur und Werthaltungen weitergeben.

Wir sind es gewohnt, auf der Strasse dem Kragen eines schwarz-gekleideten Geistlichen, der Haube einer Diakonisse oder dem Christenkreuz zu begegnen. Kopftücher, Kippas oder safranfarbene Gewänder hingegen fallen als religiöse Bekenntnisse nach wie vor auf. All diese Symbole können aber nur dann wirklich Ausdruck einer Religion sein, wenn sie freiwillig, das heisst ohne jeden Zwang der betreffenden Glaubensgemeinde, getragen werden. Das heisst aber auch, dass alle, vor allem auch alle Mädchen und Frauen, aus freiem Entscheid darauf verzichten können.

So gibt es für uns – bei aller Toleranz und allem Verständnis gegenüber verschiedenen Lebensarten, Werthaltungen und Traditionen – Grundsätze, Freiheiten und Rechte, die von unserer Verfassung geschützt werden und überall Gültigkeit haben: Die Menschenrechte, die Grundwerte sowie die verfassungsrechtlich geschützten Freiheitsrechte, die gleichen Rechte von Mann und Frau (nicht nur die gleiche Würde!), die demokratischen Regeln und die Rechtsstaatlichkeit. Sie müssen von allen, die in unserem Land leben, respektiert werden und zwar im öffentlichen wie auch im privaten Bereich. Das gilt auch für die physische und psychische Unversehrtheit des Einzelnen. Religiöse oder kulturelle Traditionen dürfen nie über ein Gesetz gestellt werden.

Ein demokratischer Staat wie die Schweiz kann es deshalb auch nicht zulassen, dass über die Religion andere Grundrechte verletzt werden. So darf es nicht sein, dass Mädchen genital verstümmelt werden oder ihre Ausbildung nicht beenden dürfen, Jugendliche gegen ihren Willen verheiratet werden, Ehefrauen eingesperrt oder geschlagen werden. Und das alles unter der Vorgabe der Traditionen und religiösen Vorschriften. Das sind widerrechtliche Taten und sie müssen geahndet werden. Denn auch wenn man den Minderheiten ausdrücklich das Recht gibt, ihre Kultur und Identität zu pflegen, müssen unsere Grundrechte, die auf die Deklaration der allgemeinen Menschrechte abgestützt sind, eingehalten werden. Diese sind unverhandelbar und müssen von allen, die in unserem Land leben, respektiert werden.

Die Religionsfreiheit ist also nicht absolut, sie ist immer Teil eines Ganzen und steht im Kontext mit andern Grundrechten wie die Meinungsfreiheit, Redefreiheit oder unsere sozialen Rechte und Pflichten und kann allenfalls auch durch sie eingeschränkt werden.

4. Zusammenleben im offenen und ehrlichen Dialog

Die Schweiz hat eine lange Tradition des Zusammenlebens verschiedener Kulturen und Religionen. Seit 1848 ist in der Bundesverfassung das Recht verankert, dass Minderheiten ihre eigene Kultur behalten und ihre Traditionen pflegen dürfen. Aber dieses Recht bringt immer auch die Pflicht mit sich, dass sie den andern gelebten Kulturen im Land mit gleicher Achtung und gleichem Verständnis begegnen. Mit dieser festgeschriebenen Grundhaltung ist es der Schweiz gelungen die vielfältigen sprachlichen und kulturellen Regionen zu einem Land zu vereinen. Das Erfolgsrezept für das friedliche Zusammenleben hiess immer: die Pflege der Vielfalt in der Einheit.

Allerdings: Mit der grösser werdenden Vielfalt der Kulturen wachsen auch die damit verbundenen Herausforderungen. Nicht nur Kirchenverantwortliche, Behörden, Politiker und Politikerinnen, sondern die ganze Bevölkerung sind mit grundlegenden Fragen der Toleranz und Nichtdiskriminierung von Angehörigen bestimmter religiöser Gruppen auch im Alltag vermehrt konfrontiert. Es ist deshalb sehr wichtig, dass bewusst Kontakte unter den verschiedenen Religionen und Kulturen gepflegt und gefördert werden.

Der persönliche Kontakt und die Bereitschaft zum offenen Dialog sind gute Grundlagen für das gegenseitige Verständnis und das friedliche Zusammenleben. Es ist aber dabei auch wichtig, Unterschiede zu benennen und deutlich zu machen, wo sich Kulturen gegenüberstehen oder überschneiden, denn nur so finden wir ehrliche Antworten auf die Frage, wie wir mit den Verschiedenheiten friedlich und respektvoll umgehen können.

Ziel wäre eine Integration – nicht Assimilation! – der verschiedenen Glaubensgemeinschaften in unsere Gesellschaft und unseren Staat. Sie muss aber noch vermehrt unterstützt und gefördert werden. Eine besondere Aufmerksamkeit gilt dabei der Bekämpfung von Rassismus und Ausgrenzung wegen religiöser Zugehörigkeit. Dies geschieht vor allem mit der gezielten Förderung des interreligiösen Dialogs. Auf Bundesebene existieren und arbeiten heute zu diesem Zweck die regierungsunabhängigen, aus Experten und Persönlichkeiten zusammengesetzten Organe wie die Eidgenössische Kommission gegen Rassismus und die Eidgenössische Kommission für Migrationsfragen sowie, auf kantonaler

Ebene, entsprechende kantonale Ämter. Zahlreiche und vielfältige privaten Initiativen fördern auf städtischer und kantonaler Ebene den interreligiösen Dialog.

In diesem Umfeld war die Gründung des Schweizerischen Rates der
Religionen ein Meilenstein im Zusammenleben der Religionen in der
Schweiz. Entstanden ist er nur dank der grossen Überzeugungsarbeit des
Präsidenten des Schweizerischen Evangelischen Kirchenbundes, Pfarrer
Thomas Wipf. Mit seinem Weitblick hat er den Entwicklungen in unse-
rer Gesellschaft Rechnung getragen, noch bevor Religionsfragen zu reis-
serischen Alltagsthemen wurden. Es wäre wünschbar, dass dieser Rat der
Religionen vermehrt als Ansprechpartner des Bundes in Religionsfragen
das gegenseitige Vertrauen der Glaubensgemeinschaften stärken und den
Religionsfrieden festigen könnte.

Die Schweiz hätte eigentlich dank ihrer gesetzlichen und traditionellen Vorgaben die Voraussetzungen, dass ein friedliches Zusammenleben
von verschiedenen Glaubensgemeinschaften eine Selbstverständlichkeit
sein könnte. Auch der interreligiöse Dialog hat seinen festen Platz. Der
Staat ist zwar Garant der Religionsfreiheit, aber das Zusammenleben von
Menschen verschiedenen Glaubens oder unterschiedlicher Glaubensrich-
tung muss auf lokaler Ebene und unter Beteiligung aller tagtäglich gelebt
werden.

Dies gilt auch für die vielseitigen und aus unterschiedlichsten Weltge-
genden stammenden islamischem Gemeinschaften in der Schweiz, zu
denen vor allem Einwanderer der ersten und zweiten Generation zu
zählen sind. Es sind etwa 400 000 Menschen. Die Mehrheit stammt aus
Bosnien-Herzegowina, aus Mazedonien, dem Kosovo und der Türkei.
Die islamischen Gemeinschaften organisieren sich in der Schweiz in
erster Linie aufgrund ihrer Herkunft. Die Anzahl der Gebetsräume, Moscheen und religiösen Zentren übersteigt sehr wahrscheinlich die Zahl
von 300. Schweizweit bekannt wurde die Anzahl Minarette: Es sind deren vier. Der geplante fünfte Turm hat eine heftige Diskussion über den
Islam im Land entfacht. Dies hat eine Debatte ausgelöst, die uns auffor-
dert uns grundsätzliche Gedanken über die religiöse Freiheit und ihre
Umsetzung im Alltag zu machen.

5. Der Bau von Minaretten wird verboten

Am 29. November 2009 hat die Mehrheit der schweizerischen Bevölkerung in einer Volksabstimmung entschieden, dass der Bau von weiteren Minaretten verboten wird. Andere konkrete Folgen dieser Volksabstimmung auf die Ausübung des muslimischen Glaubens wird es nicht geben. So kann dieser weiterhin im ganzen Land frei ausgeübt werden. Ebenso können Gebetsräume eröffnet, Glaubensgemeinschaften gegründet und Moscheen gebaut werden. Einzig der Bau von Minaretten ist unter dem neuen Verfassungsartikel verboten.

Diesen Entscheid hat das Stimmvolk ungeachtet der Empfehlung von Regierung, Parlament, der meisten politischen Parteien und von vielen herausragenden Persönlichkeiten getroffen. Es war ein Zeichen eines diffusen Unbehagens aufgrund gewisser globalen Entwicklungen, die als bedrohend empfunden werden und die eine Mehrheit der Bevölkerung mit dem Minarettverbot zum Ausdruck gebracht hat. Es war aber auch eine Antwort auf Berichte über Steinigungen und Zwangsheiraten, auf Aussagen eines muslimischen Rechtsexperten, der die Einführung der Scharia in der Schweiz forderte, auf die Libyenkrise, und selbst die grauenhaften Anschläge vom 11.9.2001 in den USA haben ihre Spuren hinterlassen. Immer wieder wurde auch erwähnt, dass man in manchen islamischen Ländern weit davon entfernt sei, dass Christen ihre Religion frei praktizieren könnten.

Gegen solche Argumente, die leider nicht einfach erfunden sind, war die sachlich politische Gegenargumentation, dass hier eine Baurechtsregel in der Verfassung nicht weiterhelfe, ziemlich unbeholfen. Im Abstimmungskampf wurde immer wieder betont: «Jetzt muss man ein Zeichen setzen». So ist dieses Nein zum Bau von Minaretten weniger an die in der Schweiz lebenden Muslime gerichtet, die in ihrer überwältigenden Mehrheit recht integriert sind, ihrer Arbeit nachgehen, ihren Pflichten nachkommen und in aller Selbstverständlichkeit die Gesetze unseres Landes einhalten, als an diejenigen, die als Verursacher von solch bedrohlichen Entwicklungen betrachtet werden.

Unsere Bevölkerung ist nicht allein mit ihrem Gefühl eines diffusen Unbehagens, das mit dem Minarettverbot über die direkte Demokratie in der Schweiz zum Ausdruck gebracht worden ist. Diskussionen um das Burka-Verbot oder die Mohammed-Karikaturen haben gezeigt, dass dies etliche andere westliche Staaten auch beschäftigt. Selbst der Europarat befasst sich mit diesen Fragen.

Wir müssen Ängste, wie sie mit dem Ja an der Urne so eindrücklich gezeigt wurden, ernst nehmen. Die religiöse Freiheit als Grundrecht darf aber damit nicht in Frage gestellt werden, und als Bürgerinnen und Bürger dieses Landes müssen wir grundsätzlich jede Form von Diskriminierung zurückweisen, unabhängig davon, ob sie sich im Einzelnen nun gegen muslimische, gegen andere religiöse Gemeinschaften, oder gegen Nichtgläubige richtet.

Anderseits müssen sich Glaubensgemeinschaften auch kritisch hinterfragen. Es braucht Leitlinien, die klar zeigen, was von Glaubensgemeinschaften, ob mit oder ohne Migrationshintergrund, erwartet wird. Die Richtlinien dafür sind selbstverständlich die universellen Menschenrechte und rechtsstaatlichen Grundsätze unseres Landes. Auch Parallelgesellschaften dürfen diese nicht unter dem Vorwand religiöser Vorschriften überschreiten.

Das Ja zur Minarett-Initiative machte aber auch klar, dass der direkte Kontakt und das gegenseitige Verständnis zwischen den muslimischen Gemeinschaften und der andersgläubigen Bevölkerung nicht oder noch ungenügend aufgebaut worden ist. In diesem Sinne kann man den Ausgang der Abstimmung auch als Chance betrachten, dass wir unbedingt den gemeinsamen Dialog intensivieren müssen.

6. Wir haben die Instrumente für den religiösen Frieden: Mitwirkungsrechte, Minderheitenschutz und Kompromissbereitschaft

Seit anderthalb Jahrhunderten bemüht sich die Schweiz, Konflikte zwischen ihren Kulturen und Religionen friedlich und einvernehmlich zu lösen. Sie hat Instrumente zur Wahrung des religiösen Friedens entwickelt: demokratische Mitwirkungsrechte, Minderheitsschutz und der Wille zu Kompromissen. In diesem Kontext muss auch die weitere Debatte stattfinden.

Der demokratische Miteinbezug der Meinungen aller Beteiligten, die strengen Regeln für den Schutz der Minderheiten und das unermüdliche Bemühen um Kompromisslösungen – das waren die wichtigsten Instrumente im Aufbau unserer Schweiz. Sie können auch heute helfen, neue

Herausforderungen zu bewältigen, wie sie im Zusammenleben der Kulturen, Religionen und Traditionen unweigerlich entstehen.

Die Möglichkeit der Ausübung der Grundrechte ist bei uns garantiert. Aber es gibt keine Rechte ohne Pflichten. Unser Recht, das Religionsfreiheit gewährt, fordert die Pflicht des gegenseitigen Respekts und der gegenseitigen Achtung auf der Basis unserer demokratischen und sozialen Grundwerte, wie sie auch in der Verfassung verankert sind.

7. Nachtrag

Wie Pfarrer Thomas Wipf, der abtretende Präsident des Rates des Schweizerischen Evangelischen Kirchenbundes, in unzähligen Einsätzen vorgelebt hat, können auch die reformierten Kirchen zu einem fruchtbaren Dialog im Zusammenleben verschiedener Religionen sehr viel beitragen, indem sie sich weiterhin für ein friedliches Miteinander engagieren. So ist es möglich, die Menschen zu verbinden und ihnen dabei zu helfen, ihrem Leben einen Sinn zu geben.

Der Einsatz für das Gemeinwohl ist zwar heute alles andere als selbstverständlich. Und doch hat sich die Natur des Menschen nicht verändert: Er ist ein soziales Wesen, das in der Gemeinschaft lebt. Viele sind auf der Suche nach Sinn und Halt, nach einem Ideal und Transzendenz. Die reformierten Kirchen bieten diesen Menschen einen Weg und Werte, die in der westlichen Kultur verankert sind; Werte wie Freiheit und Verantwortlichkeit haben einen grossen Stellenwert. Deshalb werden sie auch in Zukunft eine wichtige Funktion in der Gesellschaft einnehmen.

Vom Beobachten und Kommunizieren
PR in der Kirche

Thomas Flügge

1. Die Herausforderung

Wer vorne steht, wird zuerst beleuchtet. Das gilt für das Gegenüber von Auto und Fussgänger ebenso wie für Medien und Persönlichkeiten. Letztere werden nicht umsonst von einer gewissen Popularität an umschrieben als *Person öffentlichen Interesses.*

Wo beleuchtet wird, da ist ein Bild – nebst Schatten. Das eine möchte interpretiert, der andere erklärt werden. Dazu braucht es eine vermittelnde Instanz zwischen der Persönlichkeit und ihrer Zielgruppe. Diese Instanz knüpft Beziehungen mit der Öffentlichkeit, welche auch immer das ist.

PR. Tatsächlich haben diese beiden Buchstaben schon derart in die deutsche Sprache Eingang gefunden, dass sie im Duden stehen. Inklusive ihrer *deutschen* Erläuterung: Public Relations. Das hilft, aber nicht weiter. Nächster Eintrag: PR-Ab|tei|lung, die: Public-Relations-Abteilung. Aber dann: PR-Ar|beit, die: Öffentlichkeitsarbeit von Wirtschaftsunternehmen, Institutionen, o. ä.

Öffentlichkeitsarbeit klingt vertraut – tatsächlich geben 90 Prozent der deutschen Bevölkerung in einer Umfrage aus dem Jahr 2003 an, diesen Begriff zu kennen.[1] Die Buchstaben PR inklusive der Langform Public Relations kennen schon deutlich weniger, nämlich 78 Prozent bzw. 77 Prozent. Die gleiche Befragung enthüllt allerdings, dass Kennen nicht zwingend Verstehen bedeutet. 77 Prozent der Deutschen halten PR demnach für eine Form des Journalismus. 59 Prozent meinen, PR und Werbung seien identisch, und 54 Prozent halten PR für Propaganda. Nicht wesentlich klarer sieht die wichtigste Zielperson der PR diese Sa-

---

[1] Günter Bentele, René Seidenglanz, Das Image der Image-Macher. Eine repräsentative Studie zum Image der PR-Branche in der Bevölkerung und eine Journalistenbefragung, Leipzig 2004.

che: der Journalist. 74 Prozent der deutschen Journalisten halten PR für eine Form des Journalismus, 50 Prozent für Werbung, 44 Prozent für Propaganda.

Öffentlichkeitsarbeit ist gut. Ohne sie kann die Kirche nicht überleben. Die weiss aber nicht immer, worum es da eigentlich geht. Eine möglichst klare Definition der Public Relations ist aus drei Gründen wichtig: erstens zur Klärung des beruflichen Handelns und Verhaltens in diesem Berufsfeld. Journalistisches berufliches Handeln unterscheidet sich vom PR-Handeln in Regelwerk und Ethikverständnis, zudem sind nicht alle Rechtsvorschriften und Gesetze des einen auf das andere Berufsfeld übertragbar. Zweitens ermöglicht eine PR-Definition die Bewertung von PR-Handlungen durch Dritte. Sie wird mit dem Ziel entwickelt, Fragen der ethisch-moralischen Zulässigkeit oder Unzulässigkeit von PR-Verhalten zu klären. Drittens nützen PR-Definitionen der Schaffung eines standardisierten Handlungs- und Verhaltensbewusstseins. Dabei geht es nicht um das Unterdrücken der Kreativität der Handelnden, sondern darum, Erwartungen an die Öffentlichkeitsarbeit nicht von persönlichen Vorstellungen oder situationsbedingten Umständen abhängig zu machen.

2. Warum PR keine Werbung ist

Vor der Definition steht die Abgrenzung. Öffentlichkeitsarbeit ist keine Werbung, ebenso wenig ist sie Propaganda.[2] Dies zu zeigen, wird durch drei Probleme erschwert. Zunächst einmal hat die PR Ähnlichkeit mit Werbung und mit Propaganda. Alle drei Formen öffentlicher Kommunikation sind persuasiv, sie bewegen sich also in einem Spektrum von Zie-

---

[2]   Für die folgenden Überlegungen vor allem Romy Fröhlich, Zur Problematik der PR-Definition(en), in Günter Bentele/Romy Fröhlich/Peter Szyszka (Hg.), Handbuch der Public Relations, Wiesbaden 2008; Günter Bentele, Berufsfeld Public Relations, Studienband I, Berlin 1998; Frank Böckelmann, Die Pressearbeit der Organisationen, München 1991; Reinhold Fuhrberg, PR-Dienstleistungsmarkt Deutschland, in: Günter Bentele (Hg.), Berufsfeld Public Relations, Berlin 1998, 248f; Franz Ronneberger/Marco Rühl, Theorie der Public Relations. Ein Entwurf, Opladen 1992; Claudia Schweda/Rainer Oppherden, Journalismus und Public Relations. Grenzbeziehungen im System lokaler politischer Kommunikation, Wiesbaden 1995.

len irgendwo zwischen Überzeugung und Überredung. Dann hängt die Definition von der Betrachtungsweise ab. Es gibt eine Vielzahl von Sichtweisen neben der kommunikationswissenschaftlichen – betriebswirtschaftliche, marketingorientierte oder geisteswissenschaftliche sind nur einige von ihnen. Schliesslich liegt eine weitere Herausforderung der Definition von Public Relations darin, dass die Identifikationsmöglichkeit von PR-Dienstleistungen erschwert ist. Die Produkte der Werbung können tagtäglich über die Massenmedien leicht eingesehen und identifiziert werden. Zudem existieren Vorschriften, die zum Beispiel die Abgrenzung zwischen Journalismus und Werbung in Printmedien definieren und so für das Publikum nachvollziehbar machen: Die Werbeartikel müssen durch das Schriftbild vom redaktionellen Teil unterscheidbar und zudem gekennzeichnet sein, auch wenn diese Abgrenzung durch schöpferische Wortkonstruktionen wie *Publireportage* für einen Werbeartikel teils erfolgreich verwischt wird. Viele Produkte der Öffentlichkeitsarbeit lassen sich jedoch materiell nicht so einfach fassen oder sind nur für die vor dem Endverbraucher stehende Zielgruppe definierbar: Der/die Leser/-in einer Tageszeitung weiss nicht, dass der wohlwollende Artikel über das kirchliche Engagement in einer Sache Ergebnis eines langen Telefonates der kirchlichen Presseabteilung mit dem Journalisten war. Und was sich nicht fassen lässt, ist auch nur schwer zu definieren.

Die Berechtigung eines Abgrenzungsversuchs besteht jedoch nicht nur wegen der Notwendigkeit der begrifflichen Klärung, sondern auch wegen der Tatsache, dass sich Public Relations in Anwendung und Wirkung von Werbung unterscheidet.[3] Zu solchen PR-Massnahmen zählt zum Beispiel die Pressearbeit in Form von Pressekonferenzen, Medienmitteilungen oder Presseinformationsmaterialien. Hier wird der Einsatz von Werbeinstrumenten ausdrücklich vermieden, da sie die beabsichtigte Wirkung gefährdeten. Im Hinblick auf Journalisten ist eine klare Abgrenzung zwischen Werbung und Öffentlichkeitsarbeit notwendig: Journalisten sind für ihre Arbeit darauf angewiesen, möglichst objektive, werbefreie und wahre Materialien an die Hand zu bekommen, um ihrerseits den journalistischen Grundsätzen der Wahrheit, Klarheit und Objektivität zumindest theoretisch nachkommen zu können. Dies gilt verstärkt, wenn der Absender zu kommunikativen Tendenzbetrieben zählt,

---

3   Vgl. Bentele, Berufsfeld [Anm. 2], 22.

wie es die Kirchen tun: Wessen Markenzeichen Predigt und Mission ist, der wird eher auf eine gewisse Vorsicht seitens der Journalisten stossen. Allzu nach Werbebotschaft klingende Kommunikationen rücken einen landeskirchlichen Absender zudem eher in die Nähe der Freikirchen und evangelikalen Kreise, welche die Mission viel selbstverständlicher in das Zentrum ihrer Kommunikation rücken und diese auch auf externe Gesprächspartner wie Journalisten ausdehnen.

Der grösste Unterschied zwischen Werbung und Public Relations, also Öffentlichkeitsarbeit, ist der Grad der Kontrolle.[4] Gestaltung und Verbreitung einer kommunikativen Botschaft als Werbung garantiert dem Absender die volle Kontrolle über Botschaft, Inhalt, Aussage und Verbreitung. Die Öffentlichkeitsarbeit verbreitet ihre Botschaften überwiegend durch Pressearbeit über Journalisten und Medien in den redaktionellen Teilen der Massenmedien. Hier liegt der zentrale Unterschied: Die Öffentlichkeitsarbeit funktioniert über eine Zwischeninstanz, welche die zuerst ausgegebenen Botschaften weiterverarbeiten muss. Die Öffentlichkeitsarbeit hat damit weniger Kontrolle über Inhalt, Gestaltung, Timing und Platzierung der Botschaft gegenüber der Zielgruppe der weiterverarbeitenden Medien.

Werbung versucht unter den Bedingungen der Informationsflut die Aufmerksamkeit der Zielgruppe auf bestimmte Produkte oder Dienstleistungen zu lenken. Ist dies erreicht, weckt erfolgreiche Werbung Nachfragebedürfnisse und führt schliesslich tatsächliche Nachfrage herbei. Das Element der Information tritt dabei deutlich hinter das Element der Animation zurück.

PR orientiert sich an den Bezugsgruppen und deren Befindlichkeiten, ohne diese selbst definieren oder grundlegend verändern zu wollen. Öffentlichkeitsarbeit versucht auf dem Weg von Recherche und Mitteilung, Kenntnisse über das Kommunikationsobjekt – das Unternehmen, den Verband – zu vermitteln und Akzeptanz oder Toleranz für bestimmte Einstellungen und Handlungen zu gewinnen. Durch ein überzeugendes Auftreten sollen so über ein Klima sozialen Vertrauens Handlungsspielräume bemessen werden.

---

[4]   Vgl. im Folgenden Scott M. Cutlip/Allen H. Center/Glen Broom, Effective Public Relations, Upper Saddle River 2008.

3. Ziele und Aufgaben kirchlicher PR[5]

Jeder Funktionsbeschreibung von Public Relations ist eines vorauszu-
schicken: PR ist Option. Sie gehört nicht zu den im betriebswirtschaftli-
chen oder steuergesetzlichen Sinne vorgeschriebenen Notwendigkeiten.
Dass sie zu den systemrelevanten Notwendigkeiten gehört, steht auf
einem anderen Blatt, trotzdem sei es hier gesagt. Zudem sind, wenn sich
ein Unternehmen oder ein Verband für PR entscheidet, damit nicht
schon die Rahmenbedingungen ihrer Ausführung gegeben. Das ist die
grosse Herausforderung der Öffentlichkeitsarbeit: Sie will individuell
definiert werden. Diesen Prozess muss auch eine kirchliche Einrichtung
zwingend durchlaufen, wenn PR Erfolg haben soll. Dabei unterscheidet
sich PR von den meisten unternehmerischen Funktionsbereichen. Anders als bei Funktionsbeschrieben für die Personaladministration oder
die Rechnungsführung ist die Definition von Aufgabe und Funktion der
Öffentlichkeitsarbeit zumeist von Personen aus der Führungsebene des
gesamten Unternehmens oder zumindest der PR-Ebene selbst abhängig.

Trotz aller Unterschiedlichkeit lassen sich vier Grundfunktionen
kirchlicher PR definieren. Sie soll *beobachten, informieren, kommunizieren* und
überzeugen.

Beobachten: kommunikative Basis und zentrales Element jeder PR. Sowohl die Umweltbeobachtung als auch die Selbstbeobachtung gehören in
den Bereich der Öffentlichkeitsarbeit und sollten von den mit entsprechenden Aufgaben betrauten Personen innerhalb der Einrichtung verantwortet werden. Wichtige Teilaufgaben sind sowohl die Analyse der
Wahrnehmung der eigenen Einrichtung durch spezifische Zielgruppen
oder gesellschaftliche Kreise als auch die Beobachtung bestimmter gesellschaftlich relevanter Prozesse. Im Falle der Kirchen ist diese Funktion
mit besonderer Sorgfalt zu verfolgen, da in vielen gesellschaftlichen Teil-
öffentlichkeiten gewisse Bilder und oft nicht aus eigenen Erfahrungen
gefällte Urteile über Kirche existieren, die vom Selbstbild dieser Kirche
abweichen. Insbesondere im Verlaufe kontroverser ethischer gesellschaftlicher Diskurse ist Aufmerksamkeit hinsichtlich der Fremdwahr-
nehmung kirchlicher Positionen geboten.

---

[5]   Vgl. für die Funktionsmodelle Fröhlich, Zur Problematik [Anm. 2], 95ff.

Informieren: die Aufgabe, Veränderungen im Wissensstand einer jeweiligen Zielgruppe zu bewirken. Dies geschieht klassisch über Pressemitteilungen, die über eine Veränderung innerhalb der kirchlichen Einrichtung berichten. Darüber hinaus ist es Aufgabe einer PR, zu *thematisieren.* Besonders die klassische Pressearbeit soll Themen für die öffentliche Kommunikation generieren. Dies geschieht durch unaufgefordertes Weitergeben von Themenangeboten an Journalisten, aber auch dadurch, dass die PR zu von Journalisten vorgegebenen Themen eigene Stellungnahmen, Standpunkte und Argumente entwickelt und diese wiederum an die Journalisten weitergibt. An dieser Stelle wird im kirchlichen Kontext oftmals die Frage nach dem Für und Wider eines thematischen Angebotes an die Medien von der Existenz anderer, möglicherweise ähnlich lautender Angebote abhängig gemacht. Konkret heisst dies: X äussert sich nur, wenn sich Y nicht äussern wird. Dies ist jedoch nicht nur ein Missverständnis der Informations- und Thematisierungsfunktion der PR, sondern des freien Kommunikationsmarktes schlechthin, der sehr wohl zwischen guten und schlechten PR-Produkten unterscheiden kann, den die Binnenprobleme bestimmter Verbände jedoch überhaupt nicht interessieren – insbesondere dann, wenn ein Anbieter eigentlich reichlich qualitativ hochwertiges thematisches Material hätte, dieses aber nicht freigibt. Wohlgemerkt: Kooperationen sind sinnvoll, wenn dies bedeutet, dass sich dann beide gemeinsam äussern.

Lässt sich die PR darauf ein, Informationen und Themen zu streuen, spielt sodann das *Timing* eine entscheidende Rolle. Es ist gut, sich zu äussern. Es ist noch besser, dies im richtigen Moment zu tun. Öffentlichkeitsarbeit hat die Aufgabe, Anfang und Ende, das Aufkommen und Verschwinden eines bestimmten Themas mitzubestimmen. Auch an dieser Stelle steht jede Verbands-PR, zu der auch die kirchliche zählt, vor einer Herausforderung: Die Botschaft, die Mitteilung, das Thema muss zum perfekten Zeitpunkt die Zielgruppe erreichen und dabei inhaltlich unanfechtbar sein. Dass dies nicht vollständig gelingen kann, wird vor dem Hintergrund deutlich, dass viele Botschaften zwar von der Öffentlichkeitsarbeit verarbeitet, aber mit einem gewissen fachlichen Anspruch erarbeitet wurden. Hinzu kommt, dass die Botschaften durch die PR veröffentlicht, jedoch durch die Leitungsebene verantwortet werden. Dies ist völlig normal, jedes Unternehmen steht vor dieser Herausforderung, jedoch gibt es gerade im kirchlichen Bereich zusätzliche Hürden: Erstens besteht die Leitungsebene aus Würdenträgern, nicht aus Managern. Auch wenn diese Ansicht im Protestantismus nicht immer gern gesehen wird – die Welt da draussen sieht es so. Und zweitens ist der Würdenträger abhängig vom Wohlwollen seiner kleinen oder grossen, zumindest aber freiwillig zu ihm gehörigen Basis, dem Kirchenvolk. Ein Unternehmensangestellter erhält Geld für seine Leistungen, er hat also ein anderes Kritikbewusstsein seiner Führung gegenüber als die kirchliche Basis, die etwas leistet und dazu noch Geld gibt, um dabei zu sein. Die Konsequenz dieser sehr verschiedenen Ebenen, die an der Erarbeitung eines Themas beteiligt sind, ist oft, dass dieses nicht mehr zum richtigen Zeitpunkt an die Zielgruppe der Journalisten gelangt, sondern schlicht zu spät. Womit auch ein weiteres zentrales Missverständnis angesprochen wäre: die Zielgruppe. Eine Pressemitteilung ist für Journalisten da, nicht für die Basis, nicht für die direkte Konkurrenz. Natürlich ist auch der Journalist jenseits seines Berufes Teil der Basis, jedoch ist es hilfreich, die Ebenen zu trennen. Die PR spricht in ihrer Profession den Journalisten allein in seiner beruflichen Rolle an. Die Sorge, die kirchliche Basis könnte eine Pressemitteilung nicht recht oder gar falsch verstehen, darf ein begleitender Gedanke sein, aber kein interessenleitender.

Kommunizieren: Inhalte werden gesetzt, sie sollen jedoch auch verstanden werden. Es geht um Verständigung und Dialogaufbau mit externen wie internen Zielgruppen, um eine Anschlusskommunikation zu ermöglichen. Ein wichtiger Teilbereich ist dabei die Konfliktreduktion: Der um ein Unternehmen, einen Verband entstandene Kontroverse wird mittels PR-Massnahmen so begegnet, dass am Ende eine Integration der unterschiedlichen Standpunkte in die gesellschaftliche Diskussion stattfindet. Um aber auch hier sogleich ein Missverständnis zu benennen: PR hat nicht die Aufgabe, gesellschaftliche Krisen an sich zu lösen. Ihre Aufgabe ist es allein, das Vertrauen in ihren Auftraggeber, der von einer Krise betroffen ist, wiederherzustellen. Die Integrationsaufgabe stellt eine der grössten Herausforderungen für die PR dar, besonders dann, wenn eine Krise an den Grundfesten eines Unternehmens, eines Verbandes oder einer Kirche rüttelt und die einzige Art, zumindest ein grundlegendes Vertrauen wiederherzustellen, Wahrhaftigkeit ist. Die sogenannten *Missbrauchsskandale*, welche die römisch-katholische, aber auch einzelne evangelische Kirchen aktuell erschüttern, zeigen dies auf eindrückliche Art und Weise. Wer dieser Tage eine Suchmaschine im Internet nach dem

Wort «Missbrauch» suchen lässt, stösst bei über 7 Millionen Ergebnissen
schon auf der ersten Ergebnisseite auf das Wort ‹Kirche›.[6] Schlagzeilen
wie *Missbrauch in der katholischen Kirche: Liste des Schreckens* und *Kirchentag:
Missbrauch ist ungewollt das Thema Nummer 1* sprechen eine ebenso deutli-
che Sprache wie die Tatsache, dass dieselbe Suchmaschine auf den Such-
term ‹Missbrauch und Kirche› nach 0,29 Sekunden etwa 1 180 000 Ergebnisse vorweist.[7] Unter diesen Einträgen finden sich Meldungen wie
Papst schweigt zu Missbrauch in Deutschland oder *Papst unter Druck: Ratzinger
wusste offenbar von Kinderschänder* oder *Diskret ins Desaster*. Es sei hier dahin-
gestellt, warum die Öffentlichkeitsarbeit eines solch grossen Unternehmens wie der römisch-katholischen Kirche lange Zeit nicht oder nur
zögernd reagiert hat – oder nicht die Freigabe hatte, zu reagieren. Die
Tatsache allein zeigt jedoch, wie immanent wichtig eine gut terminierte
und konfliktbewusste PR ist: Der Journalist als Zielgruppe der Öffentlichkeitsarbeit stellt Fragen und braucht schlechterdings Antworten.
Erhält er sie nicht, stellt er die Frage erneut, diesmal aber vor seiner Zielgruppe. Und diese ist im Falle der Kirchen die eigene Basis. Der deutsche Journalistenverband netzwerk recherche hat seinen Kritik-Preis
Verschlossene Auster im Jahr 2010 an die Deutsche Bischofskonferenz
verliehen. Es sei «vertuscht, verleugnet und verheimlicht»[8] worden, heisst
es in der Begründung zur Preisverleihung: «Die katholische Kirche respektiert den Anspruch der Öffentlichkeit auf frühzeitige und vollständi-
ge Information nicht und widerspricht damit ihren eigenen Werte-
Postulaten nach Wahrhaftigkeit und Ehrlichkeit.»[9] Entsprechend mahnt
das Netzwerk: «Die katholische Kirche muss sich zu einer prinzipiellen
Kurskorrektur in ihrer Informationspolitik aufraffen und die Öffentlichkeit künftig unverzüglich und vollständig informieren. Nur so kann sie
Stück für Stück dem entstandenen Glaubwürdigkeits-Vakuum begegnen.»[10] Ohne ein konfessionelles Paradigma eröffnen zu wollen, gibt es
in jüngster Vergangenheit ein Beispiel für eine wahrhaftige, transparente

---

[6]   Suche nach dem Wort ‹Missbrauch› auf www.google.de am 2. Juli 2010.
[7]   Suche nach dem Term ‹Missbrauch und Kirche› auf www.google.de am 2. Juli
2010
[8]   Vgl. Pressemitteilung, Laudatio und Begründung auf http://www.netzwerk-
recherche.de/Projekte/Jahreskonferenzen/Jahrestagung-2010.
[9]   Ebd.
[10] Ebd.

Krisenkommunikation: Bereits 24 Stunden, nachdem die ehemalige Ratsvorsitzende der Evangelischen Kirchen in Deutschland Margot Kässmann alkoholisiert am Steuer ihres Dienstwagens in eine polizeiliche Kontrolle geraten war, trat sie vor die Medien und klärte die Journalisten vollumfänglich auf.

Überzeugen: PR ist Auftragskommunikation mit dem Ziel, Wissen, Einstellungen, Verhalten und Handeln zu verändern. Der Unterschied zur Werbung ist wiederum der Anspruch von Wahrhaftigkeit. Die Werbung arbeitet nicht mit Realitäten, sie erfindet solche. Die PR bewegt sich auf dem Boden des Gegebenen und muss, wenn sie funktionieren soll, vom Gegenüber akzeptiert werden. Das wird sie nicht, wenn sie ihre Zielgruppe belügt. PR arbeitet trotz aller Marktrelevanz nicht zuallererst absatzorientiert, sondern basiert auf einem ethischen Funktionskonzept mit drei Aspekten. Zunächst übernimmt sie eine Anwaltsfunktion für bestimmte Interessen in einer pluralistischen Gesellschaft. Sie hat also die Aufgabe, zum Beispiel den kirchlichen Beitrag zur Arbeitsmarktpolitik einer Landesregierung in die gesellschaftliche Diskussion einzubringen. Sodann ist sie im Umkehrschluss auch eine Art Gewissen für ihren Auftraggeber selbst – wenn also in externen Zielgruppen oder in bestimmten gesellschaftlichen Kreisen Kritik gegenüber einer bestimmten Aussage oder Handlung aufscheint, wird die PR dies ihrem Auftraggeber als Problemanzeige vorweisen. Schliesslich ist die PR eine «gesellschaftsorientierte, konfliktreduzierende und integrationsbewirkende Form institutionalisierter Kommunikation»[11]. Eine Umfrage unter Vertretern der PR-Branche in Deutschland unterstreicht, dass sich die PR auch im Selbstverständnis von der Werbung unterscheidet.[12] 68 Prozent der Befragten drücken ihr Berufsverständnis so aus, dass sie Vertrauen zwischen Organisationen bzw. Unternehmen und der Öffentlichkeit schaffen. 31 Prozent meinen, sie schafften Transparenz im gesellschaftlichen Zusammenleben der verschiedenen Interessengruppen. 22 Prozent antworteten, sie sorgten für den Absatz von Waren und Dienstleistungen. Jedoch noch einmal: PR ist ein Funktionsfeld, das für einen klar definierten Auftraggeber handelt, nicht für das Funktionieren der gesamten Gesellschaft. Entsprechend sehen dieses Ziel nur 7 Prozent der Befragten.

---

[11] Fröhlich, Zur Problematik [Anm. 2], 616.
[12] Martina Becher, Moral in der PR? Eine empirische Studie zu ethischen Problemen im Berufsfeld Öffentlichkeitsarbeit, Berlin 1996.

Diese Grundtendenz belegt auch das Ergebnis einer weiteren Frage: Offenheit, Dialogbereitschaft und Verständlichkeit bilden für die Befragten die wichtigsten Normen und Werte für die tägliche PR-Arbeit.[13] Wahrheit und Objektivität bzw. Aufrichtigkeit und Ehrlichkeit folgen.[14] Als weniger relevant wird das Offenlegen der eigenen Interessen betrachtet – PR ist eben eine Form persuasiver Kommunikation.[15]

4. PR-Erfolgsmessung

PR ist keine Werbung. Das macht sie authentischer. Da sie weniger greifbar ist, fällt jedoch auch ihre Evaluation schwerer. Eine Überprüfung des Erfolges von PR-Massnahmen ist jedoch aus verschiedener Sicht wichtig. Dabei spielt die Selbstlegitimation eine nicht unwichtige Rolle, allein schon aus dem genannten Grund der teils schwierigen Greifbarkeit. Unternehmen, Verbände und auch kirchliche Einrichtungen tendieren dazu, in Zeiten schlanker Budgets eine oberflächliche Zweckbewertung der verschiedenen Abteilungen und Aufgabengebiete vorzunehmen. Selbstverständlich ist es auf den ersten Blick erfolgreicher, ein wichtiges Verhandlungsergebnis zu erzielen oder einem Gremium zu einer erfolgreich abgeschlossenen Studienphase zu gratulieren. Ohne eine funktionierende Öffentlichkeitsarbeit jedoch wird dies von praktisch niemandem wahrgenommen – abgesehen von einem zumeist recht überschaubaren Kreis intern Informierter. Die spezifische Ausrichtung auf bestimmte Zielgruppen aus einer bestimmten Absenderkommunikation ist ein zentrales Vermittlungselement, das nur aus der eigenen Einrichtung heraus sinnvoll funktionieren kann. Jeglicher als dritter Herangezogene bringt auch eigene Interessen mit.

Zuallererst sollte es bei jeder PR-Evaluation jedoch schlicht um eine Wirkungskontrolle der geleisteten Arbeit gehen. Die Notwendigkeit dazu ergibt sich schon aus der Natur der Sache: PR arbeitet mit konkreten

---

[13]   Gesamthaft erhielten diese drei Normen und Werte auf einer Skala von 1 = sehr stark beachten bis 3 = beachten den Wert 1,2.

[14]   Auf in Fn. 12 genannter Skala erhielten Wahrheit und Objektivität 1,4, Aufrichtigkeit und Ehrlichkeit 1,5.

[15]   Auf in Fn. 12 genannter Skala erhielt das Offenlegen von Interessen den Wert 2,3.

Zielvorstellungen, die es in ihrer Durchsetzung zu überprüfen gilt. Nur so können PR-Prozesse optimiert werden.

Die PR-Evaluation kann auf verschiedene Weise geschehen. Betreffend die zu überprüfenden Ebenen hat die Deutsche Public Relations Gesellschaft eine tragfähige Empfehlung an ihre Mitglieder herausgegeben.[16] Vier Fragen stehen demnach im Vordergrund: Hat die geleistete Kommunikation überhaupt eine brauchbare, weil definierbare Botschaft? Wurde die Botschaft verstanden? Haben sich Einstellung und Verhalten dem Absender gegenüber geändert? Und hat die Botschaft einen loyalitätssteigernden Effekt? Diese kritische Überprüfung gilt sicherlich auch für kirchliche Kreise, da sie über ein teils eigenständiges Vokabular mit bestimmten Wortbedeutungen verfügen. Das geht von Grundlagenfragen wie der Tatsache, dass die meisten reformierten Kirchen über keinen Bischof verfügen, bis hin zu Spezialproblemen wie dem komplizierten Vokabular für erledigte Geschäfte kirchlicher Exekutiven: Es ist nicht immer leicht, dem Journalisten klar zu machen, warum eine Pressemitteilung über ein Geschäft informiert, der Journalist aber nicht schreiben darf, dieses sei jetzt angenommen, sondern nur, es sei dankend zur Kenntnis genommen. Die Frage muss also nicht nur lauten, ob die PR es schafft, die Inhalte des Auftraggebers nach aussen zu transportieren, sondern auch, ob es gelingt, diese für die Zielgruppe verständlich zu formulieren. Dies ist eine Gratwanderung der Zumutungen in beide Richtungen.

Was heisst dies nun für das Beispiel der Medien- und Pressearbeit einer kirchlichen Einrichtung? Grundsätzlich beschränkt sich die Evaluation hier natürlich auf die veröffentlichte Meinung, die nicht immer mit der öffentlichen Meinung deckungsgleich ist. Strenggenommen sagt die Evaluation der Pressearbeit also nur etwas über die Effekte der Öffentlichkeitsarbeit bei der Zielgruppe der Journalisten. Da der veröffentlichten Meinung jedoch landläufig ein hoher Einfluss auf die öffentliche Meinung zugesprochen wird, ist die Überprüfung eines «Erfolges» der Pressearbeit ein wichtiger Bereich innerhalb der PR-Evaluation. Quantitativ wird dies zumeist in Form von Clippings, also dem Zählen von Abdruckergebnissen nach bestimmten Stichworten, überprüft. Qualitativ

---

[16] DPRG e.V., PR-Evaluation. Messen – Analysieren – Bewerten. Empfehlungen für PR-Praktiker, Bonn 2000.

steht mit der Medienresonanzanalyse ein wissenschaftlich ausgefeiltes Instrument zur Überprüfung der inhaltlichen Reichweite und Durchsetzungskraft einer Botschaft innerhalb bestimmter Zielgruppen zur Verfügung. Aufgrund des Umfanges werden diese Analysen jedoch zumeist durch externe Unternehmen durchgeführt.

5. Schluss

Öffentlichkeitsarbeit versucht auf dem Wege von Recherche und Mitteilung, Kenntnisse über das Kommunikationsobjekt – das Unternehmen, den Verband – zu vermitteln und Akzeptanz oder Toleranz für bestimmte Einstellungen und Handlungen zu gewinnen. Sie ist keine Werbung, schon gar keine Propaganda. Öffentlichkeitsarbeit soll beobachten, informieren, kommunizieren und überzeugen. Sie soll thematisieren, Konflikte reduzieren und integrieren – und dabei noch quantitativ wie qualitativ bewertbar sein. PR schafft Vertrauen zwischen dem Auftraggeber und der Öffentlichkeit. Ein solch umfassender Auftrag erfordert nicht nur spezialisierte Mitarbeiter, sondern vor allem auch ein entsprechendes Bewusstsein innerhalb eines Unternehmens, eines Verbandes oder einer Kirche. PR ist Option, allerdings nur betriebswirtschaftlich. Zusammenfassend: *Öffentlichkeitsarbeit ist gut. Ohne sie können die Kirchen nicht überleben. Sie müssen sich dessen aber immer wieder bewusst werden.*

Lehrstück für den demokratischen Dialog

Geschichte und Perspektiven des Open Forum Davos

Hella Hoppe und André Schneider

> «Das Open Forum ist ein Lehrstück für den demokratischen Dialog, welcher die schweizerische Kultur prägt. Ein derart offener Dialog so nah an der Bevölkerung ist für manche Politiker und Wirtschaftsvertreter aus dem Ausland etwas Ungewohntes. [...] Grosses Interesse findet das Open Forum auch bei jungen Erwachsenen. Die Diskussionen können dazu ermutigen, mitzudenken und mitzureden und sie sind vielleicht ein Beitrag, welcher der Entpolitisierung junger Menschen etwas entgegensetzen kann.»

> Thomas Wipf, Präsident des Rates SEK[1]

1. Stärkung der Demokratie

Viele Herausforderungen unserer Zeit – seien sie globaler, regionaler oder branchenspezifischer Natur – können nicht mehr durch die nationale Politik allein gelöst werden. Wie die jüngsten Finanzkrisen in aller Schärfe zeigen, fordern insbesondere beschleunigte ökonomische Prozesse mit globaler Reichweite die Nationalstaaten mit ihren häufig territorial begrenzten Handlungsspielräumen heraus. Angesichts der vielschichtigen, globalisierten und vernetzten Welt bedarf es einer zunehmenden Verstärkung der internationalen Kooperation, in die alle relevanten Akteure aus Politik, Wirtschaft und Gesellschaft eingebunden sind.[2]

---

[1]   Thomas Wipf, ‹Verantwortung lässt sich nicht delegieren›, in: Bulletin SEK 1/2009, 6.

[2]   Vgl. André Schneider, Das World Economic Forum und die Verbesserung der Weltlage, in: Torsten Oltmann/Michael Kleinaltenkamp/Michael Ehret (Hg.), Kommunikation und Krise. Wie Entscheider die Wirklichkeit definieren, Genf 2009, 109–124

Komplementär zu den demokratisch legitimierten politischen Akteuren und global agierenden Unternehmen liegt die besondere Aufgabe der Zivilgesellschaft und den Religionsgemeinschaften darin, politische und ökonomische Entscheidungsprozesse öffentlich und transparent zu machen und weltanschauliche und ethische Überzeugungen aktiv einzubringen.[3] Sie sind als «Warner und Mahner» zu verstehen und als «Kritiker, welche Probleme ins Bewusstsein der breiten Öffentlichkeit bringen».[4] Sie stärken damit die demokratischen Beteiligungsmöglichkeiten der Bürgerinnen und Bürger.[5]

In diesem Sinne leistet das Open Forum Davos, das jährlich gemeinsam vom Schweizerischen Evangelischem Kirchenbund (SEK) und dem World Economic Forum organisiert wird und parallel zum Jahrestreffen des World Economic Forum stattfindet, einen weit über die Schweiz hinausgehenden Beitrag.

2. Gründung in spannungsreichen Zeiten

Entstanden ist das Open Forum Davos im Frühsommer 2002, als Thomas Wipf zu einer Zusammenkunft von *religious leaders* aus allen Weltreligionen am Hauptsitz des World Economic Forums in Cologny bei Genf eingeladen war. Für den Präsidenten des Rates SEK war bald klar, dass «für eine evangelische und reformierte Kirche die Mitbeteiligung der Menschen im Mittelpunkt stehen muss».[6] In diesem Sinne wurde das Open Forum Davos gegründet. Es fand 2003 erstmals statt.

Die Entstehung des Open Forum Davos fällt in spannungsreiche Zeiten. Nachdem das World Economic Forum seit seiner Gründung im Jahr 1971 und über Jahrzehnte unbehelligt von der Öffentlichkeit auf höchster Ebene stattfinden konnte, änderte sich dies abrupt zur Jahrtau-

---

(114ff., 124); SEK (Hella Hoppe/Otto Schäfer), Gerechtes Wirtschaften und Faires Spiel. Die jüngsten Finanzkrisen aus evangelischer Sicht, Bern 2010 (im Erscheinen).

[3]   Vgl. Wipf, Verantwortung [Anm. 1], 6.

[4]   Klaus Schwab, Editorial. Unser Weg: Der kritische Dialog, in: World Economic Forum Newsletter, April 2002, 2.

[5]   Vgl. Deutscher Bundestag, Globalisierung der Weltwirtschaft – Herausforderungen und Antworten, Berlin 2002, 445.

[6]   Wipf, Verantwortung [Anm. 1], 6.

sendwende. Ende der 1990er Jahre geriet das World Economic Forum in den Fokus der teilweise gewalttätigen sogenannten Globalisierungsgegner. 2002 erfuhr die Eskalation ihren Höhepunkt. Als Geste der Solidarität nach den Terroranschlägen wurde das Jahrestreffen 2002 kurzzeitig nach New York verlegt und fand erst 2003 wieder in Davos statt.[7] Angesichts dieser Konflikte war es das Anliegen des Open Forum, ein deutliches Zeichen gegen Gewalt und Konfrontation und für die Macht der Argumente zu setzen. In der Medienmitteilung zur Gründung des Open Forum wenden sich die Ko-Organisatoren deshalb auch explizit gegen die «Bunkermentalität frühere[r] Jahre in Davos», zu deren Überwindung das Open Forum einen Beitrag leisten wolle.[8]

Die Auseinandersetzungen um das Jahrestreffen des World Economic Forum gingen in den folgenden Jahren sukzessive zurück. Gleichzeitig meldeten sich in den ersten Jahren des Open Forum Davos kirchliche Stimmen, die dessen Legitimität in Frage stellten. Es wurde argumentiert, dass der Dialog mit Unternehmen und Konzernen, die in Entwicklungs- und Schwellenländern Menschenrechtsverletzungen und Umweltzerstörung zuliessen bzw. verursachten, nicht zu rechtfertigen sei. Auch wurde kritisiert, die Diskussionen des Open Forum seien zu unverbindlich. In Reaktion auf diese Kritik hat der SEK stets hervorgehoben, dass das Open Forum Raum biete, um kontroverse Positionen friedlich auszutragen. Der SEK betonte dabei auch seine Doppelstrategie, in der zum einen die Suche nach Alternativen zu bestehenden Globalisierungs- und Wirtschaftsstrukturen unterstützt wird, und zum anderen der Dialog mit politischen und wirtschaftlichen Entscheidungsträgerinnen und -trägern intensiviert wird, um reformorientierte Schritte zu ermöglichen. In diesem Sinne erklärte Thomas Wipf an einer Medienkonferenz im Vorfeld des dritten Open Forum 2005: «Als Kirche verfolgen wir mit dem Open Forum Davos mehrere Ziele: Wir wollen den kritischen Dialog fördern und die Schattenseiten der Globalisierung zur Sprache bringen. Wir wol-

---

[7]   Vgl. Franz Egle, ‹Wipe out WEF!› – oder doch nicht? Die Kontroverse um das World Economic Forum 1998–2005 von sozialem Wandel und neuem Strukturwandel der Öffentlichkeit, Bern 2009, 3.

[8]   Vgl. Communiqué. Organisationen der Zivilgesellschaft führen öffentliche, kritische Veranstaltungen durch, Davos 2003; Egle, Wipe out [Anm. 7], 147.

len hier in der Schweiz einen Beitrag leisten zur Bewusstseinsbildung für die Probleme unserer Zeit.»[9]

3. Am Puls der Zeit

«Themen und Redner sind das grosse Potential des Open Forum»[10] – so fasste es Urs Leuthard vom Schweizer Fernsehen und langjähriger Moderator beim Open Forum zusammen. Die Themensuche fordert dabei die Organisatoren des Open Forum jedes Jahr aufs Neue heraus. Im Konsensverfahren werden Panelthemen ausgesucht, die als besonders aktuell, kontrovers und für die Zukunft bedeutsam erachtet werden. Einige Themen wie beispielsweise Spitzensaläre haben dabei die gesellschaftpolitische Aktualität ein Stück weit vorwegnehmen können. Gleichzeitig sind für das Open Forum aufgrund der zeitlichen Parallele zum Jahrestreffen des World Economic Forum hochkarätige Panelisten verfügbar wie sonst kaum für öffentliche Veranstaltungen. Grundsätzlich werden die Podien mit Teilnehmenden des Jahrestreffens als auch mit eigens zum Open Forum anreisenden Fachpersonen besetzt.

Diese Mischung aus Themen am Puls der Zeit und hochkarätigen Podiumsteilnehmenden führt zu einem grossen öffentlichen Interesse an den Veranstaltungen. Die Zuschauerzahlen beim dreitägigen Open Forum liegen jährlich bei deutlich über 2000 Personen. Da die meisten Veranstaltungen des Open Forum vom Schweizer Fernsehen SF DRS auf dem Kanal SF Info live oder zeitverschoben übertragen werden, kommen noch Fernsehzuschauer hinzu. Im Jahr 2005 waren es insgesamt über 40 000 Zuschauerinnen und Zuschauer. Auch im Internet werden die Podiumsdiskussionen übertragen. Sie sind als Webcasts archiviert und somit dauerhaft verfügbar.[11] Die Seite des Open Forum im Internet wurde beim World Economic Forum im Januar 2005 knapp 23 000 Mal besucht. In der Zwischenzeit hat sich das Open Forum weiter etabliert, sodass die Zahlen nach oben zu korrigieren sind.

---

[9]   Thomas Wipf zitiert nach: Communiqué Wann ist wirtschaftliches Handeln ethisch?, Davos 2005.

[10]   Urs Leuthard zitiert nach: Hella Hoppe, Streben nach Kontroverse, in: Bulletin SEK 1/2009, 7.

[11]   www.openforumdavos.ch.

4. Thematische Nachhaltigkeit

4.1 Gesundheit, Klimaschutz und Bildung: Antworten auf globale Probleme

Viele Themen des Open Forum reflektieren die laufenden Tätigkeiten der Trägerorganisationen. So unterstützt das World Economic Forum mit verschiedenen Arbeitsgruppen und Initiativen die Erarbeitung von Lösungen für ausgewählte globale Probleme. Dazu gehören unter anderem die *Global Health Initiative*, die *Global Education Initiative*[12] und die Arbeit der *Low-Carbon Prosperity Task Force*. Die *Global Health Initiative* wurde 2002 in Davos vom damaligen UNO-Generalsekretär Kofi Annan gegründet und motiviert Public-Private Partnerschaften, welche die Krankheiten HIV/Aids, Tuberkulose und Malaria bekämpfen und das Gesundheitswesen stärken. Erste Erfolge konnten in Indien, China und Afrika südlich der Sahara erreicht werden. Die *Global Education Initiative* wurde ein Jahr später ins Leben gerufen und zielt darauf, die Bildungskonzepte und die Vermittlung von Bildung für die Bürgerinnen und Bürger zu verbessern, den Einsatz von Informations- und Kommunikationstechnologien über Public-Private Partnerschaften zu stärken sowie ein Klima von Engagement und Corporate Citizenship auf nationaler Ebene zu schaffen.[13] Auch beim Open Forum Davos sind die Themen Bildung und Gesundheit regelmässig Gegenstand von entwicklungspolitischen Diskussionen, zum Beispiel, wenn es in den Debatten um das Erreichen der Millenniumsentwicklungsziele der Vereinten Nationen geht.[14]

2009 wurde im Rahmen des klimapolitischen Engagements des World Economic Forums und auf Initiative des damaligen Premierministers Gordon Brown die *Low-Carbon Prosperity Task Force* gegründet. Diese bündelt über achtzig global agierende Unternehmen und über vierzig

---

[12] Vgl. Schneider, Das World Economic Forum [Anm. 2], 109–124.

[13] Vgl. a.a.O., 121ff.

[14] Die Vertreter von 189 Staaten einigten sich im September 2000 in New York auf die Millenniumerklärung. Sie bekannten sich zu einem Katalog grundsätzlicher, verpflichtender Zielsetzungen: Bekämpfung von extremer Armut und Hunger; Primarschulbildung für alle; Gleichstellung der Geschlechter; Senkung der Kindersterblichkeit; Gesundheitsversorgung der Mütter; Bekämpfung von HIV/Aids, Malaria etc.; ökologische Nachhaltigkeit und Aufbau einer globalen Partnerschaft für Entwicklung.

Expertinnen und Experten sowie Nichtregierungsorganisationen. Die Task Force hat konkrete Empfehlungen erarbeitet, wie über Public-Private Partnerschaften CO_2-armes Wachstum in Schlüsselbranchen erzielt werden kann.

Energie und Klima stehen auch beim Open Forum regelmässig in Mittelpunkt. So wurde 2009 «Klimagerechtigkeit» und das Ungleichgewicht diskutiert, dass mehr als drei Viertel des weltweiten CO_2-Ausstosses, der für den Treibhauseffekt verantwortlich ist, von der EU, den USA, China, Russland, Indien und Japan verursacht werden. Hingegen sind die neunundvierzig am wenigsten entwickelten Länder für lediglich ein Prozent der globalen Emissionen verantwortlich. Dabei leiden die Ärmsten der Welt am meisten unter dem durch den Treibhauseffekt verursachten Klimawandel. Es wurden Kompensationen und Hilfestellungen bei der Bewältigung der Folgen des Klimawandels diskutiert, die zur Entwicklung der ärmeren Länder beitragen können, und Handlungsspielräume erörtert, die auf internationaler Ebene bestehen, um die gefährdetsten Bevölkerungen zu schützen und CO_2-Emissionen ausreichend zu reduzieren.[15]

4.2 Gegen eine Kultur des Verdachts

Auch der SEK stellt Themen, mit denen er sich intensiv beschäftigt, beim Open Forum Davos zur Diskussion. So positioniert sich der SEK zu Fragen der Integration und der Integrationspolitik mit deutlicher Stimme. Im Panel «Die multikulturelle Gesellschaft: Eine Illusion?» des Open Forum 2007 prägte Thomas Wipf die Aussage, dass es keine Kultur des Verdachts geben dürfe. Im Schlagabtausch mit der SVP machte Wipf deutlich, dass es «in der Schweiz keinen Zusammenprall der Religionen und Kulturen» gebe. Vielmehr beobachte er, dass der Grossteil der Schweizerinnen und Schweizer und der hinzugekommenen (jetzt noch) Ausländerinnen und Ausländer besonnen und vernünftig mit dieser Herausforderung umgingen. Es bestünde «eine grosse Verantwortung bei den politischen Kreisen, die das Problem immer schon defizitär sehen»,

---

[15] Auch der SEK positioniert sich zu klima- und energiepolitischen Fragen, u. a. erschien 2007 die Studie «Energieethik. Unterwegs in ein neues Energiezeitalter». Vgl. SEK (Otto Schäfer), Energieethik. Unterwegs in ein neues Energiezeitalter. Nachhaltige Perspektiven nach dem Ende des Erdöls, Bern 2007.

und die Notwendigkeit einer Umkehr dieses Denkens. «Wenn man [...] politisch von Anfang an mit dem Verdachtsargument [argumentiert], diejenigen Extreme sozusagen zur Norm erklärt, dann wird es sehr schwierig. Denn eines ist klar, dieses Phänomen des Fanatismus gibt es in allen Religionen, allen Ideologien übrigens auch.» Auch in der christlichen Religion sei «unendlich viel an Versöhnen und Frieden» geschehen, aber gleichzeitig «das andere auch, nämlich das Potenzial des Brandstiftens, des Ausgrenzens, weil [...] Religion mit den tiefsten Fragen des Menschseins – woher, wozu, wohin – zu tun hat.» Deshalb sei es so wichtig, «nicht die Kultur des Verdachts – da ist ein potenzieller Extremist –» zu pflegen, sondern daran «an[zu]knüpfen, was [wir] haben [...] als Gemeinsames, in Gemeinsamkeit und Differenz.» Und Wipf ergänzte: «Es gibt bleibende Differenzen zwischen unseren Religionen, das ist gar keine Frage [...]. Aber nicht so, dass dieser Wahrheitsanspruch jetzt auch für andere gelten soll. Das finde ich so gefährlich: diese ‹Kultur des Verdachts› gegen den anderen statt die positive Ergänzung und das gemeinsame Gestalten, die Bereicherung.»[16] Um dieser Kultur des Verdachts entgegenzuwirken und das respektvolle Miteinander verschiedener Religionen in der Schweiz zu fördern, wurde auf Initiative von Thomas Wipf im Mai 2006 auch der Schweizerische Rat der Religionen (SCR) gegründet. Es ist dabei das erklärte Ziel des Rates der Religionen, «einen Beitrag zum Erhalt des religiösen Friedens in der Schweiz zu leisten, Verständigung und Vertrauensbildung zwischen den Verantwortlichen der Religionsgemeinschaften zu fördern». Der Rat setzt sich aus den leitenden Persönlichkeiten der drei Landeskirchen, der jüdischen Gemeinschaft und islamischer Organisationen zusammen, die von ihren jeweiligen Leitungsgremien mandatiert wurden. Erster Präsident des Rates ist Thomas Wipf.[17]

---

[16] Vgl. hierzu den webcast des Podiums unter www.openforumdavos.ch: http://www.openforumdavos.ch/archiv-2003-2009/archiv-2007/ (Transkript).

[17] www.sek-feps.ch.

4.3 Das Sterben leben

Der SEK setzt sich seit Jahren intensiv mit Fragen der Sterbebegleitung (Palliative Care), Sterbehilfe und Suizidbeihilfe auseinander.[18] 2009 wurde das Thema beim Open Forum Davos im Podium «Selbstbestimmt leben – und sterben?» kontrovers diskutiert.[19] Hier und bei einer Anhörung der Kommission für Rechtsfragen des Nationalrates brachte Thomas Wipf drei grundlegende Prinzipien zueinander in Beziehung. Erstens sei das Prinzip des Lebensschutzes zu betonen, welches in der jüdisch-christlichen Tradition tief verwurzelt ist. Zweitens bestehe das Autonomieprinzip, welches «das Recht, aber auch die Pflicht des Individuums zu einem selbstverantwortlichen Leben» beinhalte.[20] Schliesslich richte sich, drittens, das Solidaritäts- und Fürsorgeprinzip auf die Bedingungen, «unter denen Menschen ihre Autonomie wahrnehmen und leben können.»[21] In einer Situation, in der ein Mensch krank und elend wird und an Schmerzen leidet, betonte Thomas Wipf beim Open Forum, «brauchen wir die Sicherheit […], dass diese Phase des Lebens begleitet ist.» Man spreche daher von Palliative Care, abgeleitet von palliare, was lindern bedeute. «Pallium ist der Mantel, der schützende Mantel. […] Das ist ganz entscheidend, dass wir die Sicherheit haben, wir dürfen einmal sterben. […] Grundlegend ist nun, dass die drei Prinzipien in jeder anstehenden Ent-

---

[18]   Der SEK beteiligte sich 2006 an der Vernehmlassung zu den Richtlinien der Schweizerischen Akademie der Medizinischen Wissenschaften (SEK, Palliative Care. Medizinisch-ethische Richtlinien und Empfehlungen, Bern 2006). 2007 wurde die SEK Publikation ‹Das Sterben leben› publiziert (SEK [Frank Mathwig], Das Sterben leben. Entscheidungen am Lebensende aus evangelischer Perspektive, Bern 2007). Im April 2008 positionierte Thomas Wipf den SEK bei einer Anhörung der Kommission für Rechtsfragen des Nationalrates. Im März 2010 hat der SEK eine Vernehmlassungsantwort zur Änderung des Strafgesetzbuches und des Militärgesetzes betreffend die organisierte Suizidhilfe publiziert. Hier argumentiert der SEK für eine «verbindliche Regelung der organisierten Suizidhilfe», die in der «Gewährleistung einer transparenten, nachprüfbaren und sanktionierbaren Suizidhilfepraxis [besteht], die den Schutz der Würde der sterbenden Person bestmöglich garantiert.» (SEK, Perspektiven, 1).
[19]   Vgl. hierzu den webcast des Podiums http://www.openforumdavos.ch/archiv-2003-2009/archiv-2009/leben-und-sterben.html (Transkript).
[20]   Thomas Wipf, Sterbehilfe. Anhörung der Kommission für Rechtsfragen des Nationalrates. Stellungnahme des Rates des Schweizerischen Evangelischen Kirchenbundes (SEK), Bern 2008, 1.
[21]   Ebd.

scheidung gewichtet und zueinander ins Verhältnis gesetzt werden müssen. Es gibt keine kategorische Vorrangstellung des Lebensschutzes vor dem Autonomieprinzip, aber auch nicht umgekehrt. Das Gleiche gilt für das Fürsorgeprinzip.» Vielmehr werden die Prinzipien «*in der konkreten Situation* in eine Rangfolge gebracht, die nur jeweils für diesen Fall und keinesfalls prinzipiell gilt».[22] Der SEK setzt sich ein für einen «flächendeckende[n] Ausbau von Palliative Care und ihre verständliche und praxisgerechte Vermittlung» als Ausdruck des christlichen Menschenbildes und als «Antwort auf die Sorgen der Menschen vor einem fremdbestimmten und langen, leidvollen Sterben».[23]

5. Lehrstück für den demokratischen Dialog

> «Thomas Wipf war ein zentraler Partner in der Gestaltung und Organisation des Open Forums, das Jahr für Jahr eine Brücke zwischen den Führungskräften der Politik, Wirtschaft, Zivilgesellschaft und der breiten Bevölkerung schlägt, indem es die negativen Folgen der Globalisierung kontradiktorisch hinterfragt.»
>
> Prof. Dr. Klaus Schwab, Gründer und Executive Chairman, World Economic Forum, 2010

Die gemeinsame Realisierung des alljährlichen Open Forum Davos stellt hohe Ansprüche an die beiden Organisatoren SEK und World Economic Forum. Offenheit, Souveränität und Überlegtheit sowie Verantwortungsbewusstsein und ausgeprägte Menschlichkeit sind dabei Qualitäten, die gerade bei heiklen Situationen wie Demonstrationen während Open Forum Veranstaltungen ihre Wirkung zeigen. Als Präsident des Rates SEK wuchs Thomas Wipf hier seit der Gründung des Open Forum eine besondere Aufgabe zu. Dank seines engagierten Einsatzes ist es gelungen, dass das Open Forum die Brücke zwischen Politik, Wirtschaft, Zivilgesellschaft und der breiten Bevölkerung schlagen konnte und über Jahre kontradiktorische Auseinandersetzungen zu wichtigen Themen der Globalisierung ermöglichte. Als öffentlicher Ort «der kritischen Auseinandersetzung über Folgen und Herausforderungen der Globalisierung»,

---

[22] A.a.O., 1f.
[23] SEK (Mathwig), Perspektiven [Anm. 18], 2.

so der Präsident des Rates SEK, konnte sich das Open Forum zu einem Lehrstück für den demokratischen Dialog entwickeln.[24]

---

[24] Wipf, Verantwortung [Anm. 1], 6.

Zwischen Minarett und Kirchturm

Der interreligiöse Dialog im Zeichen christlich-muslimischer Irritationen

Rifa'at Lenzin

«Mit Hochachtung betrachtet die Kirche auch die Muslime, die den alleinigen Gott anbeten, den lebendigen und in sich seienden, barmherzigen und allmächtigen, den Schöpfer des Himmels und der Erde, der zu den Menschen gesprochen hat. Sie mühen sich, auch seinen verborgenen Ratschlüssen mit ganzer Seele zu unterwerfen, so wie Abraham sich Gott unterworfen hat, auf den der islamische Glaube sich gerne beruft.»

Es war in der «Erklärung über das Verhältnis der Kirche zu den nichtchristlichen Religionen «Nostra aetate» des Zweiten Vatikanischen Konzils von 1962–1965, als sich die katholische Kirche erstmals offiziell und vorsichtig positiv zum Islam und den Muslimen äusserte.

Es war ein langer Weg bis zu dieser Erkenntnis, wie ein kurzer Blick auf die Geschichte zeigt: Für den Ende des 7. und Anfang des 8. Jahrhunderts lebenden Johannes von Damaskus war der Islam nichts anderes als eine illegitime christliche Sekte. Petrus Venerabilis wiederum unternahm Anfang des 12. Jahrhunderts seine Übersetzung des Qur'ans auf dem Hintergrund der geistig-militärischen Auseinandersetzung mit dem Islam und betrachtete sie als «Projekt zur Widerlegung des Islam». Und nochmals ungefähr einhundert Jahre später galt der Islam Thomas von Aquin in einem seiner Hauptwerke, *Summa contra gentiles,* als Heidentum. Dabei blieb es weitgehend.

Der Reformator Martin Luther unterschied sich in Sachen Islam nicht wesentlich von seinen katholischen Kontrahenten, wie eines seiner Kirchenlieder zeigt, in welchem Papsttum und Islam gleichermassen Teufelswerk sind:

«Erhalt uns Herr bey deinem Wort,
Und steu'r des Papsts und Türcken Mord,
die Jesum Christum, deinen Son
wollten stürzen von deinem Thron.»

Allerdings hatte Luther die Muslime nicht immer so negativ gesehen. Bevor unter dem Eindruck des Vordringens der Osmanen in Europa bis vor Wien die negative Wahrnehmung dominierte, konnte er bei den Muslimen auch positive Seiten erkennen. Ihr Verhalten erschien ihm in mancher Hinsicht vorbildlich, insbesondere was ihre religiöse Praxis hinsichtlich des Gebets oder des Fastens anging. Keinen guten Faden liess er freilich am Propheten des Islam, Muhammad. In dieser Hinsicht waren sich auch Luther und Jean Calvin einig, dem Muhammad als eines der zwei Hörner des Antichristen galt. An der zwiespältigen Haltung Luthers zeigt sich exemplarisch, wie geopolitische Ereignisse sich unmittelbar auf die individuelle Wahrnehmung auswirken, und das nicht erst seit dem 11. September 2001.

Diese grundsätzlich negative Sicht auf den Propheten des Islam änderte sich auch unter den Aufklärern nicht: Bei Voltaire gilt Muhammad nicht als Prophet, sondern als gewissenloser Machtmensch und Lüstling. In Sachen Aufklärung über den Islam ist es bei den Aufklärern also nicht so gut bestellt, wie man vielleicht erwarten würde. Oder mit den Worten Edward Saids: Die säkularisierende Tendenz der Aufklärung habe die alten religiösen Muster des Mittelalters nicht einfach abgeschafft, vielmehr wurden sie «rekonstruiert, wieder angewendet; in dem säkularen Rahmen neu verteilt».[1] Auf diesem Hintergrund wird die Sensibilität der Muslime vielleicht etwas verständlicher, wenn es um die Diffamierung des Propheten geht.

Umgekehrt galten im Islam Christen und Juden zusammen mit anderen Anhängern von monotheistischen Religionen als «Leute des Buches» (*ahl al-kitab*), die klar von den Anhängern des Polytheismus, den «Götzendienern», abgegrenzt wurden. Die qur'anischen Aussagen zu den Christen widerspiegeln die verschiedenen Phasen des Verhältnisses und der Auseinandersetzung zwischen der sich formierenden islamischen Gemeinschaft und den anderen Gruppierungen, namentlich Christen und Juden. Sie reichen von praktisch vorbehaltloser Zustimmung:

«Sagt: ‹Wir glauben an Gott/Allah und an das, was uns herabgesandt worden ist, und was zu Abraham, Ismael, Isaak, Jakob und den Stämmen (Israels) herabgesandt wurde, und was Mose und Jesus und die Propheten von ihrem Herrn erhalten

---

[1]   Edward W. Said, Orientalismus. [Orientalism, 1978] Frankfurt/M. 1981.

haben. Wir machen zwischen ihnen keinen Unterschied, und Ihm sind wir ergeben.»» (Q. 2, 136).

bis zu grundsätzlicher Differenzierung und Distanzierung:

«O ihr Gläubigen! Nehmt keine Leute ausserhalb eurer Gemeinschaft zu Freunden. Denn sie trachten danach, euch zu verderben und wünschen euren Untergang.» (Q. 3, 118).

Während europäisch-christliche Vorurteile theologischer Natur sind und gegen den Islam als Religionssystem insgesamt und insbesondere den Propheten Muhammad gerichtet sind, sind arabisch-muslimische Ressentiments gegen die westliche Welt historisch gesehen wesentlich jünger und anders gelagert: «Es sind keine antichristlichen, sondern antiwestliche Vorurteile. […] Sie zielen nicht auf die Religion des Christentums, sondern eher auf die europäische oder westliche Machtpolitik, auf die wirtschaftliche Überlegenheit und die Säkularisierung der westlichen Gesellschaft.»[2]

Dass diese theologischen Animositäten zusammen mit der «Vormarsch»-Metapher bis heute selbst in einem völlig säkularisierten Umfeld noch Grundlage der Auseinandersetzung bilden können, ist eigentlich erstaunlich, aber durchaus möglich, wie ein Blick auf die Propaganda der Befürworter eines Minarettverbots in der Schweiz zeigt.

1. Voraussetzungen für den Dialog und Umgang mit dem anderen

In Vielfalt zusammenzuleben ist sowohl im privaten wie im öffentlichen Raum anstrengend und spannungsreich. Unterschiede auszuhalten erfordert Kraft und ein grundsätzliches Wohlwollen. Dieses Wohlwollen muss die Bereitschaft beinhalten, den anderen und sein Anliegen ernst zu nehmen und zu respektieren. Leicht schleicht sich Frustration ein, oder die Vielfalt löst Ängste und Unsicherheit aus. Es ist deshalb wichtig, solche Gefühle wahrnehmen und wechselseitig kommunizieren zu können. Die Fähigkeit, Differenz nicht zwingend überwinden zu wollen, sondern auszuhalten, bildet einen Grundbestandteil des interreligiösen

---

2 Thomas Naumann, Feindbild Islam. Historische und theologische Gründer einer europäischen Angst – gegenwärtige Herausforderungen, in: Thorsten Gerald Schneider (Hg.), Islamfeindlichkeit, Wiesbaden 2009, 19–36.

Dialogs. Verschiedenheit wahrzunehmen und zu bejahen, ist jedoch nicht gleichbedeutend mit Verschiedenheit zu konstruieren!

Zu den Voraussetzungen für einen fruchtbaren Dialog muss gehören, dass die Dialogpartner sich darum bemühen, den anderen möglichst so zu verstehen und zu begreifen, wie dieser sich selbst versteht. Das würde für die christliche Seite in Bezug auf den Islam beispielsweise heissen, dass man versucht, den Qur'an und seinen Stellenwert im Islam so zu verstehen, wie Muslime dies tun und nicht einfach aus dem Blickwinkel des christlichen Theologen (oder auch Nichttheologen). Oft genug wird nämlich versucht, dem Qur'an das in Bezug auf die Bibel angewandte Schriftkonzept überzustülpen und alles, was diesem Konzept zuwiderläuft, als defizitär zu disqualifizieren. Bibel und Qur'an haben eine unterschiedliche Entstehungsgeschichte, einen unterschiedlichen Stellenwert und damit auch eine unterschiedliche Wirkungsgeschichte. Von Muslimen dürften die Christen ihrerseits erwarten, dass diese sich bemühen, die Trinität nicht einfach geringschätzig als Pseudo-Monotheismus abzutun, sondern christliche Überlegungen dazu und die dahinter stehende Glaubensüberzeugung zu verstehen.

Eine solche Haltung ist allerdings nur möglich, wenn man sich innerlich vom Beharren auf den Besitz der exklusiven Wahrheit distanziert und ein Hinterfragen der eigenen Position zulässt.

Ein wichtiges Spannungsfeld bildet die Frage, ob und inwieweit eigene Reflexionen und damit Wertungen über die Reflexionen der anderen im Sinne eines tabufreien Dialogs zulässig sind. Dieser Punkt ist sehr heikel, vor allem in Verbindung mit der Mehrheits-Minderheitsproblematik. Während Muslime prinzipiell mit dem Bewusstsein leben, dass ihre Sicht der Dinge relativ ist und von der Mehrheit nicht notwendigerweise geteilt wird, sind Christen und Christinnen von dieser grundsätzlichen Infragestellung durch die Tatsache, dass sie der Mehrheitsreligion angehören, nicht – zumindest aber nicht in der Weise – betroffen. Infolgedessen neigen Angehörige der Mehrheitsreligion häufig dazu, die eigenen kulturspezifischen Werte und Erfahrungen als universal gültige zu betrachten. Was den einen als legitime Religionskritik im Rahmen der Meinungsäusserungsfreiheit erscheint, empfinden die anderen rasch als Anmassung und arrogante Besserwisserei. Selbst bei grundsätzlichem Wohlwollen stösst der interreligiöse Dialog hier an seine Grenzen.

2. Sola scriptura

Ohne Offenheit und Transparenz ist kein interreligiöser Dialog möglich. Aber selbst wenn diese Prämissen erfüllt sind, sind Irritationen damit nicht ausgeschlossen. So ist die oft festgestellte Affinität des Grundsatzes der Reformation *Sola scriptura* zur Schriftzentriertheit des Islam zugleich auch eine Quelle von Irritationen. Insbesondere reformierte Theologinnen und Theologen sind stark geprägt durch die historisch-kritische Auseinandersetzung mit den biblischen Texten. Durch das Verständnis aus dem historischen Kontext heraus relativiert sich für sie eine wortwörtliche Lesart. Erkenntnisse der Wissenschaft, beispielsweise der Psychologie, engen den Bedeutungsradius der Bibel weiter ein, und in Bezug auf die menschlichen Beziehungen geniessen die Menschenrechte im Konfliktfall Vorrang gegenüber biblischen Aussagen. Mit dieser selbstkritischen Distanz zur eigenen religiösen Tradition will man eine fundamentalistische, antijudaistische oder auch geschlechterdiskriminierende Lesart der Bibel verhindern.

Von Muslimen erwartet man nun ein Gleiches in Bezug auf den Qur'an. Gläubigen Muslimen gilt der Qur'an jedoch als Wort Gottes, als Medium göttlicher Selbstmitteilung. Der Qur'an ist in seiner sprachlichen Struktur ein anderer Text als die Bibel. Er ist keine prophetische Rede im Sinne des althebräischen Genus. Er ist weder Predigt *über* Gottes Wort noch geistliche Dichtung. Der Qur'an ist seinem eigenen Konzept nach die liturgische Rezitation[3] der direkten Rede Gottes. Er ist nicht inspiriertes Reden über Gott, sondern Gottes direkte Rede.[4]

Eine historische und kritische Betrachtungsweise, welche die Entstehungsbedingungen des Offenbarungstextes als Verständnis- und Auslegungshilfe mit einbezieht, ist im islamischen Kontext schon seit Jahrhunderten üblich. Die Authentizität des Qur'ans als Wort Gottes an den Propheten Muhammad liegt für die Muslime nicht zuletzt in Inhalt, Form, Sprache und Kohärenz des Textes. Aus diesem Qur'an-Verständnis heraus gibt es keinen Widerspruch zwischen Vernunft, Glaube und Wissen. Deshalb kann für die Muslime eine Reform in religiöser oder gesellschaftspolitischer Hinsicht (welche zum Beispiel auch die Ge-

---

[3] «Koran» eigentlich «Qur'an» bedeutet wörtlich das zu Rezitierende.
[4] Navid Kermani, Gott ist schön, München 2000, 172.

schlechtergerechtigkeit berücksichtigt) nicht durch eine Relativierung des Qur'ans als solchen zustande kommen, sondern im Gegenteil nur auf der Basis des Qur'ans selbst. Diese Unantastbarkeit gilt jedoch nur für den eigentlichen Wortlaut des Qur'ans, nicht aber für dessen Interpretation, die stets durch Menschen erfolgt und daher auch der menschlichen Beschränktheit unterliegt. Gerade die Tatsache, dass der Qur'an in einem so strengen und radikalen Sinne als Gotteswort gilt, hatte für die klassische muslimische Theologie zwingend die hermeneutische Offenheit zur Folge. Die Kodifizierung und Kanonisierung des Qur'ans – allerdings noch als Konsonantentext ohne später hinzugefügte Vokal- und diakritische Zeichen – erfolgte innert zwanzig Jahren nach dem Tode Muhammads. Trotz Vokalisierung haben sich bis heute sieben kanonische Lesarten erhalten, wobei noch deren zwei von Bedeutung sind. Darin kommt nach Hartmut Bobzin «eine charakteristische Eigenschaft des Islams insgesamt zum Tragen, nämlich seine ganz erstaunliche Fähigkeit, dem Prinzip der Pluralität Rechnung zu tragen, dies aber zugleich in einer Weise einzugrenzen, dass daraus keine Tendenzen zur Spaltung entstehen. Es bleibt also das überaus bemerkenswerte Faktum zu betonen, dass der Text von Gottes geoffenbartem Wort keineswegs eindeutig fixiert ist, sondern in einem genau festgelegten Rahmen Varianten der Lesung und damit auch der Interpretation zulässt.»[5]

Der Qur'an ist im Islam das, was – sehr vereinfacht ausgedrückt – Jesus im Christentum ist: Beide sind Wort Gottes – Fleisch geworden der eine, Rede geworden der andere. Der Qur'an ist also sozusagen die «Inverbation» Gottes im Unterschied zur «Inkarnation» Jesu. Aus diesem Kontext heraus müsste klar sein, dass die Forderung von christlicher Seite nach einem historisch-kritischen Schriftverständnis analog ihrem Bibelverständnis für die Muslime inakzeptabel ist.

3. Religion im säkularen Staat

Heutigen westlichen Christinnen und Christen gilt die Religion grundsätzlich als private Angelegenheit. Dass die Kirche stets eine öffentlich-rechtliche Institution war, welcher die meisten, insbesondere auch die im

5   Hartmut Bobzin, Der Koran, München 2006, 104.

interreligiösen Dialog stehenden, Theologen und Theologinnen zudem beruflich verpflichtet sind, wird dabei oft vergessen.

Nach klassischer islamischer Auffassung umfasst die Religion alle Bereiche der menschlichen Existenz, hat also auch eine gesellschaftliche und politische Relevanz und ist nicht nur Privatsache.

Diese Auffassung bietet immer wieder Anlass zu Missverständnissen und zu Zweifeln an der Integrationsfähigkeit der Muslime in den säkularen europäischen Rechtsstaat. Man sollte aber tunlichst vermeiden, die islamischen Theorien zum Verhältnis von Religion und Staat mit der historischen Wirklichkeit zu verwechseln.[6] Denn damit wird leicht übersehen, dass im Empfinden der Muslime – insbesondere der in Europa lebenden – ihre Religion für sie ebenfalls eine private Angelegenheit ist. Probleme stellen sich da, wo die individuelle religiöse Praxis auf Widerstand in der Gesellschaft stösst. Also zum Beispiel beim Tragen eines Kopftuchs oder beim Schwimmzwang in Schulen.

Auf individueller Ebene stellt die Integration als Muslim und als Muslimin für die meisten Betroffenen in Europa kein Problem dar. Anders sieht es hingegen auf kollektiver Ebene aus. Eine muslimische Gemeinschaft muss – wie jede andere religiöse Gemeinschaft – das Recht haben, auch in der Öffentlichkeit ihre Religion zu bekennen und auszuüben. Das schliesst auch das Recht ein, entsprechende Institutionen zu gründen. Mit der säkularen Organisation des Gemeinwesens haben die hier lebenden, in ihrer grossen Mehrheit aus säkularen Staaten stammenden Muslime kein Problem, sofern dieser Staat auch ihre Rechte schützt. Wie sie diese Loyalität begründen – ob säkular oder gestützt auf religionsrechtliche Argumente –, ist allein ihre Sache.

Erkenntnisse betreffend die Entflechtung von Kirche und Staat im Gefolge der Aufklärung in Europa lassen sich nur sehr bedingt auf religiös und kulturell anders strukturierte Gesellschaften übertragen. Trotz

---

[6] Eine ähnliche Diskrepanz zwischen Rechtstheorie und historischer Wirklichkeit wie oben ausgeführt, finden wir auch in der schweizerischen Rechtsordnung. Der religiös neutrale Staat ist ein Mythos, der mitunter die Sicht auf die Realitäten versperrt. Zwar ist gemäss der Schweizerischen Bundesverfassung der Staat zu weltanschaulicher Neutralität verpflichtet, müsste also die verschiedenen Religionen gleich behandeln. In der Praxis ist es aber so, dass die öffentlich-rechtlich anerkannten Kirchen immer von Sonderregelungen profitiert haben und immer noch profitieren. Von gleich langen Spiessen für alle Religionen kann in diesem Zusammenhang keine Rede sein.

der im Westen weitverbreiteten Meinung ist die Aufklärung nicht eine
gewissermassen evolutionäre Stufe in der Entwicklung der Menschheit.
Sie ist im eigentlichen Sinn nur auf dem Hintergrund der europäischen
Geschichte verständlich. Diese Feststellung schliesst aber die Notwendigkeit zur Erneuerung auch für religiös-politisch anders strukturierte
Gesellschaften natürlich nicht aus, oder wie der indo-pakistanische Dichter und Philosoph Muhammad Iqbal es formulierte: «Ich bin, so lange
ich mich bewege.»

4. Herausforderungen im Umgang mit Vielfalt

Al Farabi, einer der grössten muslimischen Philosophen aus dem 10.
Jahrhundert schrieb in seinem Werk *Über die Staatsführung*, «dass es nur
eine Wirklichkeit gibt, dass von dieser Wirklichkeit aber viele Bilder oder
Widerspiegelungen existieren. Deshalb gibt es auch viele Religionen,
denn jedes Volk hat seine eigene Weise, die Bilder der Wirklichkeit dar-
zustellen ohne dass diese verschiedenen Weisen gleich vortrefflich sind.»
    Die Frage, ob es pluralistische Auffassungen von Wahrheit geben
kann, ohne dass Pluralismus in Relativismus abgleitet, und wie man allenfalls Ansprüche auf absolute Wahrheit und Pluralismus versöhnen
könnte, gehören heute zu den schwierigsten im *inter*religiösen und vor
allem im *intra*religiösen Dialog. Wollte man sich im islamischen Kontext
darauf einlassen, würde das wohl bedeuten, dass man den Umgang des
Qur'ans mit dem «anderen» auf diesem Hintergrund analysieren und die
aus den Quellen Qur'an und Sunna abgeleiteten Konzepte von «iman»
und «kufr» (im Deutschen meistens unzureichend mit «Glaube» und
«Unglaube» übersetzt) mithilfe des *kalam*, d. h. der theologisch-philoso-
phischen Dialektik neu zu denken versuchen müsste.
    Der pragmatische Ansatz des Qur'an mit Vielfalt im politischen Sinn,
wie er in Sura 5 Vers 48 zum Ausdruck kommt: «[…] Für jeden von
euch haben Wir eine Richtung und einen Weg festgelegt. Und wenn
Gott gewollt hätte, hätte Er euch zu einer einzigen Gemeinschaft gemacht. Doch will Er euch prüfen in dem, was Er euch hat zukommen
lassen. So eilt zu den guten Dingen um die Wette. Zu Gott werdet ihr
allesamt zurückkehren, dann wird Er euch das kundtun, worüber ihr
uneins wart» hat jedenfalls den christlichen Kirchen und anderen religiö-

sen Minderheiten in der islamischen Welt seit über 1400 Jahren trotz vielen Aufs und Abs das Überleben gesichert.

Gut ein Jahr nach den unbedachten Äusserungen von Papst Benedikt XVI. anlässlich einer Rede in Regensburg, welche in der islamischen Welt für einige Unruhe und Kopfschütteln gesorgt hatte, veröffentlichten am 13. Oktober 2007 138 muslimische Gelehrte, Theologen und Intellektuelle einen offenen Brief mit dem Titel «*A Common Word between Us and You*».

Sie legten darin nicht nur ihre Sicht bezüglich der gemeinsamen Grundlagen von Christentum und Islam dar, sondern begründeten auch die Notwendigkeit des Dialogs:

«Gemeinsamkeiten zwischen Muslimen und Christen zu finden, ist nicht nur eine Sache höflich gepflegten ökumenischen Dialogs zwischen ausgewählten religiösen Führungspersönlichkeiten. Christentum und Islam sind die beiden grössten Religionsgemeinschaften auf der Welt und in der Geschichte. Statistiken zufolge machen Christen und Muslime über ein Drittel, resp. ein Fünftel der Erdbevölkerung aus. Das heisst zusammen mehr als 55 Prozent der Weltbevölkerung, was das Verhältnis zwischen diesen beiden religiösen Gemeinschaften zum bedeutendsten Faktor in sinnvollen weltweiten Friedenstiftenden Bemühungen macht. Wenn zwischen Muslimen und Christen kein Friede herrscht, kann die Welt keinen Frieden finden. Angesichts des fürchterlichen Waffenarsenals der modernen Welt und Christen und Muslimen, die wie nie zuvor miteinander verflochten sind kann keine Seite einseitig einen Konflikt für sich entscheiden, an welchem mehr als die Hälfte der Weltbevölkerung beteiligt ist. Daher steht unsere gemeinsame Zukunft auf dem Spiel. Wenn nicht sogar das Überleben der ganzen Welt.»[7]

5. Das interreligiöse Zusammenleben in der Schweiz

Muslime in der Schweiz beklagen immer wieder die fehlende Anerkennung und die Hindernisse, die ihnen beim Aufbau einer Infrastruktur in den Weg gelegt werden. Ihr Wunsch nach Anerkennung und Sichtbarkeit

---

[7]   http://www.acommonword.com/index.php?lang=en&page=option1.

ist legitim und wird durch die Bundesverfassung ausdrücklich geschützt. Eine Gesellschaft, die sich als offen und pluralistisch versteht, muss diesem Wunsch entsprechen, wenn sie nicht ihre eigenen Werte verleugnen und aufs Spiel setzen will. Deshalb muss es in der Schweiz in absehbarer Zeit Moscheen (inklusive Minarett) und Friedhöfe geben, die als solche erkennbar sind, wie das auch in Bezug auf Synagogen und buddhistische oder Hindu-Tempel mittlerweile als selbstverständlich gilt. Hinterhofmoscheen und fehlende Repräsentativbauten sind Zeichen und Beweis zugleich für die Marginalisierung der Muslime in der Schweiz und anderswo.

Man sollte sich deshalb nicht wundern, wenn nicht nur Konvertiten sondern generell junge, in Europa aufgewachsene Muslime auf der Suche nach ihrer Identität und einem Platz in dieser Gesellschaft oft einen «reinen» Islam anstreben, ohne die als Ballast empfundenen Traditionen und kulturellen Gepflogenheiten der Elterngeneration. Der Blick zurück auf den Propheten und die «goldene Zeit des Islam» bildet eine der primären Quellen der Rechtleitung und Erkenntnis. Aber der Blick darf nicht dort stehen bleiben, sondern muss sich öffnen auf die Herausforderungen der heutigen Zeit, die nicht durch Rückgriff auf die Lebensverhältnisse in Arabien im 7. Jahrhundert bewältigt werden können.

Muslimische Denker haben den Rahmen der Offenbarung nie gesprengt (was ihnen bis heute seitens des Westens den Vorwurf fehlender «Aufklärung» eingetragen hat). Aber sie haben den Freiraum innerhalb dieses Rahmens zur Entwicklung vielfältigster Ideen und Thesen genutzt, um den Herausforderungen ihrer Zeit gerecht zu werden.

Die immer wieder gehörten Klagen über fehlende Selbstkritik der Muslime und ihre Unfähigkeit, konstruktiv mit ihrer Tradition umzugehen, mag berechtigt sein. Als Forderung an die Masse der einfachen Gläubigen gerichtet, stellt sie aber eine Überforderung dar und ist Ausdruck einer gewissen «Selbstidealisierung» (Birgit Rommelspacher): Auch ein durchschnittlicher Kirchgänger (und ein säkularer Christ erst recht) führt zwar oft (vor allem in der Diskussion mit Muslimen) das grosse Wort vom historisch-kritischen Umgang mit der Bibel im Munde, hat aber nach meiner Erfahrung in der Regel wenig Ahnung, wovon da eigentlich die Rede ist. Der Mangel an qualifizierten Fachleuten bei den Muslimen ist unbestritten. Woher aber die geforderten Intellektuellen und Vordenker kommen sollen, wenn es in Europas Universitäten keine Abteilungen für islamische Studien oder islamische «Theologie» gibt, bleibt schleierhaft. Man wird deshalb den Verdacht nicht ganz los, dass es bei dieser Debatte um vermeintliche oder tatsächliche Defizite bei den Muslimen nicht so sehr darum geht, diese möglichst rasch zu beheben, sondern vielmehr darum, sie stets von neuem wieder festzustellen.

Darüber hinaus werden derzeit Strömungen innerhalb der muslimischen Bevölkerung gezielt gefördert und als beispielhaft präsentiert, deren Bemühen ganz und gar darauf ausgerichtet ist, den Islam möglichst störungsfrei in diese Gesellschaft einzuordnen. Das gilt dann als «moderner» und «fortschrittlicher» Islam. «Diese Gruppe ist bei der Politik besonders beliebt, weil sie den Islam in der denkbar geschmeidigsten Form präsentiert und alles Anstössige aus dieser Religion eliminiert. Leider basiert diese modernistische Anpassungsleistung oft auf recht eigenwilligen Auslegungen des Korans. Noch gravierender ist das weitgehende Desinteresse vieler Modernisten an einer echten systematischen Durchdringung islamischer Theologie.»[8]

Diese Analyse des deutschen Professors für Systematische Theologie an der Universität Paderborn, Klaus von Stosch, ist durchaus zutreffend. Seiner Aufforderung an die christliche Theologie, die islamischen Denkbewegungen nicht nur apologetisch zur Kenntnis zu nehmen, sondern sich in sie hineinzudenken und sie solidarisch mit zu entwickeln und auch Muslime zu einem Mitdenken in der christlichen Theologie zu ermutigen, stehen die strukturellen Asymmetrien und eine häufig problematische Missionsvergangenheit der christlichen Kirchen stark im Wege.

---

[8]   http://de.qantara.de/webcom/show_article.php/_c-469/_nr-1234/i.html.

Im Laufe der Zeit
Vom Stand des kantonalen Religionsverfassungsrechts

René Pahud de Mortanges

1. Einleitung

Ein Projekt, welches Thomas Wipf während seiner Amtszeit als SEK-Präsident mit Mut und Weitsicht vorangetrieben hat, war die Erarbeitung eines Berichtes und eines Formulierungsvorschlags für einen Religionsartikel der Bundesverfassung.[1] Das im Jahr 2000 mit Elan begonnene Projekt erwies sich bei den anschliessenden Hearings als Sprung ins kalte Wasser. Nicht überall fand es Zustimmung und Unterstützung. Die Zeit schien für dieses Thema noch nicht reif zu sein.[2]

Umso eindrücklicher war nun die Entwicklung nach der Abstimmung über das Minarettverbot Ende November 2009: Von verschiedenen Seiten ertönte der Ruf nach einem Religions- oder Toleranzartikel, dies allenfalls als Ersatz für die unglückliche Verbotsnorm. Die EVP zog im Frühling 2010 die Lancierung einer entsprechenden Volksinitiative in Erwägung. Die Bundesbehörden signalisierten Gesprächsbereitschaft. Ob und in welcher Form der SEK das Projekt Religionsartikel nun wieder aufgreifen wird, ist eine kirchenpolitische Frage, zu der sich der Schreibende nicht äussern kann. Wohl aber darf er feststellen, dass Thomas Wipf mit jenem Projekt das richtige Gespür für kommende Entwicklungen hatte. Der damalige Entwurf zu einem neuen Religions-

---

[1]   Ueli Friederich/Roland J. Campiche/René Pahud de Mortanges/Christoph Winzeler, Bundesstaat und Religionsgemeinschaften. Überlegungen und Vorschläge für ein zeitgemässes Religionsrecht in der schweizerischen Bundesverfassung, Bern 2003 (=Beiheft 4 zum Schweizerischen Jahrbuch für Kirchenrecht).

[2]   Das Schicksal des Religionsartikels lag seit der öffentlichen Präsentation des Berichtes im Jahr 2002 nicht mehr ausschliesslich in den Händen und der Verantwortung des SEK. Eine Arbeitsgruppe der Arbeitsgemeinschaft christlicher Kirchen in der Schweiz (AGCK), die sich anschliessend mit dem Thema beschäftigte, erarbeitete bis 2009 einen Bericht.

artikel kann so möglicherweise als Ausgangspunkt für die anstehende Diskussion auf der politischen Ebene dienen.

Ob dieses Thema wieder Fahrt gewinnen wird, werden wir sehen. Nachfolgend möchte der Schreibende seinen damaligen Teilbericht zum kantonalen Recht der öffentlichrechtlichen Anerkennung[3] jedenfalls zum Ausgangspunkt für die Frage nehmen, was sich in den Jahren seither geändert hat. Der vorliegende Beitrag versteht sich daher als ein kleines *update* zum kantonalen Anerkennungsrecht: Was hat sich im Laufe der vergangenen Dekade verändert und welche Tendenzen werden sichtbar? Das ist vielleicht auch unabhängig vom Religionsartikel von Interesse.[4]

2. Kantonale Verfassungsrevisionen

Auffallend ist zunächst, dass nach der Revision der Bundesverfassung in den letzten Jahren auch mehrere kantonale Verfassungen revidiert wurden. Neue Verfassungen traten in Kraft in den Kantonen Neuenburg (2000), St. Gallen (2001), Schaffhausen (2002), Waadt (2003), Graubünden (2004) Freiburg (2004), Zürich (2005), Basel-Stadt (2005) und Luzern (2008). Für die vorbereitenden Parlamentskommissionen oder Verfassungsräte der Kantone bot die Revision die Gelegenheit, auch das geltende Religionsverfassungsrecht zur Diskussion zu stellen. Nach bundesstaatlicher Kompetenzausscheidung (Art. 72 Abs. 1 BV) sind die Kantone für die Regelung des Verhältnisses von Staat und Kirchen zuständig. Abgesehen von den «Trennungskantonen» Genf und Neuenburg[5] kennen alle Kantone eine öffentlich-rechtliche Anerkennung der evangelisch-reformierten und der römisch-katholischen Kirche. Diese

---

[3]   René Pahud de Mortanges, Zur Anerkennung und Gleichbehandlung von Religionsgemeinschaften, in: Friederich/Campiche/Pahud de Mortanges/Winzeler, Bundesstaat [Anm. 1], 49–67.

[4]   Der vorliegende Beitrag wurde Mitte Juni 2010 abgeschlossen.

[5]   Diese beiden Kantone kennen aber eine öffentliche Anerkennung (reconnaissance public, reconnaissance comme institutions d'intérêt public) der Evangelisch-reformierten, Römisch-katholischen und Christkatholischen Kirche, vgl. Christoph Winzeler, Einführung in das Religionsverfassungsrecht der Schweiz, 2. Aufl. Zürich 2009, 118ff.; René Pahud de Mortanges, Kantonale Verfassungsrevision und Religionsrecht in der Westschweiz, in: Peter Hänni (Hg.), Mensch und Staat, Festgabe für Thomas Fleiner, Freiburg/Ue. 2003, 149ff.

werden dadurch mit einer Reihe von Rechten und finanziellen Vorteilen ausgestattet, unterliegen aber im Gegenzug Organisationsvorschriften und einer gewissen staatlichen Aufsicht.

In den Beratungen zu den neuen Verfassungen prallten nicht selten unterschiedliche weltanschauliche Sichtweisen über das Verhältnis von Staat und Kirche aufeinander. Verschiedentlich wurde ein radikaler Systemwechsel zwar gefordert und diskutiert, aber dann doch nicht beschlossen, dies gelegentlich wohl auch dank effizientem politischem Lobbying der Kirchenvertreter im jeweiligen kantonalen Parlament. Als politisch mehrheitsfähig erwies sich jeweils nur eine Fortentwicklung des Religionsverfassungsrechts in kleinen, pragmatischen Schritten. Eine Trennung von Staat und Kirche, so wie sie in Freiburg zunächst nach dem Vorbild Neuenburgs vorgeschlagen wurde, aber auch eine Mandatssteuer, in Basel-Stadt[6] und in Freiburg nach italienischem Beispiel gefordert, wurden bald fallengelassen. In Zürich erlitt ein Anerkennungsgesetz, welches eine allgemeine Grundlage für die Anerkennung weiterer Religionsgemeinschaften hätte schaffen sollen[7], in einer Volksabstimmung 2003 Schiffbruch, dies u. a. aus Angst vor einer Anerkennung muslimischer Gemeinschaften. Eine neue Zürcher Vorlage entschärfte die politische Sprengkraft, indem sie wichtige Punkte wie den Kreis der öffentlich-rechtlich anerkannten Körperschaften, das Stimm- und Wahlrecht und die negative Zweckbindung eines Teils der Steuererträge abschliessend regelte.[8]

3. Tendenzen bei den anerkannten Religionsgemeinschaften

Die Zusammenschau der revidierten Verfassungen lässt Gemeinsamkeiten hinsichtlich der bereits anerkannten Kirchen erkennen:

---

[6]   Siehe Felix Hafner, Die Regelung des Verhältnisses der Kirchen und Religionsgemeinschaften zum Staat in der neuen Verfassung des Kantons Basel-Stadt, in: Schweizerisches Jahrbuch für Kirchenrecht (SJKR) 11 (2006), 143.

[7]   Vgl. Winzeler, Einführung [Anm. 5], 105.

[8]   Vgl. Martin Röhl, Das neue Zürcher Kirchengesetz von 2007, in: SJKR 12 (2007), 213.

a. Den anerkannten kirchlichen Körperschaften wurde im Sinne einer «Entflechtung» von Staat und Kirchen *mehr Autonomie* zugestanden. Die jeweils gestützt auf die neue Kantonsverfassung erlassenen Kirchengesetze gewähren vergrösserte Freiräume bei der Regelung des Organisations- und Personalrechts. Der Staat zieht sich auf eine Prüfung der Konformität mit dem staatlichen Recht und eine zurückhaltend ausgeübte Oberaufsicht zurück. Da wo dies nicht schon früher eingeführt wurde, wird den Kirchen auch eine eigene, vom kantonalen Recht unabhängige Regelung des kirchlichen Stimm- und Wahlrechts erlaubt. Dies ermöglicht auch ein Stimm- und Wahlrecht für ausländische Kirchenmitglieder, was namentlich für die römisch-katholische Kirche wichtig ist. Auch sollen religionsmündige Jugendliche ab 16 Jahren nicht bis zum Erreichen der zivilrechtlichen Mündigkeit warten müssen, um am administrativen Leben ihrer Kirche teilnehmen zu können.

b. *Reste unparitätischer Regelungen* zwischen der Römisch-katholischen und der Evangelischen-reformierten Kirche wurden *beseitigt*:

– Im Kanton Waadt war die reformierte Kirche bis zur Verfassungsrevision eine Staatskirche, die katholische Kirche hingegen ein blosser Verein; nach einem *downgrade* der einen und einem *upgrade* der anderen Kirche sind nun beide in gleicher Weise zu *institutions de droit public* geworden. Dieser Vorgang ist in den meisten Kantonen der Schweiz bereits bis in die 1970er-Jahre erfolgt. Als letzter Kanton der Schweiz hat sich damit die Waadt von staatskirchlichen Verhältnissen verabschiedet; entsprechend war in diesem Kanton der Wandel des Religionsverfassungsrechts in der letzten Dekade am grössten.

– Im Kanton Zürich werden die finanziellen Leistungen des Kantons an die Evangelisch-reformierte Landeskirche und an die Römisch-katholische Körperschaft künftig nicht mehr nach historisch gewachsenen Gesichtspunkten, sondern im Verhältnis zu den Mitgliederzahlen festgelegt.[9] Für die Evangelisch-reformierte Landeskirche bedeutet dies einen Rückgang der staatlichen Leistungen um einen Drittel, von rund 41 Mio. Franken auf 27 Mio. Franken pro Jahr,[10] die Römisch-katholische Körperschaft wird entsprechend besser gestellt. Die insgesamt vorgese-

---

[9]   A.a.O., 224f.

[10]   Martin Röhl, Neuregelung des Verhältnisses zwischen Staat und Kirchen im Kanton Zürich abgeschlossen, in: SJKR 14 (2009), 181f.

henen Beiträge in der Höhe von 50 Mio. Fr. pro Jahr für die erste Beitragsperiode sind kein festes Kostendach, auch nicht für die Zukunft.

c. Für die Kirchensteuer juristischer Personen wurde in einigen Kantonen eine *negative Zweckbindung* eingeführt: Diese Erträge dürfen nur für nichtkultische Zwecke verwendet werden. Damit soll den von Verfassungsrechtlern, Wirtschaftskreisen und Politikern vorgetragenen Bedenken gegen diese Steuer Rechnung getragen werden. In seinem jüngstem Entscheid zu dieser Frage (BGE 126 I 122) hatte das Bundesgericht zwar seine langjährige Rechtsprechung beibehalten und die Verfassungskonformität der Kirchensteuer juristischer Personen bestätigt, gleichzeitig aber darauf hingewiesen, dass es im Ermessen der Kantone liege, Änderungen vorzunehmen. In Zürich und Luzern wird die Verwendung der Kirchensteuern juristischer Personen inskünftig eingegrenzt; auch Freiburg behält sich diese Möglichkeit vor. Die Erträge dürfen von den Kirchen nicht mehr für kultische Zwecke benützt werden, sondern müssen für andere, etwa soziale und kulturelle Tätigkeiten eingesetzt werden. Davon profitieren alle Bürger, nicht bloss die Kirchenmitglieder. Die Behörden müssen nun praktisch umsetzbare Kriterien entwickeln, welche die kultischen Tätigkeiten von den nichtkultischen abgrenzen;[11] die Kirchen haben sich in dieser Frage auch eine gewisse staatliche Aufsicht gefallen zu lassen. Ob so den Gegnern dieser Steuer dauerhaft der Wind aus den Segeln genommen ist, muss sich angesichts wiederholter Initiativen in mehreren Kantonen[12] allerdings noch zeigen.

d. Die finanziellen Leistungen des Staates an die anerkannten Kirchen werden zunehmend nicht mehr mit ihrer historischen Rolle als frühere Staatskirchen oder mit historischen Rechtstiteln begründet, sondern mit ihren Leistungen im Interesse der Allgemeinheit. Gemäss § 19 Abs. 2 des Zürcher Kirchengesetzes von 2007 unterstützt der Staat die kantonalen kirchlichen Körperschaften mit Kostenbeiträgen an ihre Tätigkeiten in den Bereichen Bildung, Soziales und Kultur. Grundlage für die staatliche Förderung der anerkannten Kirchen in der Waadt ist ihre *mission au service de tous*, wobei das Gesetz folgende gesellschaftlichen Bereiche ins Visier nimmt: *vie communautaire et cultuelle, santé et solidarités, communication et dialo-*

---

[11] Am weitesten ist hier Zürich, dazu a.a.O., 180f.

[12] Vgl. für Bern zum Beispiel Jakob Frey, Wiederum Ablehnung einer Motion zwecks Abschaffung der Kirchensteuerpflicht juristischer Personen durch den Grossen Rat des Kantons Bern, in: SJKR 13 (2008), 165ff.

gue, formation et accompagnement.[13] In ähnlicher Weise anerkennen die Neuenburger Kantonsverfassung und das darauf gestützte Konkordat mit den drei anerkannten Kirchen die Tätigkeiten allgemeinen Interesses der anerkannten Kirchen, dies als Grundlage für Subventionen.[14] Solche Formulierungen lassen aufhorchen. Sie belegen einen Wandel in der politischen Begründung staatlicher finanzieller Unterstützung. Die Kirchen werden aus der Optik des Staates zu Subventionsempfängern, die – allenfalls aufgrund einer «Sozialbilanz» – für ihre sozialen und kulturellen Leistungen entschädigt werden. Ein solches Verständnis der gesellschaftlichen Bedeutung von Kirchen und anderen Religionsgemeinschaften passt sich in das Selbstverständnis des modernen Leistungs- und Sozialstaates ein. Es ist grundsätzlich religiös neutral und damit offen für eine Ausdehnung auf andere Religionsgemeinschaften (siehe sogleich 4.). Auch macht es das Unterstützungssystem politisch weniger angreifbar gegenüber der Kritik nichtreligiöser Bürger, die nicht zu Staatsleistungen an Kirchen herangezogen werden wollen: Steuern sind bekanntlich voraussetzungslos geschuldet. Aus Sicht der Kirchen ist zwar erfreulich, dass ihr diakonischer Auftrag staatliche Wertschätzung und Unterstützung findet. Aber sie wollen sich nicht nur als soziale Dienstleistungsunternehmen verstanden wissen.[15]

4. Vorsichtige Öffnung des Anerkennungsrechts

Die Tatsache, dass sich die schweizerische Gesellschaft u. a. aufgrund der Migration verstärkt hin zu religiöser Pluralität bewegt, ist in den letzten Jahren vermehrt Gegenstand der öffentlichen Diskussion geworden. Sie schlägt sich auch in manchen Gerichtsentscheidungen zur Religionsfreiheit nieder. Einen begrenzten Widerhall findet sie auch im – ver-

---

[13]   Art. 7 de la Loi sur les relations entre l'Etat et les Eglises reconnues de droit public (LREEDP) du 9 janvier 2007.

[14]   Vgl. Art. 2 du Concordat entre l'Etat de Neuchâtel et l'Eglise réformée évangélique du canton de Neuchâtel, l'Eglise catholique romaine, l'Eglise catholique chrétienne de 2001.

[15]   Christian Tappenbeck, Evangelisches Kirchenrecht, in: René Pahud de Mortanges/Petra Bleisch Bouzar/David Bollag/Christian R. Tappenbeck, Religionsrecht. Eine Einführung in das jüdische, christliche und islamische Recht, Zürich 2010, 202.

gleichsweise statischen – kantonalen Verfassungsrecht. Das kantonale Anerkennungsrecht wurde primär in Hinblick auf die *jüdischen Gemeinschaften* geöffnet. Das ist die zweite kleinere Religionsgemeinschaft, welche neben den beiden Landeskirchen einen öffentlich-rechtlichen bzw. öffentlichen Status hat. In neun Kantonen ist heute auch die Christkatholische Kirche öffentlich-rechtlich anerkannt. Diese nach dem Ersten Vatikanischen Konzil entstandene, zahlenmässig kleine Kirche verdankte im 19. Jahrhundert ihre Existenz nicht zuletzt der staatlichen Unterstützung. In Basel-Stadt, St. Gallen, Freiburg und Bern wurden seit den 1980er Jahren die örtlichen jüdischen Gemeinschaften anerkannt. Es geht hier auch um ein Stück Wiedergutmachung gegenüber einer lange Zeit diskriminierten Minderheit. Dem folgten nun Waadt und Zürich. Der gewährte Status ist dabei «massgeschneidert» auf die Möglichkeiten und Bedürfnisse der örtlichen jüdischen Gemeinschaften. In Zürich wurden die Israelitische Cultusgemeinde Zürich und die Jüdische Liberale Gemeinde nicht zu Körperschaften des öffentlichen Rechts. Sie behielten ihre bisherige Organisationsform als privatrechtliche Vereine ohne Steuerhoheit bei, können aber vom Kanton für Leistungen im Interesse der Allgemeinheit finanziell unterstützt werden.[16] In der Waadt wurde die Communauté israélite in ähnlicher Weise zur *institution d'intérêt public*.[17]

In Hinblick auf die Anerkennung *weiterer* Religionsgemeinschaften besteht hingegen erkennbar Zurückhaltung. Zwar enthält nun deutlich mehr als die Hälfte der 26 Kantonsverfassungen eine Rechtsgrundlage für die Anerkennung weiterer Religionsgemeinschaften. Neben der Waadt wurde diese Möglichkeit neu auch im Verfassungsrecht der Kantone Basel-Stadt, Luzern, Schaffhausen und Graubünden vorgesehen. Das zur Konkretisierung erforderliche Gesetzesrecht ist aber erst in wenigen Kantonen (Freiburg, Waadt, Basel-Stadt) erarbeitet worden. Dabei sind mehrere heute privatrechtlich organisierte Religionsgemeinschaften an einem öffentlich-rechtlichen oder öffentlichen[18] Status interessiert. Das

---

[16] Vgl. §§ 3 und 8 des Gesetzes über die anerkannten jüdischen Gemeinden vom 9. Juli 2007.

[17] Vgl. Loi sur la Communauté israelite de Lausanne et du Canton de Vaud (LCILV) du 9 janvier 2007.

[18] Bei der öffentlichen («kleinen») Anerkennung erhält die Gemeinschaft nur einzelne Vorrechte z. B. im Bereich des Religionsunterrichts und der Anstaltsseelsorge,

zuvor an einigen Orten erkennbare Bestreben, das Anerkennungsrecht zu öffnen, hat jedoch im Gefolge der Abstimmung über das Minarettverbot einen deutlichen Dämpfer bekommen.

5. Muslime öffentlich(-rechtlich) anerkennen?

Seitens verschiedener Verbände von Muslimen besteht ein verständlicher Wunsch nach öffentlich-rechtlicher oder öffentlicher Anerkennung.[19] Die Muslime streben diesen Status an als Zeichen der Akzeptanz durch die nichtmuslimische Bevölkerungsmehrheit, zudem auch wegen der damit verbundenen rechtlichen, administrativen und finanziellen Vorteile. Dieser Wunsch stösst allerdings auf mehrere Hindernisse.

Hingewiesen wird in der Diskussion auf die mangelnden organisatorischen Voraussetzungen der muslimischen Religionsgemeinschaften. Sie sind vor Ort meistens in sprachlich, national und ethnisch verschiedenen Vereinen organisiert. Die Vereinsmitglieder im Rechtssinne stellen meistens nur einen kleinen Teil der faktisch an den Aktivitäten des Vereins teilnehmenden Muslime dar. Kantonale Zusammenschlüsse sind wiederum nur Zweckzusammenschlüsse der Vereine, bilden also nicht Körperschaften, die alle Muslime im Kanton umfassen. Eine öffentlich-rechtliche Anerkennung, welche aber genau das voraussetzt, wird damit organisatorisch kaum machbar. In den Vordergrund rückt daher die «kleine» Anerkennung. Hier taucht aber ein weiteres Hindernis auf: Wenn eine Religionsgemeinschaft öffentlich-rechtlich oder öffentlich anerkannt wird, bringt der Staat auch deren gesellschaftliche Akzeptanz zum Ausdruck. Die katholischen Minderheiten in den vormals reformierten Kantonen wurden, vereinfacht gesagt, in jenem Moment anerkannt,[20] als ihre gesellschaftliche Integration zum Faktum geworden war. Dasselbe war

---

andere, namentlich die Steuerhoheit, hingegen nicht. Die Gemeinschaft wird auch nicht zur Körperschaft des öffentlichen Rechts und unterliegt keinen oder verminderten Organisationsvorschriften.

[19] Vgl. zum Beispiel Neue Luzerner Zeitung vom 11.9.2009, 23 («Kanton Luzern. Muslime wollen neuen Status») und vom 22.9.2009 («Zuger Religionsgemeinschaften. Muslime schielen nach Luzern»).

[20] Vgl. Dieter Kraus, Schweizerisches Staatskirchenrecht, Tübingen 1992, 62ff., 157ff.

der Fall bei den jüdischen Gemeinschaften.[21] Mit dem «Gütesiegel» der staatlichen Anerkennung wurde der abgeschlossene Integrationsprozess quasi dokumentiert. Die Erklärung der Anerkennung durch den Staat kann also sinnlogisch erst dann erfolgen, wenn die betreffende Religionsgemeinschaft nach der Meinung des politischen Entscheidungsgremiums als gesellschaftlich integriert gilt. Bezogen auf die Muslime bedeutet dies, dass sie (erst) dann vom Staat anerkannt werden können, wenn dieser davon ausgeht, dass sie gesellschaftlich integriert sind.

Mit der Abstimmung über die Minarettinitiative hat die Bevölkerungsmehrheit nun freilich deutlich zum Ausdruck gebracht, dass sie die Muslime gegenwärtig als nicht integriert betrachtet. Darüber können die staatlichen Behörden nicht hinwegsehen, auch wenn in dieser Frage Fremd- und Selbstwahrnehmung wohl nicht unerheblich auseinandergehen: Anders als die Bevölkerungsmehrheit erachten viele Muslime sich selbst als gut integriert. Die Soziologie als dritte Stimme weist darauf hin, dass die Frage, ob jemand integriert ist, von mehreren Faktoren abhängt und es mit einem simplen Ja oder Nein nicht getan ist.[22] Aber es ist nicht die Wissenschaft und es sind auch nicht die Muslime selbst, die über die Anerkennung entscheiden, sondern, je nach kantonalem Anerkennungsrecht, das Parlament oder die Gesamtbevölkerung.

Für die Muslime besteht damit eine *double-bind-situation*: Einzelne Teilwirkungen der Anerkennung würden möglicherweise ihre gesellschaftliche Integration fördern, werden ihnen aber wegen (vermuteter) mangelnder Integration vorenthalten. Zu denken ist hier etwa an den konfessionellen Religionsunterricht in der Schule oder an die Seelsorge in Anstalten, Privilegien die oft mit der Anerkennung verbunden werden. Diese Verknüpfung ist allerdings nicht zwingend. Je nach Rechtslage im betreffenden Kanton können die Muslime in diesen Bereichen auch ohne Anerkennung mitberücksichtigt werden. So gibt es in den Gemeinden Ebikon und Kriens im Kanton Luzern bereits seit 2002 einen konfessionellen muslimischen Religionsunterricht. Und in manchen Straf-

---

[21] Dazu Pascal Krauthammer, Die rechtliche und gesellschaftliche Stellung der Juden in der Schweiz, in: Jüdische Lebenswelt Schweiz. 100 Jahre Schweizerischer Israelitischer Gemeindebund, Zürich 2004, 101ff.

[22] Siehe dazu: Jörg Stolz, Religion und Integration aus der Perspektive der erklärenden Soziologie, in: René Pahud de Mortanges (Hg.), Religion und Integration aus der Sicht des Rechts, Zürich 2010, 39–80.

vollzugsanstalten kommen oft auch muslimische Seelsorger zum Einsatz. Was mit Goodwill von allen Betroffenen möglich ist, zeigen auch die Gräberabteilungen für muslimische Verstorbene, welche in den letzten Jahren auf den öffentlichen Friedhöfen von neun schweizerischen Städten errichtet wurden. Muslime haben eine Reihe von Regeln, die für ihren Bestattungsritus von Bedeutung sind. Dazu gehören u. a. die ewige Grabesruhe und die Ausrichtung des Grabes nach Mekka. Auf den öffentlichen Abteilungen der kommunalen Friedhöfe besteht indessen ein «Gräberturnus» (die Grabfelder werden nach 20 oder 25 Jahren wiederbelegt) und die geographische Ausrichtung der Gräber erfolgt nicht nach religiösen Kriterien. Das Bundesgericht hat in BGE 125 I 300 ff. entschieden, dass sich aus der Religionsfreiheit (Art. 15 BV) und aus dem Recht auf ein schickliches Begräbnis (Art. 53 Abs. 2 der alten BV) kein Anspruch auf eine Bestattung nach den Regeln des Islams auf dem öffentlichen Friedhof ergibt. Gleichwohl haben die Behörden mehrerer grosser Städte erkannt, dass hier ein evidentes und verständliches Bedürfnis vorliegt und auf freiwilliger Basis Gräberfelder für die Bestattung nach muslimischem Ritus eingerichtet. Seitens der involvierten muslimischen Verbände musste dabei akzeptiert werden, dass die Gräberruhe nicht «definitiv» gewährleistet werden kann, eine spätere Wiederbelegung also nicht völlig ausgeschlossen ist. Gleichwohl, und das ist bemerkenswert, konnte mit Zugeständnissen von beiden Seiten eine tragfähige Lösung gefunden werden. Möglicherweise ist es in der näheren Zukunft sinnvoller, an solchen konkreten Problemen zu arbeiten, statt mit der Anerkennung die politische Prinzipienfrage zu stellen.

6. Wie steht es um das Anerkennungssystem als ganzes?

Wie nun dargestellt, hat das kantonale Anerkennungsrecht die Revisionswelle der letzten Dekade auf der politischen Ebene ohne grundsätzliche Infragestellung «überstanden»; erfolgt sind vielmehr sinnvolle Anpassungen und Aktualisierungen. Auch die Gerichtspraxis hat das System der finanziellen Zuwendungen aus allgemeinen Steuermitteln und der Kirchensteuern juristischer Personen unangetastet gelassen.

Können damit die Vertreter der vom Anerkennungssystem profitierenden Religionsgemeinschaften beruhigt zur Tagesordnung übergehen?

Darf man davon ausgehen, dass das Anerkennungsregime auch noch in zehn Jahren in derselben Form wie heute bestehen wird, allenfalls ausgedehnt auf weitere Religionsgemeinschaften? Wer genauer hinschaut, sieht noch eine andere Zeituhr laufen, jene der zunehmenden Säkularisierung bzw. der religiösen Individualisierung in der Schweiz. Das könnte in den nächsten Jahren zu einem verstärkten Diskurs über die politische Legitimation des Anerkennungssystems führen. Dieses beruht ja gemäss dem bisherigen Konzept auf der Vorstellung von grossen «Volkskirchen», nach welcher die Bevölkerung grossmehrheitlich in einigen wenigen, dafür grossen Religionsgemeinschaften organisiert ist. Das entspricht aber bereits heute kaum mehr der religionssoziologischen Wirklichkeit:

– Die Zahl der religiösen Gemeinschaften neben den «Anerkannten» hat sich in den letzten Jahrzehnten vervielfacht.[23] Sie alle, nicht nur der viel diskutierte Islam, haben ein Bedürfnis nach Akzeptanz und Visibilität.

– Vergrössert hat sich die Zahl der konfessionslosen Menschen, darunter auch jene, die sich bewusst als atheistisch bezeichnen und den privilegierten Status der anerkannten Religionsgemeinschaften als Zumutung empfinden.

– Verkleinert haben sich hingegen die Mitgliederbestände der Mehrzahl der anerkannten Religionsgemeinschaften. Allein schon die demographische Entwicklung führt zu schrumpfenden Mitgliederbeständen und damit zu einer prozentualen Abnahme im Verhältnis zur Gesamtbevölkerung.[24] Und bei den verbliebenen Mitgliedern verkleinert sich die Zahl derjenigen, die sich aktiv für ihre Gemeinschaft engagieren wollen. Wie die Religionssoziologie nachweist, gibt es ganz unterschiedliche Formen von Mitgliedschaft; ein beträchtlicher Teil der Mitglieder betrachtet heute ihre Kirche primär als Dienstleisterin für Rituale an den Wendepunkten des Lebens, nicht jedoch als Vermittle-

---

[23] Siehe zum Beispiel für den Kanton Bern Stefan Rademacher (Hg.), Religiöse Gemeinschaften im Kanton Bern. Ein Handbuch, Bern 2008.

[24] Eindrücklich: 1920 lebten in der Schweiz 20 000 Juden, heute sind es 18 000; dafür hat sich in dieser Zeitspanne die Zahl der Einwohner auf 7,8 Mio. mehr als verdoppelt; vgl. Simon Erlanger, Wieviel Zukunft bleibt den Juden in der Schweiz?, in: NZZ vom 20. Mai 2010, 23. Wegen der Migration (aus Südeuropa) war die römisch-katholische Kirche bisher weniger mit einem Mitgliederschwund konfrontiert.

rin des persönlichen Glaubens.[25] Letzteren konstruiert man sich
selbst. Individualisierung besteht also auch innerhalb der Religionsgemeinschaften.

Diese Entwicklungen haben – nicht überraschend – auch Auswirkungen
auf das kantonale Religionsverfassungsrecht. Sie führen zu Infragestel-
lungen von innen und aussen. Dazu ein paar willkürlich ausgewählte
Beispiele aus jüngster Zeit:

– Eine «überzeugte Atheistin» im Kanton Bern legte Rekurs gegen ihre
  Steuerrechnung ein und verlangte deren Reduktion um jenen Betrag,
  der gemäss Staatsrechnung für Kultuszwecke, namentlich die Besol-
  dung der Geistlichen, verwendet wird. Das Berner Verwaltungsge-
  richt lehnte die dem Rekurs folgende Beschwerde im März 2010 ab
  mit der Begründung, die Verfassung verpflichte die Kantone nicht zu
  strikter religiöser Neutralität, weshalb die Privilegierung von Religionsgemeinschaften als öffentlich rechtliche Landeskirchen zulässig
  sei.[26] Das Gericht verweist damit auf den gegenwärtigen politischen
  Ist-Zustand, eine rechtsdogmatische Begründung liefert es hingegen
  nicht. Die Privilegierung der Landeskirchen gilt tatsächlich als wichtiges Beispiel dafür, dass die religiöse Neutralität, zu der der Staat aufgrund der Religionsfreiheit (Art. 15 BV) verpflichtet ist, nicht absolut
  gilt.[27] Diesen Umstand rechtsdogmatisch und nicht bloss politisch zu
  legitimieren, fällt aber zunehmend schwerer. Man fragt sich, wie lange
  ein solcher Rekurs auf das Faktische noch gutgehen kann. In der Politik kann der Wind bekanntlich schnell drehen.

– In verschiedenen Kantonen wird der konfessionelle Religionsunterricht gegenwärtig reduziert zugunsten eines Religionskundeunter-
  richts, werde dieser nun «Religion und Kultur» genannt wie in Zürich,
  «Ethik und Religionen» wie in Luzern oder «Ethik und Lebenskunde»

---

[25] Vgl. Roland J. Campiche, La religion visible. Pratiques et croyances en Suisse,
Lausanne 2010, 87 zu den « ritualistes non pratiquants».

[26] Urteil 100.2009.169U des Verwaltungsgerichts des Kantons Bern vom 11. März
2010, 5.

[27] Vgl. Christoph Winzeler, Die weltanschauliche Neutralität des Staates. Ein
Rechtsprinzip und seine Bedeutungsaspekte, in: René Pahud de Mortanges (Hg.), Religiöse Neutralität. Ein Rechtsprinzip in der multireligiösen Gesellschaft, Zürich 2008, 9.

wie in Graubünden.[28] Der konfessionelle Religionsunterricht, einst das stolze Privileg der anerkannten Religionsgemeinschaften, wird bestenfalls auf einen symbolischen Rest zurückgefahren. Für den Religionskundeunterricht gibt es zweifellos staatspolitisch und vielleicht auch theologisch gute Gründe. Dem Ansehen des konfessionellen Religionsunterrichts bei den Schülern dient dessen Reduktion jedoch nicht: Sie nehmen eine solche an den Rand gedrängte Wochenstunde kaum mehr ernst. Was als politischer Kompromiss vorerst noch «gerettet» scheint, ist auf längere Sicht vielleicht doch nicht überlebensfähig. Wie qualifiziert und motiviert andererseits die Klassenlehrer für den – als Appendix zu Fachgebilden wie «Mensch und Umwelt» verstandenen – Religionskundeunterricht sind, bleibt hingegen ungewiss.

– Im Aargauer Grossen Rat wurde Mitte März 2010 seitens der SP eine Motion eingereicht mit dem Ziel, die römisch-katholische Kirche nicht mehr als Landeskirche anzuerkennen. Der «streng hierarchische, autoritäre, undemokratische innerkirchliche Aufbau» der katholischen Kirche stehe im Widerspruch zur Struktur der kantonalen katholischen Körperschaft, es handle sich also um eine Scheindemokratie.[29] Darüber hinaus seien die innerkirchlichen Vorschriften und Gebote «sexistisch, frauenfeindlich, grund- und menschenrechtswidrig». Auch wenn damit Politiker wohl im Zuge der Diskussion um die Missbrauchsfälle in der römisch-katholischen Kirche[30] mediales Wasser auf ihr «Feldlein» umzuleiten versuchen, kann man nicht ausschliessen, dass ein breiter abgestütztes Missbehagen gegenüber der katholischen Kirche dahintersteckt. Gemäss einer Befragung im Mai 2010 erwägen eindrückliche 29 Prozent der Katholiken den «Kirchenaustritt».[31]

---

[28] Dazu Ulrich Kropač, Neue Modelle des Religionsunterrichts in der Deutschschweiz, in: Schweizerische Kirchenzeitung 18/2010, 340ff.

[29] Siehe: AG: Landeskirchenstatus streichen, in: Reformierte Presse Nr. 16 vom 23. April 2010, 3.

[30] Für eine innerkirchliche Sicht auf diese vgl. die verschiedenen Beiträge in Schweizerische Kirchenzeitung 20–21/2010 vom 20. Mai 2010.

[31] 11 Prozent denkt ernsthaft über den Austritt nach, 18 Prozent ab und zu. Die Austrittsneigung der Katholiken liegt damit erstmals höher als bei den Reformierten, vgl. http://www.nzz.ch/nachrichten/schweiz/katholiken_laufen_der_kirche_davon_1.5781293.htlm, besucht am 26.5.2010, und Reformierte Presse Nr. 21 vom 28. Mai 2010, 3.

– Wer ganz aus der Kirche austritt, lehnt diese als Institution ab, wer als
  Katholik nur «partiell» austritt, ist «bloss» gegen das Anerkennungsregime. Der partielle Kirchenaustritt bezieht sich auf den in der
  Deutschschweiz existierende «Dualismus» der Strukturen in der römisch-katholischen Kirche:[32] man will mit Wirkung für den Staat aus
  der staatskirchenrechtlichen Körperschaft austreten, aber gleichzeitig
  noch katholisch bleiben. Das Bundesgericht hat in dieser Frage mit
  BGE 134 I 75 einen bemerkenswerten Schwenker vollzogen. Statt
  wie in BGE 129 I 68 den «Nexus» zwischen der staatskirchenrechtlichen Körperschaft und der diözesanen Struktur zu betonen, betrachtete es den gleichen Sachverhalt jetzt ausschliesslich unter dem
  Aspekt der individuellen Religionsfreiheit. Damit hat das Gericht für
  Katholiken eine Tür geöffnet, um dem Anerkennungssystem zu ent-
  gehen. Umso wichtiger werden die Direktiven der Bischöfe, welche
  ihre Glaubensgenossen an ihre Pflichten zur materiellen Unterstützung der Kirche erinnern. Für die reformierten Kirchen hat der Bun-
  desgerichtsentscheid mangels Dualismus keine unmittelbaren Konsequenzen.[33] Dort tritt man entweder ganz aus der Kirche aus oder
  dann nicht. Das Urteil zeigt aber, dass die anerkannten Kirchen nicht
  davon ausgehen dürfen, dass ihre Position bei den Gerichten stets
  Schutz finden wird.

Die Beispiele sind nicht mehr als anekdotisch. Sie wurden sozusagen
ausgewählt nach einer Lektüre der Tagespresse unter Benützung der
Brille mit den pessimistisch eingefärbten Gläsern. Man fragt sich gleichwohl, ob nicht schon jetzt eine Art Schwelbrand im politischen Legitima-
tionsfundament des Anerkennungssystems besteht. Bislang wurde dieser
an der Oberfläche nur als – gelegentlich hastig gelöschtes – Feuerchen
sichtbar. Dass die jetzt anerkannten Religionsgemeinschaften ihren Status und ihre Privilegien über kurz oder lang mit anderen werden teilen
müssen, scheint absehbar und ist unter Gleichheitsgesichtspunkten auch
zu akzeptieren. Bedrohlicher für das Anerkennungssystem als ganzes

---

[32] Zu diesem siehe Daniel Kosch, Demokratisch-solidarisch-unternehmerisch. Organisation, Finanzierung und Management in der katholischen Kirche in der Schweiz,
Zürich 2007.

[33] Vgl. René Pahud de Mortanges, Die Erklärung des (partiellen) Austritts aus der
evangelisch-reformierten Kirche. Eine kirchenrechtliche und staatskirchenrechtliche
Einschätzung anhand der neueren Bundesgerichtspraxis, in: SJKR 14 (2009), 91ff.

sind hingegen gesellschaftliche Entwicklungen wie die Individualisierung und Säkularisierung. Sie führen wohl dazu, dass das Verständnis für diese Form der Verknüpfung von Staat und Religionsgemeinschaften abnimmt. Das oben erwähnte «Sozialstaatmodell» ist ein Begründungskonzept, welches gegenwärtig offenbar politisch auf Akzeptanz stösst. Doch es wird weitere Argumente und Begründungsstrategien brauchen, um den politischen Willen zur Fortführung des Anerkennungssystems auch für die nächsten zehn Jahre zu erhalten. Diese Begründungsstrategien sollten wohl weniger beim Status quo der historischen Bedeutung und der gewachsenen Privilegien der Kirchen ansetzen, sondern den Beitrag der Kirchen und der anderen Religionsgemeinschaften für die Wertevermittlung und die soziale Kohäsion in einer zunehmend disparateren Gesellschaft in den Vordergrund rücken. Vielleicht, ja hoffentlich, lässt sich damit verhindern, dass aus dem Schwelbrand im Lauf der Zeit ein Flächenbrand wird.

III. Reformatorisch Reformiert

Bekenntnis und Kirchengemeinschaft aus reformierter Perspektive

Martin Ernst Hirzel

1. Einleitung

Dieses Thema aus reformierter Schweizer Perspektive zu beleuchten, stellt eine doppelte Herausforderung dar.[1] Zum einen ist in den reformierten Kirchen der Schweiz, mit Ausnahmen in der französischsprachigen Schweiz, seit dem Apostolikumsstreit im 19. Jahrhundert die Verwendung eines Bekenntnisses vollends freigegeben worden und in den Kirchenordnungen einzig das biblische Bekenntnis zu Jesus Christus verankert.[2] Die Kirchen sind also frei, unterschiedliche Bekenntnisse zu gebrauchen oder auch nicht.[3] Zum andern bilden die reformierten Kir-

---

[1] Dieser Beitrag ist die geringfügig erweiterte Fassung eines Referates, das an der Konsultation «Die GEKE [Gemeinschaft Evangelischer Kirchen in Europa] als Gemeinschaft von Kirchen» vom 15.–19. September 2010 in der Evangelischen Akademie Arnoldshain (Deutschland) gehalten wurde.

[2] Vgl. dazu Rudolf Gebhard, Umstrittene Bekenntnisfreiheit. Der Apostolikumsstreit in den Deutschschweizer Reformierten Kirchen des 19. Jahrhunderts, Zürich 2003; Olivier Fatio (Hg.), Confessions et catéchismes de la foi réformée, Genf 1986 (Publications de la faculté de théologie de l'université de Genève No 111). – Die Kirchenordnung der Evangelisch-reformierten Landeskirche des Kantons Zürich von 2009 weist neu einen Bezug zu den «altchristlichen und reformatorischen Bekenntnissen sowie [...] zu neueren reformierten und ökumenischen Bekenntnisschriften» auf (Art. 3, Abs. 2).

[3] Die Beschreibung des Bekenntnisstandes der reformierten Kirchen der Schweiz mit «Bekenntnisfreiheit» ist insofern irreführend, als Kirche genuin immer bekennende Kirche ist und mit der Freigabe der Bekenntnisverpflichtung im 18. und 19. Jahrhundert nicht die Freiheit vom Bekenntnis intendiert war, sondern ein freierer theologischer, liturgischer und rechtlicher Umgang mit den reformatorischen, altchristlichen Bekenntnissen, insbesondere dem Apostolikum. Vgl. dazu Alfred Schindler, Überlegungen zum

chen der Schweiz, im Unterschied etwa zur Evangelischen Kirche in Deutschland (EKD),[4] rechtlich nicht explizit eine Kirchengemeinschaft. Dieser Begriff findet sich in kaum einer reformierten Kirchenordnung.[5] Die reformierten Kirchen der Schweiz bilden lediglich einen Kirchenbund, dessen ekklesialer Charakter formal nicht festgestellt wurde. Dazu muss allerdings sofort hinzugefügt werden, (1) dass Kirchengemeinschaft im ekklesiologischen Sinne faktisch seit der Reformation besteht und praktiziert wird. Sie geht zurück auf die in der Schweiz weit ausstrahlende Reformation Zwinglis sowie auf das Wirken Calvins und Bullingers, die je mit dem «Consensus Tigurinus» von 1549 sowie dem «Zweiten Helvetischen Bekenntnis» eine tragfähige Glaubensgrundlage für die reformierten Kirchen der Schweiz schufen.[6] Diese Kirchengemeinschaft fand während Jahrhunderten sichtbaren Ausdruck, etwa in der gemeinsamen Wahrnehmung von Interessen gegenüber den weltlichen Obrigkeiten oder im gemeinsamen Engagement für Glaubensflüchtlinge. (2)

Bekenntnisstand der evangelisch-reformierten Landeskirchen der Schweiz, vor allem Zürichs, in: Schweizerisches Jahrbuch für Kirchenrecht 5, 2000, 33–45 (34). Für die Frage des Bekenntnisstandes der reformierten Kirchen der Schweiz ist es ferner von Bedeutung, dass diese über den Schweizerischen Evangelischen Kirchenbund (SEK) Mitglieder des Ökumenischen Rates der Kirchen (ÖRK) und der Gemeinschaft Evangelischer Kirchen in Europa (GEKE) sind, was das Bekenntnis zu «Jesus Christus als Gott und Heiland» (Basisformel des ÖRK) sowie die Formulierung eines gemeinsamen Verständnisses des Evangeliums, das hinzielt auf die «Rechtfertigungsbotschaft als die Botschaft von der freien Gnade Gottes» (Leuenberger Konkordie, Art. 6), einschliesst, vgl. Schindler, Überlegungen, 40–44.

[4]   Kirchengemeinschaft nach evangelischem Verständnis. Ein Votum zum geordneten Miteinander bekenntnisverschiedener Kirchen, Hannover, 14 (EKD Texte 69); Kirchenamt der Evangelischen Kirche in Deutschland (EKD) (Hg.), Soll das Augsburger Bekenntnis Grundbekenntnis der Evangelischen Kirche in Deutschland werden? Ein Votum der Kammer der Evangelischen Kirche in Deutschland für Theologie, Hannover 2009 (EKD Texte 103).

[5]   Neuerdings in der Kirchenordnung der Evangelisch-reformierten Landeskirche des Kantons Zürich (2009): «Die Landeskirche gehört zur reformierten Kirchengemeinschaft» (Art. 3, Abs. 2). – Die Verwendung des Begriffs der Kirchengemeinschaft in der ökumenischen Diskussion ist neueren Datums und geht auf den Prozess zurück, der zur Leuenberger Konkordie führte, vgl. Eckhard Lessing, Art. Kirchengemeinschaft, in: RGG[4], Tübingen 2004, 1168–1170.

[6]   Vgl. dazu Emidio Campi/Ruedi Reich (Hg.), Consensus Tigurinus (1549). Die Einigung zwischen Heinrich Bullinger und Johannes Calvin über das Abendmahl. Werden – Wertung – Bedeutung, Zürich 2009.

hat der Schweizerische Evangelische Kirchenbund (SEK) 1973 im Namen seiner Mitgliedkirchen die Leuenberger Konkordie unterzeichnet, womit indirekt die Kirchengemeinschaft unter den reformierten Kirchen der Schweiz bestätigt wurde.[7] (3) schliesslich ist mit Blick auf die Gegenwart zu sagen, dass die reformierten Kirchen der Schweiz erfreulicherweise derzeit aktiv auf der Suche nach mehr Verbindlichkeit im Bekenntnis und in der gelebten Gemeinschaft, also nach gestärkter Kirchengemeinschaft, sind. Die Abgeordnetenversammlung des SEK hat im Jahr 2009 der Durchführung einer Vernehmlassung eines «Werkbuches Bekenntnis» zugestimmt.[8] – Zu hoffen ist, dass bei der angelaufenen Diskussion über die Funktion von Bekenntnistexten die hermeneutisch-theologische Reflexion und die Frage, wie der Glaube heute im Gespräch mit der Bibel sowie der Tradition Sprache und Ausdrucksformen im persönlichen Leben, in der Gemeinschaft und in der Welt wiedergewinnen kann, im Vordergrund stehen wird, und nicht primär die Frage reformierter Identität, was leicht zur Aufrichtung von Grenzen in der Beziehung zu anderen und im Denken führen kann.[9] – Und im Herbst 2010 soll durch die Abgeordnetenversammlung der Prozess einer umfassenden Verfassungsrevision des SEK in Gang gesetzt werden.

Das Thema «Bekenntnis und Kirchengemeinschaft» präsentiert sich somit aus reformierter Schweizer Optik zwar unter historischen und theologischen Bedingungen, die sich signifikant von der Situation in anderen reformierten und insbesondere lutherischen Kirchen unterscheiden, gleichzeitig sind Entwicklungen im Gange, welche die reformierten Kirchen der Schweiz näher zur europäischen und weltweiten innerprotestantischen Ökumene führen. Dabei ist an die Bestrebungen innerhalb der Gemeinschaft Evangelischer Kirchen in Europa (GEKE)

---

[7] Matthias D. Wüthrich, Modelle der Einheit und konkrete Beispiele ihrer Umsetzung, internes Arbeitspapier des Schweizerischen Evangelischen Kirchenbundes SEK (ungedrucktes Manuskript), 25.

[8] Reformierte Bekenntnisse. Ein Werkbuch als Grundlage für eine Vernehmlassung zum reformierten Bekennen in der Schweiz und zugleich als Geschenk für Jean Calvin zum 500. Geburtstag am 10. Juli 2009 herausgegeben von einer interkantonalen Initiativgruppe unter Leitung von Matthias Krieg, Zürich 2009.

[9] Vgl. dazu Peter Opitz, Zukunftsträchtige Vergangenheit? Bausteine zu einer heutigen reformierten Identität, Vortrag auf dem Landeskirchen-Forum, 4. November 2006, http://www.landeskirchenforum.ch/identitaet-heute, 5.

zu denken, ihre Kirchengemeinschaft zu vertiefen;[10] an die reformierten Kirchen weltweit, die sich im Sommer 2010 zur Weltgemeinschaft Reformierter Kirchen (WRK) zusammengeschlossen haben und damit die Verwirklichung von Kirchengemeinschaft anstreben[11] sowie an die Gespräche zwischen dem Lutherischen Weltbund (LWB) und dem früheren Reformierten Weltbund (RWB) über eine gegenseitige Annäherung[12]. Hinsichtlich der Entwicklungen über den Protestantismus hinaus ist der Dialog zwischen der Altkatholischen Kirche in Deutschland und der Vereinigten Evangelisch-Lutherischen Kirche Deutschlands zu nennen, der weitere Schritte zur sichtbaren Kirchengemeinschaft vorschlägt.[13]

2. Welches sind aus reformierter Sicht die Kriterien für Kirchengemeinschaft?

2.1 Vorbemerkung zum Zusammenhang von Bekenntnis und Kirchengemeinschaft

Zweifellos enthalten die reformierten Bekenntnisse Kriterien für das heutige Verständnis von Kircheneinheit und Kirchengemeinschaft. Ein bestimmtes Bekenntnis oder bestimmte Bekenntnisse als solche können

---

[10] Vgl. dazu Wilhelm Hüffmeier/Martin Friedrich (Hg.), Gemeinschaft gestalten – Evangelisches Profil in Europa. Texte der 6. Vollversammlung der Gemeinschaft Evangelischer Kirchen in Europa – Leuenberger Kirchengemeinschaft – in Budapest, 12.–18. September 2006, Frankfurt/M. 2007.

[11] Vgl. dazu die Verfassung der WRK, Artikel III (Identität): «Im Anschluss an das Erbe der reformierten Bekenntnisse, als eine Gabe zur Erneuerung der ganzen Kirche, ist die Weltgemeinschaft Reformierter Kirche eine Gemeinschaft (communio) von Kirchen, indem sie [...] die Gabe der Einheit in Christus durch die gegenseitige Anerkennung der Taufe, Mitgliedschaft, Kanzel- und Altargemeinschaft, des geistlichen Amtes und des Zeugnisses bekennt [...].»

[12] «Lutheran-Reformed Joint Commission» des Lutherischen Weltbundes (LWB) und des Reformierten Weltbundes (RWB).

[13] Überlegungen zur Realisierung weiterer Schritte auf dem Weg zur sichtbaren Kirchengemeinschaft von Alt-katholischer Kirche in Deutschland und Vereinigter Evangelisch-Lutherischer Kirche Deutschlands. Abschlussdokument der bilateralen Gesprächskommission von der Vereinigten Evangelisch-Lutherischen Kirche Deutschlands (VELKD) und dem Katholischen Bistums der Alt-Katholiken in Deutschland vom 3. März 2010, Bonn und Frankfurt 2010.

jedoch nach reformiertem Verständnis nicht die Grundlage von Kirchengemeinschaft sein. Die im Neuluthertum des 19. Jahrhunderts aufgekommene formale Gleichsetzung von Bekenntnisgemeinschaft und Kirchengemeinschaft und die darin zum Ausdruck kommende konstitutive Bedeutung des Bekenntnisses für die Kirche sind der reformierten Tradition fremd. In ihr gab es nie,[14] insbesondere in der Schweiz,[15] eine Einheitlichkeit im Bekenntnis, wie sie in Deutschland durch die reichsrechtliche Anerkennung der *Confessio Augustana (CA)* und die damit verbundene kirchenrechtliche Relevanz des Bekenntnisses gefördert wurde.[16] Selbstverständlich wurde der seit der alten Kirche grundlegende Zusammenhang, dass Kirchengemeinschaft auch Bekenntnisgemeinschaft ist bzw. eine gemeinsame Bekenntnisgrundlage miteinschliesst, auch von den reformierten Kirchen nicht aufgelöst.[17] Bloss wurde diese Bekenntnisgrundlage, das – mit der CA gesprochen – *consentire de doctrina*[18] differenziert bestimmt. So schlug Zwingli vor, «kirchliche […] Gemeinschaft auch bei dogmatischen Differenzen» zu pflegen und dabei «wesentliche und sekundäre Glaubenssätze» zu unterscheiden. Damit hat «er als einer der ersten der Ökumene den Weg bereitet».[19] Ein ebenso ökumenisch offenes Verständnis des Zusammenhangs von Bekenntnis bzw. deren «Grundlinien und Inhalten»[20] und Kirchengemeinschaft hatte Calvin. Mit Bullinger und der Zürcher Kirche suchte er die Gemein-

---

[14] Vgl. Johann Friedrich Gerhard Goeters, Genesis, Formen und Hauptthemen des reformierten Bekenntnisses in Deutschland, in: Beiträge zur Union und zum reformierten Bekenntnis, hg. von Heiner Faulenbach/Wilhelm H. Neuser, Bielefeld 2006, 285–302 (300f.).

[15] Vgl. Schindler, Überlegungen [Anm. 3], 39, vgl. Lukas Vischer, Was bekennen die evangelischen Kirchen in der Schweiz? Bekenntnisgrundlagen im Überblick, Bern 1987 (Texte der Evangelischen Arbeitsstelle Ökumene Schweiz).

[16] Vgl. Georg Plasger, Die Confessio Augustana als Grundbekenntnis der Evangelischen Kirche in Deutschland? Anmerkungen und Überlegungen aus reformierter Perspektive, in: EKD, Augsburger Bekenntnis [Anm. 4], 94–107 (95f.).

[17] Vgl. dazu Bischof Kurt Koch, Dass alle eins seien. Ökumenische Perspektiven, Augsburg 2006, 60.

[18] CA VII; Die Bekenntnisschriften der evangelisch-lutherischen Kirche. Herausgegeben im Gedenkjahr der Augsburgischen Konfession, Göttingen 121999, 61.

[19] Gottfried W. Locher, Die Zwinglische Reformation im Rahmen der europäischen Kirchengeschichte, Göttingen 1979, 679.

[20] Christian Link, Prädestination und Erwählung. Calvin-Studien, Neukirchen-Vluyn 2009, 272.

schaft trotz divergierender Anschauungen über die Präsenz Christi im Abendmahl: «So wollen wir deswegen nicht aufhören, denselben Christus zu haben und in ihm eins zu sein. Vielleicht wird es uns doch einmal gegeben, uns zu vollständigerer Übereinstimmung zusammenzufinden.»[21] Im «Consensus Tigurinus» wurde dann das gemeinsame Verständnis des Evangeliums von Jesus Christus formuliert und von ihm her grundlegend das Abendmahlsverständnis beschrieben. Gleichzeitig wurde Kirchengemeinschaft nicht von der Zustimmung zu einem ganz bestimmten Abendmahlsverständnis abhängig gemacht.[22] Für die reformierten Reformatoren war die Unterscheidung des die Kirchengemeinschaft konstituierenden Christusereignisses von dessen näherer Beschreibung im Bekenntnis grundlegend. Nach Calvin ist im Hinblick auf die Einheit und Katholizität der Kirche das «Bekenntnis der Frömmigkeit» und nicht die Bindung an ein bestimmtes Bekenntnis entscheidend. Er wollte «den Eindruck vermeiden, als glaubte die Kirche an ihr Bekenntnis».[23] Damit war damals methodisch schon angelegt, was dann 1973 für die Leuenberger Konkordie grundlegend wurde: Die Unterscheidung zwischen gemeinsamem Evangeliumsverständnis, das als Grundkonsens über die Rechtfertigung, Abendmahl, Taufe und weitere Glaubensinhalte Kirchengemeinschaft ermöglicht, von den nicht kirchentrennenden Lehrunterschieden. Die Leuenberger Vereinbarung wurde dabei bewusst nicht als Bekenntnis, sondern lediglich als «Konkordie» (Eintrachtsformel) bezeichnet.[24] Einerseits wurde damit der bei Lutheranern und Reformierten unterschiedlichen hermeneutischen Funktion des Bekenntnisses sowie der unterschiedlichen Zuordnung von Schrift, Bekenntnis und Kirche Rechnung getragen,[25] andererseits zum Ausdruck gebracht, dass nur die Verständigung über das rechte Verständnis des Evangeliums und damit die Bezugnahme auf Jesus Christus als Garant der Einheit der

---

[21] CO 14,314. Dazu dass Calvin für Kirchengemeinschaft Fundamentalkonsens und nicht volles Bekenntnis forderte, vgl. Institutio IV, 2,1.

[22] Joachim Staedtke, Art. Abendmahl III/3, in: TRE I, Berlin etc., 1993, 106–122 (119).

[23] Michael Weinrich, Wie wollen wir leben? Die reformierte Vision von der Einheit der Kirche, in: Reformierte Akzente 9, 2000, 94.

[24] Leuenberger Konkordie (LK) 37.

[25] Vgl. Elisabeth Schieffer, Von Schauenburg nach Leuenberg. Entstehung und Bedeutung der Konkordie reformatorischer Kirchen in Europa (Inauguraldissertation), Freiburg/Br. 1981, 399f.

Kirche Kirchengemeinschaft und die Einheit der Kirche konstituiert und nicht das Bekenntnis, das stets interpretations- und revisionsbedürftig bleibt.[26] Das heisst nicht, dass der Leuenberger Konkordie nicht auch Bekenntnischarakter zukommt und die GEKE nicht auch bekennende Gemeinschaft ist.[27]

2.2 Kriterien für Kirchengemeinschaft aus reformierter Sicht

An der in der Leuenberger Konkordie sich findenden Definition von Kirchengemeinschaft lässt sich gut demonstrieren, worauf die reformierte Tradition Wert legt: «Kirchengemeinschaft im Sinne dieser Konkordie bedeutet, dass Kirchen verschiedenen Bekenntnisstandes aufgrund der gewonnenen Übereinstimmung im Verständnis des Evangeliums einander Gemeinschaft an Wort und Sakrament gewähren und eine möglichst grosse Gemeinsamkeit in Zeugnis *und* Dienst an der Welt erstreben.»[28] «Gemeinschaft an Wort und Sakrament» verweist auf das, was die Kirche zur Kirche macht und zur Einheit der Kirche notwendig ist.[29] Dass dies die reine Verkündigung des Wortes und die rechte Verwaltung der Sakramente ist, darüber waren sich die Kirchen der Reformation stets einig. Weniger Einigkeit gibt es wohl beim zweiten Pol von Kirchengemeinschaft nach Leuenberger Verständnis, der «Gemeinschaft in Zeugnis und Dienst». Wenn Calvin in der *Institutio* im Anschluss an die CA VII der ersten *nota ecclesiae*, «dass Gottes Wort lauter gepredigt wird», die bemerkenswerte Ergänzung «und gehört wird» hinzufügt,[30] ist dies Ausdruck eines wesentlichen Anliegens reformierter Theologie und ihres Bekenntnisses. Für die Frage der Kriterien für Kirchengemeinschaft, die ja schon die Reformatoren weitgehend mit ihrem Verständnis der Einheit der Kirche identifizierten, scheint mir dies wichtig, auch wenn ich nicht so

---

[26] Vgl. dazu a.a.O., 401.

[27] Vgl. dazu Thomas Wipf, Bringt uns ein (gemeinsames) Bekenntnis weiter? Eine reformierte Schweizer Stimme im Raum der Leuenberger Kirchengemeinschaft GEKE, in: EKD, Augsburger Bekenntnis [Anm. 4], 108–118 (114).

[28] LK 29. Kursivsetzung durch Autor.

[29] André Birmelé, Zur Ekklesiologie der Leuenberger Kirchengemeinschaft, in: Kirche in ökumenischer Perspektive. Kardinal Walter Kasper zum 70. Geburtstag, hg. von Peter Walter, Klaus Krämer und George Augustin, Freiburg, Basel, Wien 2003, 46–61 (48).

[30] Institutio IV, 1,9.

weit gehen und die *disciplina ecclesiastica* – wie es etwa in der *Confessio Scoti-ca* geschieht – zum dritten Kennzeichen der wahren Kirche erklären[31] und in der Folge ethische Kriterien für Einheit und Kirchengemeinschaft in Anschlag bringen möchte. Denn so wie die Einheit der Kirche in Christus vorgegeben ist, ist auch Kirchengemeinschaft «Gabe Gottes an die Kirchen»[32]. Kirchliches Handeln und die Fähigkeit der Kirche, die Welt zum Besseren zu verwandeln, dürfen nicht Bedingung für die Gewährung von Kirchengemeinschaft sein. Doch ist damit keinesfalls alles gesagt. Damit dass Calvin bei den beiden ausreichenden Kennzeichen der Predigt die «gehörte Predigt» betont, bedenkt er mit, dass durch Gottes Handeln in Predigt und Sakrament in der Kirche Frucht entsteht.[33] Zum Kirchenverständnis Calvins gehört dazu, dass das Leben der Kirche dem Wort Gottes entsprechend gestaltet wird. Der inneren Einheit in Christus muss auch eine äussere, sichtbare Einigkeit entsprechen, die dem Lobe Gottes und der immer grösseren Gemeinschaft unter den Menschen dient.[34] Dadurch dass die Leuenberger Konkordie betont, dass in der Verwirklichung der Kirchengemeinschaft nicht nur die theologische Weiterarbeit und die Bearbeitung von Lehrunterschieden zentral sind,[35] sondern genauso der Wille, «eine möglichst grosse Gemeinsamkeit in Zeugnis und Dienst [zu] erstreben»[36], ist Grundlegendes in dieser Richtung gesagt. Gleichzeitig wäre noch mehr zu beherzigen, was Lukas Vischer vor bald vierzig Jahren in der Festschrift für Martin Niemöller im Hinblick auf CA VII mit Nachdruck festgestellt hat; nämlich dass die «Entdeckung der Gemeinschaft […] immer auf Verwirklichung hin

---

[31] Link, Prädestination [Anm. 20].

[32] Die Kirche Jesu Christi. Der reformatorische Beitrag zum ökumenischen Dialog über die kirchliche Einheit. Hg. von Wilhelm Hüffmeier, Frankfurt/M. 1995 (Leuenberger Texte 1), 56.

[33] Vgl. Georg Plasger, Art. Kirche, in: Calvin Handbuch, hg. von Herman J. Selderhuis, Tübingen 2008, 323; Marc Vial, Jean Calvin. Introduction à sa pensée théologique. Préface Olivier Fatio, Genf 2008, 132.

[34] Vgl. dazu Thomas Wipf, Calvins Bedeutung in und für Europa. Referat anlässlich der Hauptversammlung des Reformierten Bundes in Frankfurt/M., 29.–31.10.2009, ungedrucktes Manuskript, 8.

[35] LK 37 und 39.

[36] LK 29.

[drängt]» und dass das «satis est» von CA VII in den Kirchen «zu einem Werkzeug irritierender Selbstzufriedenheit werden [kann]».[37]

3. Wie gestaltet sich eine Lehr- und Dienstgemeinschaft aus reformierter Sicht?

«Die getrennten Kirchen können sich nicht damit begnügen, ihre Gemeinschaft einmal zu verifizieren, sie müssen die Union vielmehr so vollziehen, dass sie in einem konziliaren Vorgang verbunden bleiben, der es ihnen möglich macht, immer wieder mit alten und neuen Spannungen fertigzuwerden.»[38] Diesen Satz schrieb Lukas Vischer ein Jahr bevor die Leuenberger Konkordie 1973 in Kraft trat. Die ökumenische Hoffnung richtete sich damals auf verschiedene Modelle von Kircheneinheit, die wesentlich auch die Möglichkeit organisatorischer und institutioneller Konsequenzen beinhalteten. Auf diesem Hintergrund und angesichts der in der Ökumene eingetretenen Ernüchterung wird heute das Leuenberger Modell der «Einheit in versöhnter Verschiedenheit» kontrovers beurteilt. Zum einen wird es als «gelungenes ökumenisches Einheitsmodell»[39], als «Modell, das gegenwärtig in der Ökumene wohl die grössten Chancen haben wird, allgemein akzeptiert zu werden»[40], sowie «als dasjenige [Modell], das wegweisend sein wird und hoffentlich nicht durch kirchenamtliches Nichtstun um seine zukunftsweisende ökumenische Kraft gebracht wird»[41], bezeichnet. Zum andern wird es als ein Einheitsmodell wahrgenommen, «wo letztlich alles beim Alten bleibt» und keine «wirkliche Einheit» vorliege.[42] Wichtig in diesem Zusammenhang scheinen mir

---

[37] Lukas Vischer, «...satis est?» Gemeinschaft in Christus und Einheit der Kirche, in: Christliche Freiheit im Dienst am Menschen. Deutungen der kirchlichen Aufgabe heute. Zum 80. Geburtstag von Martin Niemöller, hg. von Karl Herbert, Frankfurt/M. 1972, 243–254 (253).

[38] A.a.O., 249.

[39] Lessing, Kirchengemeinschaft [Anm. 5], 1169.

[40] Johannes Brosseder/Joachim Track, Kirchengemeinschaft JETZT. Die Kirche Jesu Christi, die Kirchen und ihre Gemeinschaft, Neukirchen-Vluyn 2010, 143.

[41] A.a.O., 148.

[42] Koch, Dass alle eins seien [Anm. 17], 60; eine positivere Einschätzung findet sich bei Kardinal Walter Kasper/Daniel Deckers, Wo das Herz des Glaubens schlägt. Die Erfahrung eines Lebens, Freiburg/Br., Basel, Wien 2008, 255f.

der Hinweis auf die theologische Relevanz der evangelischen Auffassung
von Kirchengemeinschaft und die Frage, ob darin der Zusammenhang
von Lehr- und Dienstgemeinschaft gewahrt ist und mit dem Auftrag an
die Kirche übereinstimmt. Dabei ist wesentlich, dass die Leuenberger
Konkordie «unterscheidet zwischen Erklärung und Verwirklichung von
Kirchengemeinschaft[43]. [...] Damit wird ein dynamisches und prozessua-
les Verständnis von Kirchengemeinschaft grundgelegt,[44] das auf verschiedene Ebenen des Kircheseins abzielt.»[45] Kirchengemeinschaft als
Lehr- *und* Dienstgemeinschaft auch zu leben, ist nicht optional, sondern
gehört als ständige Aufgabe zur Existenz von Kirchengemeinschaft (vgl.
LK 35). Nur so kann dem Ruf von Jesus zur Einheit und zur Gemeinschaft (vgl. Joh 17,21ff.; Eph 4,1–7) Folge geleistet werden. Dazu gehört,
an den «überkirchlichen» Gemeinschaftsstrukturen zu arbeiten, damit die
in Christus liegende Einheit in der Welt und die Kirche als grenzüberschreitende Gemeinschaft auch wahrgenommen werden; damit der gemeinsamen Verkündigung der Kirche in Wort und Tat besser gedient
und der Verpflichtung zum Einsatz für Gerechtigkeit und Frieden in der
Welt besser nachgekommen werden kann.[46] Die Herausforderungen,
denen sich die Kirchen neben ihrem Einsatz für Gerechtigkeit und Frieden gemeinsam stellen und wofür sie Instrumente schaffen müssen,
können mit den Stichwörtern soziale Entflechtungsprozesse, Individualisierung, um sich greifende Sinnkrise, Wertewandel, religiöse Pluralisierung, Mediengesellschaft sowie politische Instrumentalisierung von Religion beschrieben werden.[47] Bezüglich der Arbeit an organisatorischen
und institutionellen Aspekten von Kirchengemeinschaft gilt es dabei
stets zu prüfen, was theologisch geboten ist und dem Auftrag der Kirche
dient. Aus reformierter Sicht wäre im Zusammenhang mit der Frage

---

[43] LK, Teil IV, 32ff.

[44] Vgl. dazu Ingolf U. Dalferth, Kirche und Kirchengemeinschaft als ökumenischer
Prozess, in: ders., Auf dem Weg der Ökumene. Die Gemeinschaft evangelischer und
anglikanischer Kirchen nach der Meissener Erklärung, Leipzig 2002, 13–53.

[45] Die Kirche Jesu Christi [Anm. 32], 59; Wüthrich, Modelle [Anm. 7], 17f.

[46] Vgl. dazu Wolfgang Huber, Im Geiste der Freiheit. Für eine Ökumene der Profile, Freiburg/Br. 2007, 143–145; ders., Gemeinschaft gestalten – Evangelisches Profil in
Europa, in: Hüffmeier/Friedrich (Hg.), Gemeinschaft gestalten [Anm. 10], 230–245 (bes.
239–242).

[47] Vgl. Jörg Stolz/Edmée Ballif, Die Zukunft der Reformierten. Gesellschaftliche
Megatrends – kirchliche Reaktionen, Zürich 2010, 27–53.

nach der Gestaltung von Kirchengemeinschaft etwa der Frage der Synodalität mehr Aufmerksamkeit zu schenken.[48]

4. Wie gestaltet sich aus reformierter Sicht das Spannungsverhältnis von Einheit und Verschiedenheit?

Das Spannungsverhältnis zwischen Verschiedenheit bzw. Vielfalt und Einheit ist eine Grundkonstante im Leben der Kirche seit ihren Anfängen. Einerseits gilt es in der christlichen Gemeinde, die Verschiedenheit punkto Herkunft, sozialer Stellung, Geschlecht und Glaubensüberzeugung (Gal 3,28; Gal 2, 1–10) versöhnt im Horizont der in Jesus Christus gegebenen Einheit zu leben. Andererseits kann Vielfalt in der Kirche auch Wertschätzung erfahren angesichts der «Vielfalt der Geistesgaben und der geschichtlich-schöpfungsmässigen Vielfalt»[49]. Dabei ist vorausgesetzt, dass die konfessionellen Verschiedenheiten ihren trennenden Charakter verlieren, wenn sie [...] auf die Mitte des christlichen Glaubens, auf das Evangelium, bezogen werden»[50]. Grundlegend für die Rede von der «Einheit in versöhnter Verschiedenheit», welche die Einheitsvorstellung der Leuenberger Kirchengemeinschaft beschreibt, scheint mir, worauf U. H. J. Körtner hingewiesen hat,[51] dass darin «Einheit» und «Verschiedenheit» nicht gegeneinander ausgespielt werden dürfen. «Sie präzisieren sich vielmehr: Verschiedenheit heisst nicht Beliebigkeit, weil es sich um eine Verschiedenheit innerhalb einer *Einheit* handelt, umgekehrt heisst Einheit nicht Uniformität, weil es sich um eine Einheit in *Verschiedenheit* handelt.»[52]

---

[48] Vgl. dazu Wolfgang Huber, Reformatorischer Konsens und ökumenische Profile (Vortrag in Genf am 8. September 2007), http://www.ekd.de/vortraege/huber/070908_huber_oekumenische_profile.html 2007.

[49] Wüthrich, Modelle [Anm. 7], 9.

[50] Ebd.

[51] Vgl. Ulrich H. J. Körtner, Versöhnte Verschiedenheit. Die Einheit von Identität und Differenz als Grundprobleme christlicher Ökumene, in: BThZ 15/1998, 77–96 (bes. 86–89); zit. n. Wüthrich, Modelle [Anm. 7], 9.

[52] Ebd.

The Future of the Reformed Movement Worldwide

Reflections from Six Years as President of the World Alliance of Reformed Churches

Clifton Kirkpatrick

1. The History and Future of Reformed Movement

We have recently completed, all over the world, a wonderful celebration of John Calvin's 500th birthday. We have also celebrated the witness of the Reformed Churches to whom his movement gave birth half a millennium ago. God has done incredible things through this movement, and many of them have been celebrated in major events in places as diverse as Geneva, Paris, Seoul, Accra, Stellenbosch, Sao Paulo, and Montreal. In all of these locales – and many more – the focus has been not so much on glorifying Calvin as on celebrating and reclaiming his legacy that has shaped our movement for these last five centuries.

During these celebrations we have focused on how Calvin's vision revolutionized Geneva by welcoming refugees, building a church centered on Word and Sacrament, shaping a church order of shared leadership, reminding all of the sovereignty of God over all of life, and opening the bible and its witness to Christ as the Word of God to all the people. It was a heady time in Geneva in the 16th century, but the revolution that Calvin led there did not stop at the walls of the old city of Geneva.

Throughout the 16th century and into the 17th this Reformed vision spread out across Europe. Using the Academy, Calvin's great educational innovation, and based on Calvin's vision so well articulated in *The Institutes of the Christian Religion*, leaders were trained who took the Reformed movement to Scotland, the Netherlands, Hungary and many other parts of Europe. In the eighteenth century that movement spread to North America, and in the nineteenth the seeds of the Reformed tradition began to be planted all around the world through the modern missionary movement. These seeds of the Reformed tradition, enriched by cultures all around the world, gave birth to a global Reformed movement.

When the World Alliance of Reformed Churches was born in 1875 it was exclusively a European and North American family, based both on the demographics of the Reformed churches at that time but even more on the cultural blindness of our forebears who failed to appreciate the dynamism of the Reformed movement in the Global South. Even when construction was begun on the Reformation Wall to honor Calvin's 400th birthday, it was simply assumed that any depiction of the global spread of this Reformation movement would focus on leaders from Europe – with one representative from North America!

As we have now come to Calvin's 500th birthday we are well aware that this Reformation is truly a global phenomenon whose center and heart are now in the Global South, where two-thirds of the world's eighty million Reformed Christians now reside. While there are huge differences based on culture, resources, and political context, the Reformation movement that Calvin started in Geneva has made a major impact on various parts of the world and created a church community that has been a vehicle through which the gospel has been shared and God's justice upheld in vastly different corners of our globe over these 500 years. There is much to celebrate, and we have done that this past year!

No group or individual have been more pivotal in this commemoration than the Federation of Swiss Protestant Churches and its leader, Rev. Thomas Wipf. Thomas and the Federation took major leadership in calling together consultations that shaped the content of the jubilee, offered the calvin09.org website to provide resources and connect communities all around the globe in reflecting on the Calvin's significance for our time, and welcomed the world to Switzerland, the birthplace of our movement, to celebrate Calvin's 500th birthday. Undoubtedly, part of why Thomas and the Federation were willing to offer such leadership was that the core of the legacy of Calvin is the connection between the Christian faith and social justice. At the core of Calvin's experiment in Geneva was the connection between Christian faith and public order and justice. Therefore, it is natural for a volume in honor of Thomas Wipf that focuses on the connection between Christianity and citizenship to connect to Calvin and his legacy. There is no doubt that Calvin and his legacy have been at the core of so many world shaping changes – some for good and some not – over the last 500 years. This Reformed movement has surely been one that has had a deep commitment to shaping the world.

But what of the future of our movement? Is the Calvin Jubilee the final or penultimate chapter for a Reformed tradition that has enriched the world for the last half a millennium but whose best days are behind it? In many parts of the world, that is a real and deeply held question. Or, are these 500 years merely a prelude that has allowed the Reformed movement to be planted all around the world for the "mighty acts of God" that will be lived out through witness of Reformed Christians in the 21st century and for centuries to come after that? Is there a dynamic and redemptive future for the Reformed tradition?

That question is at the heart of this essay – based on my personal reflections from my unique privilege over the last six years of serving as President of the World Alliance of Reformed Churches I have been blessed to visit at some depth with Reformed Christians in all parts of the globe. It has been a wonderful experience and, often at the same time, one that has led me to be deeply troubled about the prospects for the Reformed tradition and its witness as we move into the 21st century. I have come away from that with evidence that would lead one to believe that the best days of the Reformed tradition are behind us and with evidence to fill me with excitement that our best days lay ahead.

This essay will look at both sides of this question – at the troubling signs that might make us doubt the vitality of the Reformed tradition and at the signs of strength that should fill us with hope and lead us into the future with confidence. Hopefully, at the end of this exploration we will be clearer about the things from which God is calling us to change and about the foundations of strength on which we might build our witness in the 21st century and beyond. I am convinced that God has a future – and an exciting one – for Reformed Christians – but only if we face squarely our signs of weakness and build on our strengths.

2. Reasons to Doubt the Future of the Reformed Tradition

2.1 A Radically New World

The writer of the Book of Revelation expressed his hopeful vision in the words, "Behold, I make all things new." (Rev. 21,5) In imagining a totally new world, I wonder if he had any idea how dramatically things would change in the 21st century. It took 1500 years from the beginning of the common era to double the sum of human knowledge, but now we double the sum of human knowledge every year. It is a time of incredibly fast change, where yesterday's verities no longer apply a year later. Ours is a movement deeply rooted in tradition, and yet we are in a time of incredibly fast paced change, where organizations that place a high value on tradition often get left behind in the global market place of ideas.

While Calvin brought radical change to Geneva, he was careful to build on the foundations of the Apostolic faith, the Church Fathers, and the clear tradition of scripture. Can we also hold to the best of our tradition and, at the same time, be radically open to change? Many would say that the evidence is against us. Change is all around us, especially in the church. A Christian world that we assumed to be Catholic, Protestant, and Orthodox has been overturned in a few short years so that now the second largest Christian group worldwide is the Pentecostal and Charismatic churches. Patterns of worship and music are totally different than a generation ago. New technologies are changing how we worship, communicate with one another and organize church life. Independent mega-churches with no organic connection with any part of the wider Christian community are now flourishing in every part of the world. And the patterns of instant communication give us no excuse to ignore the vast injustices of our age.

Reformed churches, faced with this incredible pace of change, often respond to all of this change by the standard rejoinder that "we've always done it this way." Calvin was a master at connecting the gospel message to emerging technologies such as the printing press in his time, and we need to do the same. Many of the churches in the Global South have made great strides in expressing Reformed life and worship in the cultural forms of their context, but far too many of us are still having difficulty relating to the new (and multiple) cultural forms in which our people worship God.

What has concerned me most as I have visited Reformed churches in almost every part of the world is that almost without exception the average age of Reformed church congregations is older than the average age of that culture. We must find fresh ways to reach out with power and the challenge of the gospel to new generations – and if we are to do that well we must learn to communicate, worship, social network, and give expression to the gospel in the worldviews emerging in our time.

2.2 Loss of Membership and Vitality

While there are no universally verified global statistics, based on country by country statistics and observation, it is clear that Reformed churches are at best holding static and at worst declining in numbers. In the Global North most of our churches are clearly losing members. In my own church our membership is half of what we had in 1960 – a pattern that is not limited to the Presbyterian Church (U.S.A.) but is widely shared by churches in North America, Europe, Australia and Japan.

While many of our churches are still growing in the Global South, their growth is clearly being eclipsed by Pentecostal, Prosperity Gospel, and Independent Mega-churches. Even our churches known for evangelism, spiritual vitality, and church growth in places like Korea have reached a plateau, and the years of rapid church growth seem to have passed. In other cases that we should never forget, our churches are not growing because they are facing active persecution or various forms of discrimination or because they are in cultures where Christians are fleeing. All of this makes it hard to grow the church and maintain a vital witness.

Even more important than numbers is the lack of energy and spiritual vitality in too many of our churches. A few years ago, I had the privilege of visiting with our Reformed member churches in Germany. While there I had the opportunity to visit the "seminary" in Wuppertal where all Reformed ministerial candidates spend a year developing Reformed pastoral skills after finishing their theological studies at the universities. It is an excellent program. However, what stunned me there was that none of the students in that program expected to be able to work as a pastor when they finished their program. With the declining number of members in the churches and declining financial support, new ministers are simply not able to be employed. This dynamic is causing great distress among those called to ministry and those in the churches. In North America, many of our churches as they have lost members have become focused on survival – and thus lost their passion for mission.

This loss of energy and spiritual vitality was recognized as a serious problem for Reformed churches from various parts of the world when we gathered for the 2004 General Council in Accra. The spiritual energy, hospitality, and passion for mission that we found among Ghanaian Presbyterians was a *"wake up call"* to many of us who have come to be known in our cultures as "God's frozen chosen." Out of this awareness we adopted for the first time in the history of the Alliance a major commitment to worship and spiritual renewal as a core calling and major program in our life together. We desperately need renewal in the power of the Holy Spirit that touches our souls, energizes our emotions, renews our worship and prayer life, and sends us out with a new excitement for Christ's mission.

2.3 Fragmentation of the body of Christ

In 1552, in a letter to the English reformer, Thomas Cranmer – the first protestant Archbishop of Canterbury – John Calvin exclaimed that he would cross ten seas to promote the unity of the church. Unfortunately, Calvin's passion for the gift of communion and the unity of the church has not been replicated by many of his followers. For too many in the Reformed tradition our movement has not only been about reformation (Calvin's intention) but has become an excuse for fragmentation of the body of Christ.

A few years ago Lukas Vischer did a study of Reformed divisions and found that of all the world's Christian traditions, none are as likely as the Reformed to divide the church.[1] He found that we have 17 different Reformed churches in Nigeria, 84 in Korea, and more than anyone can count in the United States. In a church tradition where we are not bound together by a Pope or bishop nor by an understanding of the church

[1] Lukas Vischer, «Witnessing in Unity», in Mission in Unity: Towards Deeper Communion Between Reformed Churches Worldwide, pp. 3–13. Geneva: Centre International Reforme John Knox, 1993.

controlling the integrity of the sacraments, we have found all kinds of (unbiblical) reasons to divide the church: disagreements over theology or the interpretation of scripture, ethnic divisions, immigration patterns, and power struggles between factions. And more often than not, when we divide once, it is often not long before the body that splits off divides again. We are just like the church in Corinth that Paul so powerfully reminded that they are the body of Christ and as such, belong to one another. Our fragmentation weakens our witness when we cannot speak with one voice, leads us to distrust one another and gives a negative witness to God's purposes of unity and reconciliation in the world.

A good example of this trend toward fragmentation is in my own country where we have Presbyterian Churches because the Scots organized them and Reformed churches because they were organized by the Dutch. Long beyond the time when Scottish or Dutch identity is influential or even reflected in our membership, we are still divided. We also have new denominations like the Korean Presbyterian Church in America growing out of more recent immigration. We also have splits in the Reformed family because of differences in theology and biblical interpretation.

Another place where these divisions in the Reformed family are evident and are harming our Reformed witness is in Kenya. In 2008 at the time following the electoral crisis in Kenya when it looked like ethnic violence might destroy that nation, I was asked by the World Council of Churches to lead a *Living Letters* peacemaking delegation to visit and support reconciliation in that nation. One of the main reasons I was asked to lead that group is that one of the major fault lines that went down the center of that crisis was between Presbyterian and Reformed Christians. What I quickly discovered was that because of their respective mission histories Presbyterians were in vast majority Kikuyus and Reformed Christians were overwhelmingly Luos and Kalenjins. Presbyterians and Reformed were on the opposite ethic fault lines that were behind the killing and burning taking place in Kenya. Fortunately, those churches rose to the occasion to lead in the cause of reconciliation, but how tragic that the ethnic divide that was threatening the nation was mirrored in how we had divided our Reformed family in Kenya into two communities. This is not the only place in the world where dividing Reformed Christians into separate churches based on their ethnicity has threatened the fabric of society, as the case of South Africa demonstrates so well.

God is indeed calling us as Reformed Christians to follow Jesus' last prayer in the Garden of Gethsemane that "we might all be one [...] that the world might believe." (John 17:21) From the local congregation to the national level to the world community we are being called to reclaim our unity as Reformed Christians so that we might share in Christ's great plan for the reconciliation of the world. One of the great signs of hope in bringing together WARC and the Reformed Ecumenical Council into a *communion* is that we might model to the world that God is calling us to unity, and a much more effective witness to God's peace and justice in the world.

3. Reasons to Believe in the Future of the Reformed Tradition

Indeed, there are a number of good reasons to ask if the movement of Reformed churches has a vital future in our world. We must take seriously the realities that cause people, including our own, to question whether God still has a purpose and a ministry for Christians of the Reformed tradition. However, while there are great challenges facing our future as Reformed Christians, there are also great sources of strength among us. One of our greatest problems is that while we often focus on our problems, we too rarely look to the strengths that God has given us as a source of inspiration and hope for our future.

3.1 A Theological Vision Second to None

The Calvin Jubilee has proved to be a time of blessing for the global Reformed community – and of considerable interest to the secular world. The blessing has not primarily been because of the celebration of Calvin but rather because this has been a time in which the Reformed community has reclaimed its core values and its vision for our common calling. There has been far more interest in the Calvin Jubilee than I expected, and it has been very good for Reformed Christians.

It has been a time in which Reformed Christians have sought to reclaim their common ground in the Reformed faith. There has been a high resonance in Reformed churches around the world for giving priority to three aspects of Calvin's legacy that the Alliance has lifted up to the churches during this Jubilee year:

- His appreciation of the gift of community
- His commitment to justice in response to the sovereignty of God
- His passion for life and the creation.[2]

These three emphases have been joined with other core elements of Calvin's legacy to remind us that our Reformed theology is life giving, is the source of our strength, serves as the basis for faithful mission, and if we take it seriously, is indeed "revolutionary" in our time just as it was in Calvin's. Among those core elements are:

- Understanding that God is sovereign and that Jesus Christ, and no one else, is head of the Church and Lord of the world,
- Making the Word of God as found in the Holy Scriptures available to all people as the authoritative witness to Jesus Christ,
- Building a church on the foundations of the Word and Sacrament,
- Caring for the well being of the human community as our vocation,
- Understanding that we have been elected to live our lives to the glory of God and to share in God's transformation of the world, and
- Organizing a community of shared leadership among ministers, elders, and the people of God to lead the church.

These theological themes are at the heart of the gospel and are the life giving foundations for Reformed Christians. This is a great strength for us all.

3.2 Leaders for God's Justice in the World

Reformed Christians know instinctively that we have been chosen by God to be about God's justice in the world. It is no accident that the major confessions of the 20th century that affirm so strongly the power of God over against the forces of evil in our time – Barmen, Belhar, and Accra – are all Reformed confessions. They all articulate a clear stand for

2   Setri Nyomi/Lukas Vischer, *The Legacy of John Calvin: Some Actions for the Church in the 21st Century*, World Alliance of Reformed Churches and The John Knox International Reformed Center, Geneva 2008.

fullness of life and against the powers of evil found in such forces as Nazism, apartheid, and neo-liberal globalization. They make it clear that to stand against these evils is not only a social justice concern but also a matter of the integrity of the Christian faith in our time.

Everywhere I have visited I have found our member churches actively engaged in the struggle for justice – often at the risk of their own lives. I give thanks to God for the witness for justice, peace and human rights by our churches in Colombia, in the Philippines, in Taiwan, in Romania, in the Sudan, in South Africa, in Madagascar, in the Middle East and in so many other parts of the world, and I am delighted that through the Alliance we have been able to share in these courageous witnesses for justice.

On a global level we have made a major contribution to the future of the world and to the church ecumenical by our joining together in Covenanting for Justice in the Economy and the Earth. The Accra Confession, which emerged from our last General Council but which is part of a long term commitment of WARC to break the bonds of injustice, has often been controversial. However, it speaks the truth – a truth that the world desperately needs to hear. This call to challenge the empires of our time in order to build an economic system that lessens rather than increases the gap between the rich and the poor, that ends grinding poverty for billions of people, and that creates a more just and sustainable world is at the heart of our calling.

I am pleased that so many of our churches have affirmed the Accra Confession and joined in the Covenanting for Justice process. It is the signature commitment of the Reformed tradition to the world. I am also pleased that we have been joined in this endeavor by ecumenical partners like the World Council of Churches, the Council for World Mission, and the Lutheran World Federation – and more recently the Vatican – for this is a concern that is truly ecumenical in nature.

If anything, the call of the Accra Confession is more urgent now than six years ago. While many debated our strong actions in Accra, the global financial crisis and the exacerbation of global warming have shown to the world that we are right and reminded us all of just how urgent this call remains in our time. It is a matter of great strength that Reformed Christians can be united in such a noble cause in our time. We are standing for something important!

3.3 An Inclusive People of God

While our vision is sometimes ahead of our practice, the Reformed community more often than not has been in the leadership for a truly inclusive community of Christ. We come from a tradition that from its earliest days has stood against hierarchy and exclusion and for the priesthood of all believers and shared leadership in the governance of the church. We have particular challenges and opportunities in our day to live out this Reformed principle. For the last 25 years WARC has been strongly committed to a genuine partnership between women and men in the church. Efforts such as the Scholarship Program for Women from the Global South have made a special contribution to this effort. This commitment has engaged us on the front lines of the struggle for gender justice, for the ordination of women, and for shared leadership across all barriers in the church.

Over the last 25 years we have had a *sea change* in the reality of women being recognized for ordained leadership in our churches. While we still have a few churches that do not yet ordain women and many that do not yet have ordained women in equal numbers to men, the vast majority of our churches welcome both women and men to all ministries of the church. This is a major step forward and an important witness to the church ecumenical of the promise of Galatians 3:28: "There is no longer Jew or Greek, there is no longer slave or free, there is no longer male and female; for all of you are one in Christ Jesus."

Following Calvin's example, Reformed churches in many of our countries have also sought to show signs of being an inclusive community in many other ways. Like Calvin in Geneva, many of our churches have welcomed immigrants and worked for justice for immigrants. They have found ways to welcome immigrants from other cultures into the life of what had been culturally homogenous churches. We have also continued the struggle to break down the barriers of race and class in the Christian community. The growing number of churches in our fellowship that are embracing the Belhar Confession and its call to eschew racism in the life of the church and society is a real sign of hope.

While we are still divided on how we view sexual orientation in our commitment to building an inclusive community, we have seen many in our fellowship welcome people into leadership in their churches regardless of sexual orientation, and we have all shared the commitment to stand together for human rights for all people, whatever their sexual orientation.

As a community that has sought over the last six years to allow Jesus promise (that was our theme in Accra), "that all might have life in fullness" (John 10:10a) to come alive among us, Reformed churches are in many places at the forefront of a movement to transform our congregations into truly inclusive communities of Christ. This is another strength, not unique to Reformed churches, but very much part of our ethos and our future.

3.4 Reformed, Therefore Ecumenical

One of our great strengths is what we do not claim to be *the Church*. As Reformed Christians we know in our souls that we are only one part of the church, and we cannot be whole, or faithful to Jesus Christ, unless we seek to restore the unity and wholeness of Christ's Church. Because of that commitment we have always invited all baptized Christians to join us at the Lord's Table and have always recognized their baptisms.

Some years ago, Robert McAfee Brown wrote an article for the *Presbyterian Survey* in which he summed up our ecumenical commitment when he stated, "I am Presbyterian (Reformed), therefore, I am ecumenical." To be Reformed, according to Brown, is by its very nature to be ecumenical.[3] From its very beginning WARC has seen itself not as an end in itself but as part of a broader ecumenical movement. That is why our churches have always been leaders in the World Council of Churches, in their National Councils of Churches, and in all major efforts for Christian unity. We have also been churches that have naturally gone into union with other churches, and today we count among our members in WARC a good number of national churches that are, in fact, union churches. Some of the most significant ecumenical advances in recent years have been between Lutheran and Reformed churches as we moved toward *full communion* in contexts as different as Europe, North America, and the Middle East.

---

[3]   Robert McAfee Brown, «I am Presbyterian – Therefore, I am Ecumenical», in *Presbyterian Survey* (September, 1987), pp. 12–15.

We live in a time in which unity and reconciliation with other religious communities (both Christian and of other faiths) is urgent for the peace of the world. At the beginning of the 21st century most of our major wars and conflicts are occurring at the confluence of ethnic and religious conflict, which makes our propensity to be ecumenical and to pursue reconciliation with people of other faiths all the more urgent. This is how we carry out our programs in WARC, and it is a great strength that I have seen at work in our member churches in all parts of the world.

3.5 Vital Christian Communities

While our theological vision, our commitment to justice, our struggle to be inclusive communities, and our Reformed propensity for ecumenism are sources of great strength and hope for our future, our greatest strength is in our hundreds of thousands of congregations where the gospel is proclaimed, the sacraments are rightly administered, the community is nurtured, and the people are going forth in mission. I have had the privilege of being in hundreds of those congregations in all parts of the world and with very few exceptions have had my faith in Christ strengthened as I have been in these communities where the signs of the Holy Spirit are so abundant. Our churches are alive with the gospel of Jesus Christ, and that is our greatest strength.

It is amazing how different our hundreds of thousands of congregations are from one another but how, even in their diversity, they show the strengths of the Reformed tradition in their life and witness. Churches as different as the Yolo Church in Kinshasa, Congo, the Presbyterian Church in Lar in the Sudan, the Myung Sung Presbyterian Church in Seoul, Korea, the women's church among the Maya Quiche Indians in Guatemala, the First Presbyterian Church in Havana, the Great Church in Debrecen, Hungary, and my local congregation, Springdale Presbyterian Church in Louisville, Kentucky, seem, on the surface, to have hardly anything in common. But if you probe a little more deeply you will find that they all share a love of Christ and neighbor, a vision of the best dreams of Calvin, a commitment to justice, a sense of being an inclusive and welcoming community, an ecumenical spirit, and an openness for the Holy Spirit to be at work among the people. The same could be said of thousands of other congregations in our fellowship.

4. Conclusion

We are at a defining moment in the Reformed tradition. We have just launched a new chapter in our life together as the World Alliance and the Reformed Ecumenical Council have come together as one united global body, the World Communion of Reformed Churches. At the same time, we have reached an important historical milestone – the 500th anniversary of our movement. This is the time for us to no longer be an *alliance* or a *council* but to truly be a communion, to claim the best of our heritage, and to be open to the radical new things that God may have in store for us in the years ahead.

I believe that there is a future – and a vital and exciting one – for the Reformed movement in the 21st century. However, we cannot overlook too easily that there are serious problems in our common life that we must address with repentance and commitment to change. God does intend for us to master the technology, culture, and ethos of our time as we reach out to a new generation. God intends for our churches to be vital and growing churches. And God surely intends for us to give up our divisive and fragmenting ways and join the movement for unity and reconciliation in the church and the world.

As we do that we have major strengths and resources in our life together that we need to celebrate and reclaim and that can give us the strength to *turn the world upside down* for the gospel in our time:

– A theological vision, growing out of Calvin's legacy, that is second to none
– Leadership for God's justice in the world as part of our Reformed DNA
– A desire to be a truly inclusive and welcoming community of all of God's people
– An ecumenical spirit that seeks reconciliation with all people of faith
– Thousands of vital congregations where the gospel is preached, the sacraments administered, the community nurtured, and the people go forth in mission.

It is critical that we address our shortcomings and build upon our strengths for the future of our Reformed movement worldwide – and that is exactly what I believe God intends for us to do. We are being called to reclaim the great strengths of our Reformed tradition and one another so that the peace and well being that God intends for the whole world and the planet might indeed be a reality in our time. May it be so!

Gsaat isch gsaat: ‹Ungeniert reformiert›[1]

Silvia Pfeiffer

1. Hocked ab, Majestät[2]

An den Anfang meiner Betrachtungen stelle ich ein Beispiel, das mir «typisch reformiert» vorkommt und natürlich mit Schaffhausen zu tun hat. Die Anregung habe ich meiner SEK-Ratskollegin Kristin Rossier Buri zu verdanken, die auch Schaffhauser Wurzeln hat. Bekanntlich sind die Schaffhauser ja besonders reformiert, vor allem im Klettgau. Der Legende nach hatte sich der Zar von Russland beim Besuch des berühmten Rheinfalls in Schaffhausen mit seiner Entourage im Weidling (Holzboot) der Familie Mändli zum Felsen unter dem Fall rudern lassen. Mändli hatte die Herrschaften ermahnt, schön sitzen zu bleiben, da die Sache sonst gefährlich werden könnte. In nächster Nähe der tobenden Wasser konnte sich der Zar aber nicht mehr auf der Sitzbank halten und erhob sich zu majestätischer Grösse und Geste und rief: «Ah, c'est superbe!» Worauf Mändli trocken bemerkte: «Hocked ab, Majestät!» Der Berner Theologe Walter Lüthi führt zu dieser Anekdote in seinem Vortrag «Christ und Staat» aus, es sei Sache der Kirche, immer da, wo eine irdische Macht das ihr gesetzte Mass überschreite, zu sagen «hocked ab, Majestät».[3]

«Ungeniert reformiert?» Ungeniert war ich schon immer, reformiert auch, aber «ungeniert reformiert» wurde ich erst durch die Begegnung mit Thomas Wipf. Am Institut für Sozialethik der Theologischen Fakultät Zürich bei Prof. Dr. Arthur Rich lernte ich den Theologiestudenten Wipf kennen. Er schrieb eine Akzessarbeit mit dem Titel «Leonhard Ragaz' Stellung zum Völkerbund. Kollektive Sicherheit und Pazifismus». Ich arbeitete an einer Dissertation mit dem Titel: «Politik und Gottes-

---

[1] Thomas Wipf, Perspektiven «Ungeniert reformiert». Interview DRS2 am 4.4.2010.

[2] Rede von SEK-Ratsmitglied Pfrn. Kristin Rossier Buri anlässlich des Jubiläums der lutherischen Gemeinde in Genf vom 8.9.2007.

[3] Nachzulesen bei Matthias Krieg/Gabrielle Zangger-Derron, Die Reformierten. Suchbilder einer Identität, Zürich 2002, 38.

reich. Kommentare zur Weltpolitik der Jahre 1918–1945 von Leonhard Ragaz».[4] Der gebürtige Zürcher mit Schaffhauser Bürgerrecht kreuzte nachhaltig den Weg der Schaffhauser Kirchenhistorikerin. Der wissenschaftliche Nachweis dafür findet sich auf Seite 215 besagter Publikation. Es blieb nicht bei dieser Begegnung. Als Vizepräsidentin des Schaffhauser Kirchenrates hatte ich unsern Kirchenratspräsidenten 1996 während seines Studienurlaubs unter anderem beim SEK zu vertreten. Ganz geheuer war mir die Sache nicht. Erstmals sollte ich mich auf nationalem Kirchenparkett bewegen mit lauter studierten Pfarrern. Schüchtern stellte ich mich vor. Einer rief mich in freudigem Erkennen beim Namen: der Präsident der Abgeordnetenversammlung Thomas Wipf, mein Kumpel aus der Studienzeit. Ich wurde später Präsidentin der Schaffhauser Kirche und Abgeordnete in der AV und traf den neu gewählten Präsidenten des Kirchenbundes jetzt häufiger – auch als Mitglied der Geschäftsprüfungskommission. 2003 wurde ich in den Rat SEK gewählt unter dem Präsidium von Thomas Wipf. Immer blieb ich etwas zerknittert zwischen der sozialdemokratischen Politikerin und der Kirchenfrau: zwischen Politik und Gottesreich. Wie viel Politik verträgt die Kirche, wie viel Kirche verträgt die Politik?

2. Das Wächteramt als reformatorischer Auftrag

Der Theologensohn und Bundesrat Moritz Leuenberger hat als Bundespräsident 2001 beim Schlussakt der Ökumenischen Konsultation zur sozialen und wirtschaftlichen Zukunft der Schweiz in der Berner Heiligkreuzkirche unter dem Titel referiert: «Gebt dem Kaiser, was die Kirche denkt». Zu ethischen Fragen, so Leuenberger, soll die Kirche Stellung nehmen. Sie soll dies nicht «ex cathedra» tun in religiöser Sprache, sondern mit weltlichen Worten und sachlicher Überzeugungskraft. «Institutionell sollen sich Kirche und Kaiser nicht vermischen, aber was die Kirche denkt, muss sie dem Kaiser geben.» Einleuchtend einfach! Aber was, wenn man gleichzeitig aktive Politikerin einer Linkspartei ist und Exekutivmitglied einer Kantonalkirche und des Schweizerischen Evangelischen Kirchenbundes? Anfangs druckste ich herum, wenn ich von mei-

---

4   Silvia Herkenrath, Politik und Gottesreich, Zürich 1977.

nen Parteikolleginnen und -kollegen gefragt wurde, weshalb ich mich denn in der Kirche engagiere. Ich verwies auf das soziale Engagement der Kirchen, Einstehen für Gerechtigkeit, Frieden und Bewahrung der Schöpfung; vom Glauben sprach ich nicht. Der Ratspräsident Thomas Wipf reklamierte hin und wieder in den Ratssitzungen bei leitenden Mitarbeitenden des Evangelischen Hilfswerks der Kirchen Schweiz (HEKS) den Bezug zum Evangelium: «Sie scheuen sich, den Namen Jesus Christus auszusprechen.» Meinte er mich? Ich war ja von Amtes wegen im Stiftungsrat HEKS. Ich ging in mich.

Damit sind wir beim Wächteramt angelangt. Diese von den Reformatoren Zwingli und Bullinger prominent vertretene Aufgabenbestimmung von Kirche findet ihren Widerhall in den Bettagsmandaten der reformierten Kantone. Ein erster gemeinsamer Dank- und Bettag fand 1619 statt, um für die Einheit der Reformierten zu danken. Ab 1639 wurde der Bettag jährlich wiederholt, weil die Schweiz vom Dreissigjährigen Krieg verschont geblieben war. Unter dem Eindruck der Französischen Revolution gab die Zentralregierung der Helvetischen Republik erstmals ein Bettagsmandat für das ganze Land heraus, gültig für katholische und reformierte Kantone. Bis zum Ende des 19. Jahrhunderts wurden diese Bettagsmandate von der weltlichen Obrigkeit verfasst; nach und nach wurden sie durch Texte der Kirchen ersetzt. Heute leben vielfältige Formen dieser Tradition weiter: Regierungsrätliche Verlautbarungen, konfessionell getrennte oder ökumenisch vereinte, wie das Wort der drei Landeskirchen bei uns in Schaffhausen. Die reformierte Prägung dieses öffentlichen Auftretens von Kirche ist unverkennbar und erscheint mir ebenfalls typisch für das Reformiert-Sein. Die reformierte Kirche mit ihrer ausgeprägten demokratischen Struktur ist näher beim Staat – auch nach der Trennung – als die römisch-katholische mit ihrer dualen Struktur als öffentlich-rechtliche Institution und amtskirchlich hierarchisch gegliederte Universalkirche.

3. Gottesreich und Weltreich begegnen und bedingen sich

Das ist nicht nur eine theologische Einsicht, sondern eine beobachtbare Tatsache. Weltreich und Gottesreich sind sich durch die Reformation näher gekommen. Bei Augustinus sind die *civitas dei* und die *civitas terrena* streng voneinander abgegrenzte Bereiche, während sie sich in Luthers Zwei-Reiche-Lehre dialektisch aufeinander beziehen, sich berühren und sich wechselseitig bedingen. Als radikale Schüler Zwinglis ab 1523 den Staat durch das Gottesreich ersetzen wollten, betonte Zwingli in seiner Schrift «Von göttlicher und menschlicher Gerechtigkeit» die Notwendigkeit des Staates und seiner menschlichen Gerechtigkeit. Verglichen mit der Gerechtigkeit des Gottesreiches sei unsere menschliche Gerechtigkeit bares Unrecht und nicht würdig, Gerechtigkeit genannt zu werden. Aber ohne das durchsetzbare Recht würden wir Menschen wie Tiere aufeinander losgehen und der Stärkere würde den Schwächeren unterdrücken. Doch gelte es, die menschliche Gerechtigkeit so weit als möglich der göttlichen anzunähern, wie Zwingli an verschiedenen Beispielen ausführt.[5] Für die Reformatoren Zwingli und Calvin entspricht das Wächteramt der Kirche ihrem prophetischen Auftrag, der darin besteht, sich dort einzumischen und zu protestieren, wo weltliche oder kirchliche Autoritäten ihre Befugnisse überschreiten. Kirchliche und weltliche Missstände werden gegeisselt. Bei Calvins Nachfolger Theodor Beza findet sich dann die erste reformatorische Formulierung des aktiven Widerstandsrechtes in der Schrift «De iure magistratum».[6]

Theologisch geht es dabei um den Souveränitätsanspruch Gottes «soli deo gloria». «Zwinglis Kritik galt einer Religion und Theologie, die Gott als ihre Mitte verloren hatten. Im Falle der Religion hiess das: sein Vertrauen auf das Geschöpf statt auf den Schöpfer zu setzen. Im Falle der Theologie hiess es: sein Vertrauen auf die menschliche Überlieferung und Lehre, statt auf Gottes Wort zu setzen.»[7] Sola scriptura!

Die Reformatoren haben sich immer im Spannungsfeld von göttlicher und menschlicher Gerechtigkeit gesehen, von Gottesreich und Weltreich, von Theologie und Politik. Zwei Schweizer Theologen des 20. Jahrhunderts berufen sich auf die Reformatoren mit unterschiedlichen Schlussfolgerungen. «Wer mit Gott vorwärts schreitet, der dient dem Gottesreiche. Für das Reich Gottes arbeiten, heisst immer näher zu

---

5   Huldrych Zwingli, Göttliche und menschliche Gerechtigkeit, in: ders., Schriften, im Auftrag des Zwinglivereins hg. v. Thomas Brunnschweiler und Samuel Lutz, Bd. 1, Zürich 1995, 155–213 (173f., 176, 181, 190–210).

6   Thedor Beza, De iure magistratum, hg. von Max Geiger, Heinrich Ott und Lukas Vischer, Zürich 1971.

7   Peter Stephens, Zwingli. Eine Einführung in sein Denken, Zürich 1997, 55.

Gott dringen», formuliert Ragaz[8] vor dem Hintergrund der Forderung Zwinglis, «sich dem Gottesreich je meh und meh glychförmig machen».[9] Karl Barth, damals Pfarrer in Safenwil, sagt in der Zeit, in der er sich intensiv mit der Auslegung des Römerbriefes auseinandersetzt: Da Gott ausserhalb jeglichen menschlichen Denkens und Handelns steht, werden menschliche Reformversuche vor dem Hintergrund des göttlichen Weltentwurfs unwichtig, da sie an Gottes Wirklichkeit vorbeigehen. Im Tambacher Vortrag 1919 «Der Christ in der Gesellschaft» bringt er seine Darlegung auf den Punkt: «Wahrlich, es handelt sich zwischen dem ‹Christus in uns› und der Welt nicht darum, die Schleusen zu öffnen und bereitstehende Wasser dem dürren Lande zuströmen zu lassen. Schnell zur Hand sind alle jene Kombinationen, wie ‹christlich-sozial, evangelisch-sozial›, ‹religiös-sozial›, aber höchst erwägenswert ist die Frage, ob die Bindestriche, die wir da mit rationaler Kühnheit ziehen, nicht gefährliche Kurzschlüsse sind. Sehr geistreich ist das Paradoxon, dass Gottesdienst Menschendienst sein oder werden müsse, aber ob unsere eilfertigen Menschendienste, und wenn sie im Namen der reinsten Liebe geschähen, durch solche Erleuchtung Gottesdienste werden, das steht in einem anderen Buch.»[10]

Passt diese Aussage zur Theologischen Erklärung der ersten Bekenntnissynode der Deutschen Evangelischen Kirche in Barmen von 1934, die massgeblich von Barth verfasst worden ist? Sie passt, weil die Barmer Theologische Erklärung sich nicht gegen das nationalsozialistische Regime an sich richtet, sondern gegen dessen Einmischung in die innerkirchlichen Angelegenheiten gemäss einem neulutherischen Verständnis der Zwei-Reiche-Lehre. Am Vorabend des Ausbruchs des Zweiten Weltkrieges verlässt Barth den theologischen Boden der Barmer-Erklärung und ruft die Tschechen zum bewaffneten Widerstand auf mit den Worten: «Jeder tschechische Soldat, der dann streitet und leidet, wird es auch für uns tun – und ich sage es heute ohne Vorbehalt: er wird es auch für die Kirche Jesu Christi tun.»[11] Ein anderer Theologe hat un-

---

[8] Leonhard Ragaz, Dein Reich komme, Bd. 1, Zürich 1922, 63.

[9] Vgl. Zwingli, Göttliche und menschliche Gerechtigkeit, [Anm. 5] 58f.

[10] Karl Barth, Der Christ in der Gesellschaft, in: Jürgen Moltmann (Hg.), Anfänge der dialektischen Theologie. Teil I, München 1966, 3–37 (5).

[11] Karl Barth an Professor Josef Hromádka, Dekan der Prager Theologischen Fakultät, 19.9.1938, in: Karl Barth, Eine Schweizer Stimme 1938–1945, Zollikon 1945, 58f.

ter schwersten inneren Anfechtungen nicht nur zum Widerstand aufgerufen, sondern sich dem Widerstand aktiv angeschlossen und damit die
theologische Grenze, die Barmen gesetzt hat, überschritten: Dietrich
Bonhoeffer. Er wusste, dass ihn seine Kirche nicht mehr würde tragen
können, weil der aktive Widerstand in der Theologie der Bekennenden
Kirche noch keinen Platz hatte. So konnte ihn diese Kirche auch nicht
auf die Fürbitteliste setzen.

Was hat das alles mit Mändli und dem russischen Zaren zu tun? Sehr
viel und sehr viel Symptomatisches für die Kennzeichnung des Refor-
miert-Seins.

4. Aussen nix, innen fix

Meine Mutter pflegte kaputte Unterkleider mit schönem Pullover darüber zu kommentieren: «Aussen fix und innen nix!» Halten es die Reformierten umgekehrt: Aussen nix und innen fix?

Die Reformierten sind immer ein bisschen weiter gegangen als die lutherischen Reformer. Ihre Gottesdienste sind wort- und kopflastiger,
ihre Kirchen leerer – sprich: nüchterner – und schmuckloser, ihre Liturgie karger, ihre Hierarchie flacher, ihre liturgische Gewandung unschein-
barer, ihre Musik anfangs verstummt, wenigstens im zwinglischen Ein-
flussbereich. Die erste Orgel wurde erst wieder 1874 im Grossmünster
eingebaut. Im Schaffhauser Münster wurden die Bänke für eine begrenzte Zeit herausgenommen, um dem Wort Raum und dem Gebet Stille zu
geben. Puritanismus pur? Nach meinem Verständnis: nein. Die Reformation war der Versuch, die Kirche Jesu Christi auf ihren ursprünglichen
Weg zurückzuführen. Es ging nicht darum, eine neue Kirche zu gründen,
sondern die eine heilige, katholische und apostolische Kirche auf ihren
Wesensgehalt zurückzuführen, zu der sie berufen ist, von Gott gestiftet
durch sein Heilsgeschehen in Jesus Christus, allein aus Gnade, durch sein
Wort. Thomas Wipf, Präsident des Schweizerischen Evangelischen Kirchenbundes, hat es als Antwort auf die von Rom aufgeworfene Frage
nach dem wahren Kirchesein so formuliert: «Kirche ist nach reformatorischem Verständnis da, wo das Evangelium verkündigt wird, wo die
Sakramente gemäss der Schrift gefeiert werden und wo die Gemeinde zu

Zeugnis und Dienst an der Welt findet.»[12] Wir sind Kirche, reformierte Kirche innerhalb der protestantischen Grossfamilie: Protestanten mit eigener Tradition. Die Reduktion auf das Fleisch gewordene Wort, die Konzentration auf den Kern des Evangeliums, die Gewissheit der Gnade, die uns im Glauben zuteil wird, haben uns stark gemacht. Wir fürchten uns nicht. Wir nehmen den prophetischen Auftrag, der uns Reformierten in besonderem Masse aufgetragen ist, als Erbe der Reformatoren ernst, wir stehen ein für die Freiheit des Wortes. Unsere Strukturen sind demokratisch ausgestaltet auf allen Ebenen, wachsend von unten nach oben, von der Gemeinde, über die Kantonalkirche zum Kirchenbund, föderal verfasst und mit allen demokratischen Rechten und Pflichten ausgestattet. Frauen und Männer sind gleichgestellt, Laien und Theologen/Theologinnen in den Kirchenleitungen auf allen drei Ebenen: Gemeinde, Kantonalkirchen, Kirchenbund. Die Frauenordination ist eine Selbstverständlichkeit geworden, ebenso die Frauenleitung von Kantonalkirchen, Theologinnen und Nicht-Theologinnen. Mehrheitlich sind die kirchenleitenden Frauen Nicht-Theologinnen.[13]

5. Kirche unterwegs

Was ist nun das Besondere reformierter Identität? Reinhold Bernhardt, Professor für Systematische Theologie an der Universität Basel, hat sich an der Baselbieter Synode 07 dazu geäussert: Die reformierte Kirche hat sich nicht nach einer Reformationsfigur benannt, weder nach Zwingli, Calvin, Bullinger oder anderen. Sie wollte keine neue Kirche werden, sondern die alte auf ihren Kern zurückführen. «Der Grund und das Wesentliche der evangelischen Kirche liegt nicht in dieser Kirche selbst und auch nicht in der Reformation, sondern im Evangelium. In der guten Nachricht von der Gnade Gottes in Jesus Christus, die den Menschen vom Druck entlastet, sich Gottes Zuwendung durch gottwohlgefälliges Handeln erwerben zu können und sich zu zermürben in der Angst, von

---

[12] Thomas Wipf, ‹Wo das Wort ist, da ist Kirche.› Ein reformiertes Wort im ökumenischen Kontext. Wort des Ratspräsidenten anlässlich der Abgeordnetenversammlung des SEK vom 5. November 2007.

[13] Claudia Bandixen/Silvia Pfeiffer/Frank Worbs (Hg.), Wenn Frauen Kirchen leiten. Neuer Trend in den reformierten Kirchen der Schweiz, Zürich 2006.

ihm verurteilt zu werden.» Die reformierte Kirche ist kein statisches Lehrgebäude, sondern lebt aus der ständigen Rückfrage nach ihrem Grund, dem lebendigen Dialog mit den Evangelien, und richtet sich immer neu daran aus. Sie reformiert sich immer wieder neu – *ecclesia reformata semper reformanda*. Deshalb definiert sie sich nicht als Konfession mit einem verbindlichen Glaubensbekenntnis, sondern als eine Kirche unterwegs, als eine Kirche nahe bei Gott und nahe bei den Menschen. Sie lebt aus der Freiheit des mündigen Christenmenschen. Das macht sie aber auch zu einer schwierigen Partnerin im ökumenischen Dialog. Sie lässt sich nicht so leicht fassen, nicht festlegen auf ein verbindliches Lehrgebäude, nicht verbindlich ansprechen in Augenhöhe als die eine Stimme des Schweizerischen Protestantismus, z. B. Bischofskonferenz – Schweizerischer Evangelischer Kirchenbund. Viel besser können die Ortskirchen mit den Kantonalkirchen umgehen, die Pfarreien mit den Kirchgemeinden, weil sie nicht alles, aber vieles im kirchlichen Alltag eint und weil sie vor allem im diakonischen Auftrag geeint auftreten. Dogmatische Fragen müssen auf dieser Ebene nicht geklärt werden. Damit gerät zugleich das Trennende nicht aus dem Blick. Schmerzlich empfunden wird etwa in sogenannten Mischehen, z. B., dass die eucharistische Gemeinschaft nicht gelebt oder die Gastfreundschaft nur einseitig gewährt werden darf. Theologische Fragen wie Amtsverständnis oder Eucharistieverständnis dürfen nicht tabuisiert werden, weil darin unbequeme oder sogar (unversöhnliche) Gegensätze aufscheinen. Sie müssen immer wieder angesprochen und in gegenseitiger Offenheit und gegenseitigem Respekt theologisch vertieft, thematisiert werden. Das Hören auf «die andere Stimme» ist wohl das Geheimnis und die Kraft der «Einheit in versöhnter Verschiedenheit».

6. Identität contra Abgrenzung

Identität heisst immer auch Eingrenzung und ihre Kehrseite Abgrenzung. Wer seine Identität sucht oder meint, sie gefunden zu haben, begibt sich auch ein Stück weit auf den Weg der Abgrenzung gegenüber Andersglaubenden. Identitätssuche und Identitätsfindung, Wahrheitssuche und Wahrheitsgewissheit, seien sie politisch, seien sie religiös oder konfessionell begründet, sind immer Gratwanderungen zwischen Suchen, Finden und Abgrenzung gegenüber dem, was nicht zum Logo der eigenen Identität passt. Die Suche nach dem reformierten Profil ist ambivalent und führt in eine Sackgasse, wenn sie nicht einhergeht mit grossem Respekt gegenüber der Vielfältigkeit und Buntheit reformierten Glaubens sowie der Freiheit des autonom denkenden und eigenverantwortlich handelnden Christenmenschen. Es gibt «die Schönheit der Volkskirche», die Pfarrer Gerhard Blocher in einem kleinen Büchlein eindrücklich beschrieben hat. Der streitbare Hallauer Pfarrer war oft mein Gegenpart in hitzigen Diskussionen, aber wo er recht hat, hat er recht. Zur Schönheit der Volkskirche im reformierten Verständnis gehören die Vielfalt und die gegenseitige Achtung dieser Vielfalt. «Wie ein bunter Strauss», sagt Hans Ulrich Jäger in seiner Einführung zum reformierten Glauben.[14] Dazu gehört die Nähe zu den Freikirchen, die in unsern Landeskirchen mehr oder weniger die Ausrichtung der Kirchgemeinde bestimmt, die Wahl ihrer Pfarrperson, ihrer Kirchenleitung. Dazu gehört auch die Vielfalt von Gottesdienstformen, die Sehnsucht nach Spiritualität, nach Segnung und Heilwerdung, Meditationstanz, Taizé-Gottesdiensten mit ihren Liedern und ihrer Liturgie oder Thomasmessen. Vielfalt in der Einheit. Diese Vielfalt nenne ich nicht Beliebigkeit, sondern Ausdruck der Sehnsucht, das Karge, das Nüchterne des reformierten Seins zu vergeistlichen «zu pneumatisieren», mit Odem zu erfüllen, der die Seele zum Leuchten bringt. Allerdings, das will ich nicht verschweigen, fühle ich mich manchmal an die äusserste Grenze dessen gedrängt, was als Freiheit innerhalb des reformierten Glaubens erkannt werden kann.

7. Christus solus

Im Zentrum des reformierten Glaubens steht Christus. Der Mensch gewordene Gottessohn bedarf keines Mittlers, keines Stellvertreters. Er ist Mittler, Stellvertreter und mitten unter uns. Bullinger hat es im Zweiten Helvetischen Bekenntnis so ausgedrückt: «Wir lehren nämlich, dass Christus der Herr sei und der einzige Oberhirte der Welt bleibe; als Hoherpriester verrichte er vor Gott, dem Vater, und in der Kirche selber

---

14   Hans Ulrich Jäger-Werth, Vertrauen statt Angst. Evangelisch-reformierter Glaube. Eine Einführung, Zürich 2005.

jegliches Priester- oder Hirtenamt bis ans Ende der Welt. Daher bedarf es keines Statthalters, den nur ein Abwesender nötig hat. [...] Er hat seinen Aposteln und ihren Nachfolgern aufs strengste verboten, Vorrang und Herrschaft in der Kirche aufzurichten.»[15] Christus leitet die Gemeinde. Alle Gläubigen haben gleichermassen Anteil am dreifachen Amt Christi (Prophet, Priester, König im Zürcher Verständnis) oder im Verständnis Calvins: *Pasteurs* (Predigt und Seelsorge), *Docteurs* (Katechese), *Anciens* (Älteste/Kirchenleitung) und *Diacres* (diakonischer Dienst an den Bedürftigen). Jedes der drei oder vier Ämter ist gleichwertig, und alle haben gleichermassen Anteil am drei- oder vierfachen Amt Christi. Daraus ergibt sich das allgemeine Priestertum; daraus ergibt sich auch, dass die Ordination zum *Verbi divini minister* kein Sakrament ist, sondern eine Beauftragung aufgrund einer dafür vorgesehenen Ausbildung und Berufung. Alle Ämter werden von allen Kirchenmitgliedern ausgeübt, aber quasi in einer Delegationsnorm auf eine Person übertragen, die im öffentlichen Amt immer nur eine Funktion ausüben kann, mit einer Stimme. Auch die Gemeindeleitung (*Episkopé*) steht nicht über den andern Ämtern, weil Christus der Auftraggeber bleibt. Das Amt der Kirchenleitung wird in reformierter Tradition kollegial ausgeübt nach dem Schema des dreifachen Amtes. Die Struktur der *Episkopé* ist presbyterial-synodal aufgebaut. Die Gemeinde wählt Kirchenpfleger, die zusammen mit Pfarrern und Diakonen die Gemeinde leiten. Die Kirchgemeinde wählt auf Vorschlag der Kirchenpflege Synodale, welche eine überregionale Kirchenleitung bilden. Mit diesem Kirchenleitungsmodell hat der reformierte Protestantismus wesentlich zur Entstehung der modernen westlichen Demokratie beigetragen. Auf Bundesebene ist die Modellstruktur nicht oder noch nicht realisiert. Die 26 Mitgliedkirchen sind im Schweizerischen Evangelischen Kirchenbund SEK in einer Vereinsstruktur organisiert. Die Synoden der Mitgliedkirchen wählen ihre Abgeordneten je nach Anzahl ihrer Mitglieder – aber mindestens zwei – in die Abgeordnetenversammlung. Diese wählen die Exekutive, den Rat des SEK.[16]

---

[15]   Heinrich Bullinger, Cofessio Helvetica posterior (Zweites Helvetisches Bekenntnis) von 1566, in: Georg Plasger/Matthias Freudenberg (Hg.), Reformierte Bekenntnisschriften. Eine Auswahl von den Anfängen bis zur Gegenwart, Göttingen 2005, 187–220 (215).

[16]   Vgl. Anm. 2.

8. Reformierte Identität – was macht sie aus?

Zum reformierten Verständnis – so der Berner Synodalratspräsident
Andreas Zeller – gehöre vieles und vieles habe Platz, aber nicht alles,
obwohl wir nicht auf Ausschliesslichkeit aus seien. Man solle aber nicht
immer an den Rändern suchen, sondern über das Zentrum, die biblische
Botschaft, sprechen. Wie wahr! Trotzdem befassen sich Kirchenleitungen oft mit den Rändern im Personalbereich, aber auch bei der Zulas-
sung neuer Gottesdienstformen, vor allem im Bereich von Jugendgottes-
diensten. Und anderen sogenannten Events.

Der bunte Strauss ist mir als Kirchenratspräsidentin manchmal zu
bunt, ich mag's dezenter: Ton in Ton. Ich plädiere für einen sorgfältigen
liturgischen Umgang mit den beiden Sakramenten Taufe und Abendmahl, die wesentlich sind für unsere Zugehörigkeit zur Gemeinschaft
Evangelischer Kirchen in Europa. Sie sind Bausteine auf dem Weg der
Einheit christlicher Kirchen und sollten keinen Modeströmungen oder
kurzlebigen Events geopfert werden.

9. Was nun? Hocked ab, Majestät?

Reformierte Identität – Was macht sie aus? Inhalt ohne Form? Form
ohne Inhalt? Beides: Inhalt und Form. «Hocked ab, Majestät», sage ich
nicht zum Zaren oder zu Kaisern und Königen – auch mangels Gelegenheit –, sondern zu mir selbst. Denn auch Kirchenfürsten haben auf
diese Fragen keine abschliessenden Antworten. Die Antwort erahnen
wir – ich und Du – im persönlichen Glauben an den lebendigen Gott
und seinen Sohn Jesus Christus. Thomas Wipf hat mich als langjähriger
Weggefährte gelehrt – auch nach «Dominus Iesus» – selbstbewusst und
ungeniert reformiert zu sein als Genossin *und* Kirchenfrau. Politik *und*
Gottesreich! Fast bin ich versucht, für ein *UND*-Christentum zu plädie-
ren.

Für einen Kirchenbund in guter Verfassung[1]

Peter Schmid

Der Rat des Schweizerischen Kirchenbundes arbeitet gegenwärtig unterstützt von den Mitarbeitenden der Geschäftsstelle und weiteren Sachverständigen an den Grundlagen für eine neue Verfassung. Wer den Sachverstand der Verfassungsjuristen anruft, sollte wissen, was er will. Ein neues Grundlagen-Regelwerk ist kein Selbstzweck. Der Gegenstand muss zunächst geklärt sein und anschliessend folgt die Frage nach den angemessenen und juristisch korrekten Rechtstexten. Diese Reihenfolge schliesst selbstredend nicht aus, dass von allem Anfang an Juristinnen und Juristen mitdenken und mitreden. Im Mittelpunkt steht die Frage nach der Zukunft der reformierten Kirchen in der Schweiz. Und diese Frage ruft nach einer inhaltlichen Debatte auf dem Weg zu möglichen Antworten und nach zumindest vorläufigen Vorstellungen. Unterwegs gilt es, eine gewisse Spannung auszuhalten und der Gefahr zu begegnen, allzu rasch und pragmatisch über Modelle und Strukturen zu diskutieren. Skylla und Charybdis lauern auch hier: es geht darum, die Diskussion zwischen Bagatellisierung und Dramatisierung hindurchzuführen. Es dürfte nicht ausreichen, einfach den Ist-Zustand etwas aufzupolieren, aber hoffnungslos kann die Lage der reformierten Kirchen von ihrer Grundlage her nicht sein.

In meinem Beitrag führe ich einige Punkte aus, die mir für die Zukunft der reformierten Kirchen in der Schweiz besonders wichtig sind. Abschliessende Vollständigkeit strebe ich dabei nicht an. Auch ich möchte «mit dem Anfang anfangen» und beginne mit einer Aussage über den christlichen Glauben. Anschliessend schildere ich meine Sicht des Kirchenbundes und weise auf die heutige Erklärungsnotwendigkeiten in einer pluralistischen Gesellschaft hin. Ich trete für die Weiterentwicklung der «Volkskirche» ein, plädiere für die Freude an der Theologie und skiz-

---

[1]   Der vorliegende Beitrag ist eine erweiterte und überarbeitete Fassung einer früheren Arbeit des Autors. Für die Vernehmlassungsvorlage des Schweizerischen Evangelischen Kirchenbundes vom 25. März 2010 zur Verfassungsrevision wurden der Titel und einige Textstellen aus der ursprünglichen Arbeit übernommen.

ziere schliesslich Orte und mögliche Themen für das gemeinsame Nachdenken.

1. Der Hoffnungsüberschuss der christlichen Kirchen

Am Anfang steht das Vertrauen darauf, dass der christliche und – für
uns naheliegend – der evangelische Glaube nicht nur Zukunft hat, sondern Teil der Zukunft ist. Gemeinsam mit den Angehörigen weiterer
Kirchen sind evangelische Christinnen und Christen Mitwirkende in
Gesellschaft, Wirtschaft, Wissenschaft und Kunst. Als Christinnen und
Christen wirken wir auf die Megatrends in der Gesellschaft ein und werden durch sie beeinflusst. Dabei und zugleich leben wir von einem in der
Bibel begründeten Hoffnungsüberschuss, weil wir glauben, dass ein Leben mit einem Gegenüber, das wir Gott nennen, sinnstiftend ist und
bleibt und weil uns der Glaube an die reine Zufälligkeit als zu wenig
glaubwürdig erscheint.

Durch Jesus aus Nazaret, unsern Christus, erkennen wir, dass ein Leben getragen durch Gottvertrauen in einem umfassenden Sinne zu-
kunftsweisend ist. Die ausschliesslich von Menschen gestaltete Wirklichkeit ist oft gnadenlos, deshalb ist «die Rechtfertigung aus Gnade allein»
nach wie vor die «frohe Botschaft». Gelebter, geteilter und mitgeteilter
Glaube braucht «Orte». Unsere Kirchen sind wichtige «Verortungen» des
Glaubens. Der Sorge, dass sich die Menschen von den Kirchen und
damit zum Teil von dem christlichen Glauben abwenden, stellen wir die
Bitte zur Seite, dass Gott sich nicht von unseren Kirchen und uns Menschen abwenden möge. Die herausragende Wirkung von gelebtem Gottvertrauen ist die Gelassenheit – auch bei Reformprozessen und Verfas-
sungsrevisionen. Die Wirkung des christlichen Glaubens erweist sich in
nachvollziehbarem Mut, in lebensförderndem Handeln und in wir-
kungsmächtiger Nächstenliebe. Christliches und kirchliches Denken und
Handeln ist – so meine ich – freudvolles, die Wirklichkeiten der Welt
mitbedenkendes Tun.

2. «Wir sind Kirchenbund»

Die Urgestalt der Kirche ist die Gemeinde. Deshalb ist das Denken und Handeln in den reformierten Kirchen stark gemeindezentriert ausgerichtet. Es wird wohl immer so etwas wie Basisgemeinden geben. Unsere Gemeinden sind tragende Teile eines grösseren Ganzen. Sie leben und überleben nicht aus sich selbst heraus. Lokale Kirchenbehörden und nicht wenige Gemeindepfarrerinnen und Gemeindepfarrer vernachlässigen unter dem hohen Anspruch des Tagesgeschäftes die übergeordneten Zusammenhänge. Dafür habe ich durchaus Verständnis. Als unangemessen banalisierend empfinde ich die eigentümliche reformierte Tendenz, diesen Mangel gleich noch als typischen «reformierten Wert» zu deuten. Zudem wird ganz schnell der Generalverdacht des Autonomieverlustes erhoben. Dass aber gemeinsames Nachdenken auf nationaler Ebene der Stärkung einer qualitativ hochstehenden Autonomie dienen könnte, ist vielen fremd.

Von allem Anfang an standen die christlichen Gemeinden über Briefschreibende und Mittelspersonen in einem gegenseitigen Austausch. Die paulinischen Briefe erwecken nicht den Eindruck, als hätte sich in den frühen christlichen Gemeinden einfach alles «von selber» entwickelt. Das Christentum hat sich nie als eine rein lokale Bewegung verstanden. Wie kein Zweiter trug Calvin dazu bei, dass die Reformation ausserhalb der Grenzen Deutschlands und der Schweiz wirksam wurde. Die Mittel waren ursprünglich aufwendig und sind mit den modernen Kommunikationsmöglichkeiten nicht vergleichbar. Die heutigen Mobilitäts- und Kommunikationsmöglichkeiten rufen geradezu nach einem intensiven Austausch unter den christlichen Gemeinden. Dazu braucht es Gefässe, Strukturen und Abläufe. Aus evangelischer und ganz besonders aus reformierter Sicht geht es bei der Suche nach zeitgemässen Strukturen um die Organisation des Austausches von Glaubensinhalten. Jede Organisationsform benötigt angemessene Leitungsstrukturen und leitende Persönlichkeiten. Die Ausgestaltung der Hierarchie ist kein Selbstzweck und schon gar nicht das herausragende Ziel einer Verfassungsrevision. Im Vordergrund steht die Frage: Wie organisieren wir den Austausch zwischen den verschiedenen Ebenen und wer ist dafür verantwortlich; wer schafft welche Verbindlichkeiten und wer füllt welche Freiräume?

Bei der Suche nach Antworten auf diese Fragen geht es zunächst um Grundsätzliches und erst in einem zweiten Schritt um Pragmatisches.

Unsere Mitgliedkirchen werden gegenwärtig kleiner und ärmer. Wohin diese Entwicklung geht und wie lange der Trend anhält, ist meiner Meinung nach offen. Im Hier und Jetzt rufen die geringer werdenden menschlichen und finanziellen Mittel nach einer Bündelung der Kräfte und einem Näherrücken der Mitgliedkirchen. Die finanziellen Ressourcen sind ein wichtiger Teilaspekt, aber nicht die Hauptsache, denn die Zuversicht der Kirchen lebt von der Ressource des Glaubens und nicht vom Glauben an die Ressourcen.

Der Schweizerische Evangelische Kirchenbund ist und bleibt Ausdruck des gemeinsamen Willens seiner Mitgliedskirchen. Die Konstruktion des Kirchenbundes folgt den Regeln der Statik. Das Haus trägt das Dach und nicht umgekehrt. Inhalt und Form richten sich nach zwei vordergründig widersprüchlichen Zielsetzungen: Sie sorgen einerseits für erkennbare Konstanz und andererseits für zeitgemässe Weiterentwicklung. Form und Inhalt müssen sich angesichts der Megatrends[2] «Globalisierung», «Mobilität» und «Pluralismus» bewähren. Die Mobilität von Menschen, Ideen und Gütern erfolgt heute in hoher Geschwindigkeit. Gleichzeitig brauchen die Menschen Heimat, Geborgenheit, Vertrautheit. Der moderne Mensch hält sich mit Leichtigkeit – real und virtuell – gleichzeitig an mehreren Orten auf. Die Kirchen bemühen sich, im Dorf zu bleiben, aber die Dörfer globalisieren sich, was zur kühnen Metapher von der «Welt als globales Dorf» führt. Der Rückzug auf das Regionale oder gar Lokale wäre nach dieser «neuen» Logik ein Auszug aus dem globalen Dorf.

Die – teilweise – globalisierte Welt fordert uns zum Grundsatzentscheid heraus: Wollen wir schweizerischen Reformierten als konfessionelles Nischenprodukt überleben oder leisten wir ohne Überheblichkeit ausgehend von unserer Glaubenstradition einen Beitrag zur Lösung einiger drängender Fragen Europas und der Welt. Deutlicher als bisher – so meine Einschätzung – verstehen wir uns als einen Teil der weltweiten evangelischen Kirche und ganz besonders fühlen wir uns verbunden mit den Reformierten in aller Welt. Dabei streben wir nicht nach einer machtvollen Weltkirche, sondern möchten uns als verlässliche und soli-

---

[2] Zu den Megatrends siehe Jörg Stolz/Edmée Ballif, Die Zukunft der Reformierten, Zürich 2010.

darische Partner unserer reformierten Schwestern und Brüder jenseits der Landesgrenzen (auch jenseits der Schengen-Grenzen) bewähren.

3. Der neue (Er-)Klärungsbedarf nach innen und aussen

Lange Zeit schien die Welt in der Schweiz in Ordnung. Es gab für die meisten Menschen einfach «Reformierte» und «Katholiken». Der Erklärungsbedarf war gering, die Tradition schuf zumindest oberflächliche Klarheit. Heute stossen die Menschen in ihren Familien und an ihren Wohn- Schul- und Arbeitsorten auf Angehörige anderer Weltreligionen und auf Konfessionslose. Die Mitglieder unserer Kirchen werden gefragt und sollten auskunftsfähig sein. Viele Christinnen und Christen – zumal jene aus den Landeskirchen – sehen sich einer ungewohnten Herausforderung gegenüber: Sie müssen mehr von ihrem Glauben benennen können als nur gerade die halbwegs korrekte Bezeichnung ihrer Konfession und geraten damit rasch an Grenzen. Die Sprachlosigkeit in eigener Sache ist einer der Gründe für die diffusen Ängste gegenüber andern Weltreligionen und darüber hinaus ein untauglicher Ausgangspunkt für kritische Anfragen an diese. Die hohe Zustimmung zur Anti-Minarett-Volksinitiative hatte – so meine ich – nicht ausschliesslich mit den Ängsten vor dem Erstarken des Islams zu tun, sondern zumindest ebenso mit einem unbestimmt empfunden Unvermögen, den eigenen – christlichen – Glauben in Worte fassen und in Gefühlen und mit Gesten ausdrücken zu können.

Es scheint paradox zu sein, doch eine homogene Gesellschaft kann sich viel Heterogenität leisten. Eine heterogene Gesellschaft braucht homogene Inseln, sonst zerfällt sie. Ähnliches gilt für die reformierten Kirchen.

Geklärte und übereinstimmende Aussagen über Kirchenmitgliedschaft, Taufe, Abendmahl, Ordination, unverzichtbare Teile der Liturgie, Verständnis der Ämter machen die Reformierten zu einer erkennbaren Stimme und Gemeinschaft im Zusammenwirken mit den weiteren evangelischen Kirchen, mit den andern christlichen Kirchen und unserer Gesellschaft und in der Begegnung mit den übrigen Weltreligionen.

4. Der SEK muss einlösen, was sich die andern versprechen

Das Institut für Ethik und Theologie beim SEK wurde 1971 durch Beschluss der Abgeordnetenversammlung gegründet. Die geltende Verfassung nennt diesen unverzichtbaren Ort des Nachdenkens über theologische und sozialethische Fragen nicht. Der Rat des SEK spricht mit der
Landesregierung, führenden Politikerinnen und Politikern, den Ge-
schwister-Kirchen, den Organisationen der Weltreligionen.

Der SEK will und muss ein verlässlicher Partner der Weltgemeinschaft Reformierter Kirchen, der Gemeinschaft Evangelischer Kirchen
in Europa und der Konferenz Europäischer Kirchen sein. Die gültige
Verfassung gesteht zwar dem SEK durchaus zu, im Namen der Mitgliedkirchen zu sprechen, aber nicht, in ihrem Namen zu handeln. Gesucht sind nicht einfach «Generalvollmachten» für den SEK, sondern
taugliche Instrumente der gezielten Mandatierung.

Bei nüchterner Betrachtung verpflichten sich die Abgeordneten der
Mitgliedkirchen mit ihren Mehrheitsbeschlüssen nicht einmal sich selbst;
sie können ihrer Heimatkirche übermitteln, was immer sie wollen. Die in
der Verfassung umschriebene Verbindlichkeit der Mehrheitsbeschlüsse
wird im selben Satz gleich stark eingeschränkt.

5. Als Volkskirche wirksam bleiben

Aus meiner Sicht müssen die reformierten Kirchen «Volkskirchen» sein
und bleiben. Es gibt zwar nah und fern durchaus andere taugliche und
erfolgreiche Kirchenmodelle. Der Begriff «Volkskirche» entbehrt der
messerscharfen Definition. Ich verstehe den «Volks-Begriff» in diesem
Zusammenhang integrierend und nicht ausgrenzend. Er birgt Gefahren
in sich. Rudolf Bultmann stellte bereits 1933 angesichts «völkischer»
Umdeutungen richtig, dass das Evangelium stets «*an* das Volk, nie *aus*
dem Volk»[3] ergehe. Nach meinem Verständnis steht hinter einer «Volkskirche» die Idee der Verantwortung für das Ganze, für die Gemeinschaft,

---

[3]   Zit. n. Konrad Hamman, Rudolf Bultmann, eine Biographie, Tübingen 2009,
282.

sie richtet sich an das Volk. Es gibt den Begriff «Volkswirtschaft». Er ist im wirtschaftlichen Denken und Handeln leider kaum mehr gegenwärtig. Sein Verschwinden bringt der Weltwirtschaft wahrlich nichts Gutes. Volkskirche meint mehr als nur die allgemeine, öffentliche Zugänglichkeit für zukünftige Mitglieder. Ich sehe das Modell der Volkskirche als Gegenposition zur Privatisierung des religiösen Glaubens. Ich staune immer wieder darüber, wie leichtfertig die Privatisierung des Religiösen selbst von überraschender Seite gefordert wird. Dahinter steht oftmals der Mythos, dass mit einer strikten Trennung von «Kirche und Staat» bereits ein Beitrag zur Demokratisierung und zur Gewährleistung der Menschenrechte geleistet sei. So forderten die Jungsozialisten der Schweiz kürzlich die Privatisierung der Theologischen Fakultäten. Ihre Forderung fand wenig Resonanz. Die Jungsozialisten bewiesen damit eine arge Unkenntnis der Geschichte der Schweizerischen Sozialdemokratie. Die religiös-soziale Bewegung ist ihnen fremd, von den religiösen Sozialistinnen und Sozialisten wissen sich nichts (mehr).

Eine Volkskirche erhebt einen Anspruch auf Öffentlichkeit und stellt sich den Ansprüchen der Öffentlichkeit. Sie verantwortet sich vor Gott und der Öffentlichkeit. Sie beansprucht die Redefreiheit und die Inszenierungsfreiheit durch Veranstaltungen; sie ist und bleibt mit Gebäuden und Symbolen sichtbar.

Sie tritt ein für den Religionsunterricht an öffentlichen Schulen und die Theologischen Fakultäten an staatlichen Universitäten. Die reformierten Kirchen in der Schweiz dürfen einen zeitgemässen, sorgfältig gestalteten, theologisch fundierten Religionsunterricht durchaus als einen Beitrag zur Aufklärung verstehen. Ich plädiere für ein Anknüpfen an das Konzept des «hermeneutischen Religionsunterrichtes». Dessen Zielsetzung ist einfach und schwierig zugleich: Es geht um Kenntnisse biblischer Geschichten und das Verstehen biblischer Texte. Einfach ist das Konzept, weil damit die Begegnung mit der Bibel erzählend beginnt, indem Kinder Geschichten aus der Bibel hören. Der hermeneutische Religionsunterricht geht sodann in einem zweiten Schritt den Fragen nach: Was steht in der Bibel und wie sind die biblischen Texte zu verstehen. Dabei geht es nicht um das «einzig» richtige Verstehen, sondern um «entdeckendes Lernen». Schwierig ist die Zielsetzung deshalb, weil eine Vielzahl von biblischen Texten wirklich nicht einfach zu verstehen ist.

Den Religionsunterricht würde ich mindestens einer vergleichbaren Qualitätssorge wie den übrigen Unterrichtsfächern an den öffentlichen

Schulen anheimstellen. Religionsunterricht muss nicht neutraler sein als die öffentliche Schule überhaupt. Die öffentliche Schule ist u. a. der Religionsfreiheit verpflichtet. Deswegen ist sie noch lange kein religionsfreier Raum. Freude, ja Begeisterung am Fach wirken an den Schulen belebend und nicht störend. Auch eine Deutschlehrerin darf durchaus öffentlich ihre bevorzugten Autorinnen und Autoren nennen, sie soll nicht nur über Literatur sprechen, sie wird auch mit den Schülerinnen und Schülern Werke lesen, kaum jemand käme auf die Idee, von ihr strikte Neutralität zu verlangen. Ich empfehle den Bildungsverantwortlichen in religiösen Dingen entspannte Normalität.

Die evangelisch-reformierten Kirchen bewähren sich als verlässliche Begleiterinnen der Menschen in besonderen Lebenslagen und verleihen unserer Gesellschaft Sprache bei ausserordentlichen traurigen und freudvollen Ereignissen. Eine Volkskirche sucht die Verbindung zwischen wissenschaftlich fundierter Theologie und dem religiösen Empfinden der einzelnen Menschen. Die Volkskirche braucht Menschen, die sich in ihr selbst, aber darüber hinaus in Gesellschaft, Kunst, Wirtschaft und Wissenschaft zum (evangelisch-reformierten) Christentum bekennen. Sie bietet Raum auch für ein «diskretes» Christentum – für die «Stillen im Lande» aus der Moderne. Es gibt eine zurückhaltende, aber dennoch wirkungsmächtige Glaubenshaltung. Die Volkskirche engagiert sich in der und für die Gesellschaft durch Zuspruch und Einspruch. Sie erkennt auch im Kulturprotestantismus einen Wert.

Eine Volkskirche bewegt sich innerhalb der staatlichen Rechtsordnung, soweit diese demokratisch legitimiert ist und die Menschenrechte und das internationale Völkerrecht beachtet.

Eine Volkskirche ist nicht einfach Staatskirche. Die Trennung von Kirche und Staat ist – wie oben ausgeführt –, für sich genommen, keineswegs ein absoluter Wert. Auch nach der Trennung von Kirche und Staat ergeben sich Demokratie, Rechtsstaat und Menschenrechte nicht wie von selbst. Dies belegt ein schlichter Blick in die jüngere Geschichte. Wir leben in der Phase nach der vollzogenen Trennung. Nun geht es darum, das Getrennte sinnvoll aufeinander zu beziehen.

6. Die Freude an der eigenen Disziplin

Die Theologie ist die wissenschaftliche Hausdisziplin der Kirchen. Selbstverständlich sind andere Fachrichtungen für die Kirchen wichtig, doch haben sie – wie Musik und Soziale Arbeit – auch ausserhalb der Kirchen ihre «Orte». Das vernunftgeleitete, wissenschaftlich fundierte theologische Arbeiten hat innerhalb der evangelischen Kirchen eine lange Tradition; die Freiheit von Lehre und Forschung ist ihnen wichtig. Dem Wissenschaftstransfer wird in andern Disziplinen grosse Bedeutung zugemessen. Solches gilt auch für die Theologie. Die Ergebnisse der theologischen Forschung müssen unsere Kirchen auf angemessene Weise erreichen. Die reformierten Kirchen legen grossen Wert auf das selbständige Urteil ihrer Mitglieder, deshalb haben diese einen Anspruch auf Mitwissen.

Der Mehrwert der sozialethischen Stellungnahmen der Kirchen nährt sich aus der Theologie. Auf diese Weise leisten sie einen Beitrag zur interdisziplinären Erörterung einer gesellschaftlich relevanten Fragestellung.

7. Auf dem Weg in die Zukunft

Der gegenwärtige Rat des SEK (2007–2010) ist der Meinung, dass der Ausdruck eines gemeinsamen Willens und Wollens der reformierten Kirchen der Schweiz in einem gestärkten Kirchenbund gut aufgehoben wäre. Selbst eine Reformierte Kirche Schweiz schlösse einen föderalen Aufbau keineswegs aus. Es sind Modelle denkbar, die nahe den Mitgliedkirchen entlang strukturiert sind. Es wäre jeweils sorgfältig zu klären, welche Teile des kirchlichen Lebens durch Übereinstimmung gewinnen und welche Bereiche lebensnaher durch regionale und lokale Ausgestaltung organisiert werden.

So trüge eine grundsätzliche Übereinstimmung bei Taufe, Abendmahl und Ordination zur Erkennbarkeit der Reformierten bei. Einige feste liturgische Elemente des reformierten Gottesdienstes fördern die grenzüberschreitende Vertrautheit, wie es das Beispiel des gemeinsamen Kirchengesangbuches zeigt. Anstellungsbedingungen, Pflege der lokalen und regionalen Traditionen und des Brauchtums, die Nähe zu regionalen und lokalen Behörden, die unmittelbare Begegnung mit den einzelnen Menschen, die Ausgestaltung der Spezialpfarrämter sind Dinge, die auch zukünftig in dezentralen Strukturen gut aufgehoben sind.

Selbst Fragen von übergeordneter Bedeutung müsste zukünftig nicht ausschliesslich durch den SEK bearbeitet werden. Definierte Leistungs-aufträge mit geklärter finanzieller Abgeltung sind Instrumente, die den regionalen Sachverstand abholen und einbeziehen. Ich plädiere für einen SEK, der Orte des gemeinsamen Nachdenkens für herausragende Frage-stellungen verpflichtet. Solche Orte sind zum Beispiel die Fachstellen der Mitgliedkirchen, die Theologischen Fakultäten, die Universitäten und die Fachhochschulen, die kirchlichen Tagungsstätten mit ihren Studienlei-tungen. Im Willen zur Kooperation lässt sich vieles realisieren.

8. Themen des gemeinsamen Nachdenkens

Ich nenne vier mögliche Themenfelder, die aus meiner Sicht – wie im letzten Abschnitt geschildert – durch eine Bündelung der fachlichen Kompetenzen zu bearbeiten wären.

Da ist – erstens – die Frage der zukünftigen Gemeindebildung. Ge-sucht sind neue oder ergänzende, zusätzliche Modelle, die der heute weit verbreiteten Mobilität in ganz vielen Lebensbereichen Rechnung tragen. Das gegenwärtig gängige Modell der Gemeindebildung entlang der staat-lich strukturierten Territorien berücksichtigt die Lebenswirklichkeit der Menschen nur noch teilweise. Die Zukunft liegt wahrscheinlich bei einer Vielfalt von Modellen, die nebeneinander bestehen. Ansätze dazu gibt es z. B. bei den City-Kirchen.

Besondere Bedeutung hat für mich – zweitens – die Qualität der got-tesdienstlichen Begleitung der Menschen. Der sonntägliche Gottes-dienstbesuch als selbstverständlicher Teil der Wochenübergangsgestal-tung wird von einer Minderheit gepflegt. Die moderne «Regelmässigkeit» geht von einem konkreten Anknüpfungspunkt im eigenen Leben aus: Geburt, besonderer Lebensabschnitt, Eheschliessung oder Eintritt in eine Partnerschaft, Tod, Erschütterung durch freudvolle oder traurige Ereignisse, Jahreszeiten, Schuljahresbeginn, «runde» Geburtstage. Da-durch sind die Erwartungen an die Gottesdienste gestiegen und nicht etwa verflacht.

Ich schlage – drittens – vor, einen Ort des systematischen Nachden-kens über Kirchen- und Gemeindeleitungsmodelle und die sich daraus ergebenden Folgerungen für die Aus- und Weiterbildung einzurichten. Es gibt eine schweizerisch-reformierte Zurückhaltung in diesen Fragen. Die heute hochgehaltene Selbstregulierungsthese ist bei Lichte besehen zumindest sehr anstrengend und verzehrt viele Kräfte. Sie scheint mir zudem äusserst konfliktträchtig zu sein. Auch hier liegt m. E. die Zukunft in der Vielfalt. Eine kleine Kirchgemeinde mit einer Pfarrperson, je einer stundenweise wirkenden Person an Orgel, im Sigristendienst und im Religionsunterricht oder eine grosse Kirchgemeinde mit zwanzig bis dreissig voll- und nebenamtlichen Mitarbeitenden sind nicht nach dem gleichen Gemeindeleitungsmodell führbar.

Schliesslich trete ich – viertens – dafür ein, ein Ordinarium der reformierten Kirchen in der Schweiz zu entwickeln. Das Ordinarium (wörtlich: das Geordnete) enthält die wesentlichen Elemente des reformierten Glaubens- und Kirchenverständnisses. Wer anders sein will als zum Beispiel die grosse Schwester-Kirche und anders funktionieren will als zum Beispiel ein Wirtschaftsunternehmen, der muss einige wesentliche Grundzüge des Denkens und Glaubens «aus sich heraus» benennen. Dazu dienen u. a. Bekenntnistexte, liturgische Elemente, Übereinstimmung beim Verständnis der Ämter und der Sakramente. Der aus religionssoziologischer Sicht feststellbare Traditionsabbruch[4] schafft gegenüber früheren Zeiten neue Notwendigkeiten. Verbindliche Elemente sind auch verbindende Elemente und helfen mit, eine Vertrautheit zu schaffen. Ich möchte, dass sich die Reformierten auf der ganzen Welt erkennen können, das wäre nichts weniger als ein Stück Heimat in einer (teilweise) globalisierten Welt.

9. Ein Ziel

Wohin die Diskussion auch immer führen mag, schlussendlich entscheidet gemäss den gültigen Zuständigkeiten die Abgeordnetenversammlung über die Zukunft des SEK. Dies sei zur Erinnerung all jenen in das Stammbuch geschrieben, die einen zu starken Einfluss von «oben» befürchten.

---

4   Zum Traditionsabbruch siehe Stolz/Ballif, Die Zukunft [Anm. 2].

Ich wünsche mir einen Schweizerischen Evangelischen Kirchenbund, getragen von allen evangelischen Kirchen, die zu der Gemeinschaft Evangelischer Kirchen in Europa gehören. In diesem Kirchenbund wären die reformierten Kirchen der Schweiz eine wichtige verlässliche und erkennbare Stimme.

10. Literaturhinweise

Die folgenden drei Publikationen werden nicht wörtlich zitiert, beeinflussten jedoch die Überlegungen des Autos stark:

José Casanova, Europas Angst vor der Religion, Berlin University Press 2009.

Rat SEK, Für einen Kirchenbund in guter Verfassung, Bericht und Antrag des Rates SEK an die Abgeordnetenversammlung von 8./9. November 2010 betreffend Revision der Verfassung, Vernehmlassungsvorlage vom 25. März 2010.

Rolf Schieder, Sind Religionen gefährlich? Berlin University Press 2008.

Einige der beschriebenen Überlegungen wurden neben weiteren Gedanken erstmals publiziert in:

Peter Schmid, Die Reformierten reformieren! Der Reformprozess des SEK, in: Schweizerisches Jahrbuch für Kirchenrecht, Bd. 14/2009, Bern 2010, 81–89.

Reformiert im Süden

Zur Wahrnehmung der protestantischen Präsenz an der Grenze zwischen der Schweiz und Italien[*]

Paolo Tognina

Nach der offiziellen Anerkennung der Protestanten im Wallis im März 1974 und – zwei Jahre zuvor – der Katholiken in Basel-Stadt, entschied sich das Tessin – als letzter Kanton –, die Parität der beiden grossen christlichen Kirchen rechtlich zu garantieren. Für die Anerkennung der evangelisch-reformierten Kirche als öffentlich-rechtliche Körperschaft wurde eine Teilrevision der kantonalen Verfassung vom 4. Juli 1830 (revidiert am 29. Oktober 1967) nötig, die von der Tessiner Bevölkerung am 10. Oktober 1975 mit einer Änderung des ersten Artikels der kantonalen Verfassung angenommen wurde. Seither ist die protestantische Kirche in rechtlicher Hinsicht der katholischen Kirche gleichgestellt.

Artikel 1 der Tessiner Kantonsverfassung schrieb in seiner ursprünglichen Fassung von 1830 fest: «Die römisch-katholische Religion ist die Religion des Kantons.» Der von 56 733 Stimmenden angenommene und von 6 626 Stimmenden abgelehnte revidierte Artikel 1 lautet heute: «Die Gewissensfreiheit, die Glaubensfreiheit und die freie Ausübung des Gottesdienstes werden gewährt. Die römisch-katholische und die evangelisch-reformierte Kirche sind Körperschaften öffentlichen Rechts und organisieren sich selbständig. Das Gesetz kann die juristische Persönlichkeit öffentlichen Rechts auch anderen religiösen Gemeinschaften zuerkennen.»

Der Bund der evangelisch-reformierten Kirchen im Tessin reagierte damals mit Befriedigung auf das Abstimmungsergebnis und hielt fest, dass «man mit der Revision des ersten Artikels von Seiten des Grossen Rats des Kantons Tessin die kantonale Verfassung an die eidgenössische habe angleichen wollen, welche die Gedanken-, Gewissens-, Glaubens-

---

und Meinungsfreiheit sowie die Freiheit des Gottesdienstes garantiere, und man damit die Laizität des Staates unterstreiche».[1]

Ein Jahr später – 1976 – konstituierte sich die evangelisch-reformierte Kirche des Kantons Tessin (Chiesa evangelica riformata nel Ticino, Cert). Länger und schwieriger hingegen gestaltete sich die Umsetzung der vom Volk angenommenen Verfassungsnorm auf Gesetzesebene. Erst mehr als zwanzig Jahre nach der Verfassungsabstimmung kam der Prozess zum Abschluss, sodass sich die Cert endlich offiziell – d. h. gemäss geltendem Recht – konstituieren konnte. Das am 14. April 1997 erlassene Gesetz trat am 1. Juli 1998 in Kraft.

In diesem Zusammenhang ist auch die weitere Revision der kantonalen Verfassung des Kantons Tessin vom 14. Dezember 1997 bedeutsam. Im neuerlich revidierten Artikel 1 wird auf jeglichen Bezug zur Religion verzichtet: «Der Kanton Tessin ist eine demokratische Republik italienischer Sprache und Kultur.»

Die Verfassung schreibt in Artikel 24 den Status der evangelischreformierten Kirche als eine Persönlichkeit des öffentlichen Rechts fest. Mit den in einem Zeitraum von zwanzig Jahren getroffenen politischen Entscheiden schliesst sich ein Kreis, der mehr als ein Jahrhundert umspannt und an dessen Anfang die Rückkehr von Protestanten ins Tessin im 19. Jahrhundert steht. Die deutschsprachige Herkunft ihrer Mitglieder führte zunächst dazu, dass die evangelischen Gemeinden im politischen und sozialen Geschehen des Kantons kaum integriert waren. Erst ein Mentalitätswandel, einschliesslich der konsequenten internen Förderung des Italienischen als Sprache des Tessiner Protestantismus, führte aus der Isolation heraus. Die Entwicklung mündete in der – wenn auch von Unsicherheiten, Zweifeln und grosser Zurückhaltung geprägten – Beteiligung des Tessiner Protestantismus an der politischen Diskussion um die Erneuerung der Beziehung zwischen Staat und Kirche. Diese Debatte hat wesentlichen zu der Überzeugung von der religiösen Neutralität des Staates im Tessin beigetragen.

---

[1]   Synodalrat des Bundes der evangelischen Gemeinden des Kantons Tessin (Consiglio sinodale della Federazione delle comunità evangeliche del Ticino) vom 29. September 1975: kantonale Abstimmung vom 26. Oktober 1975, über die Annahme bzw. Nicht-Annahme der Verfassungsrevision, angenommen vom Grossen Rat am 3. April 1975.

1. Die Rückkehr der Protestanten im 19. Jahrhundert

Die Vertreibung der reformierten Gemeinde von Locarno im März 1555 hatte auf sehr abrupte Weise die protestantische Präsenz in den südlichen gemeinen Herrschaften der Schweizerischen Eidgenossenschaft beendet. Die Gemeinde war als Folge der Predigttätigkeit des Mailänder Priesters Giovanni Beccaria entstanden und bestand auf ihrem Höhepunkt aus über 300 Personen, darunter Mitgliedern aus wichtigen Familien von Locarno. Aber der Beschluss von einigen eidgenössischen Orten, die Ausbreitung der protestantischen Reform in den südlichen Alpen zu verhindern, zwang die reformierte Gemeinde von Locarno ins Exil. Zuflucht fand eine recht grosse Gruppe jener Exilanten aus Glaubensgründen im Zürich Heinrich Bullingers.[2]

Seither duldeten die eidgenössischen Orte in den Untertanengebieten des Maggiatales, von Locarno, Lugano und Mendrisio bis zur Zeit Napoleons ausschliesslich die römisch-katholische Konfession. Die Gegenreformation, die südlich des Gotthards vom Mailänder Erzbischof Carl Borromäus angeführt wurde, verstärkte jene religionspolitische Strategie, die wirksam und für lange Zeit jegliche protestantische Präsenz im Tessin verhinderte.

Der 1803 gegründete Kanton Tessin erklärte die römisch-katholische Kirche zur Staatskirche. Und das 1866 von der konservativen Tessiner Regierung erlassene kirchliche Zivilgesetz erkannte ausschliesslich der römisch-katholischen Kirche den Status einer Körperschaft öffentlichen Rechts zu.

Erst in der zweiten Hälfte des 19. Jahrhunderts entstanden im Tessin von neuem kleine protestantische Gruppen. Der erste evangelische Nukleus italienischer Sprache entstand in Folge der Aktivitäten des Bündner Pfarrers Georg Leonhardi um 1860 in Lugano. Die kleine Gemeinschaft wurde später vom Waldenser Pfarrer Giovanni Davide Turino aus Mailand betreut. Im Auftrag des Evangelisationskomitees der evangelischen Waldenserkirche in Italien übernahmen ab 1885 Pfarrer aus Como die Predigttätigkeit in Lugano. So lernte auch Paolo Calvino die Evangelischen von Lugano kennen, der später lange und wirkungsvoll im Tessin

---

[2] Zum Schicksal der Flüchtlinge von Locarno vgl. Rudolf Pfister, Um des Glaubens Willen. Die evangelischen Flüchtlinge von Locarno und ihre Aufnahme zu Zürich im Jahre 1555, Zollikon-Zürich 1955.

arbeiten sollte, was ihm schliesslich den Beinamen «Apostel des Tessins» eintrug.[3] In den 1870er Jahren entstanden weitere evangelische Gruppen italienischer Sprache in Mendrisio, Stabio, Novaggio, Locarno, Brissago, Biasca und Airolo.[4]

Diese Gründungen kamen anfangs vorzugsweise auf Initiative von Italienern zustande. Unter ihnen waren Methodisten und Mitglieder von Freikirchen, die aus politischen oder religiösen Gründen ins Tessin geflohen waren, wo ihnen gewisse Freiheiten zugestanden wurden. Später gesellten sich italienische Arbeiter dazu, die im Rahmen des Baus des Gotthard-Eisenbahntunnels ins Tessin gekommen waren, um auf den Baustellen des Gotthard-Eisenbahntunnels zu arbeiten. Durch ihre Kontakte mit evangelischen Kolporteuren und Predigern waren sie zum Protestantismus konvertiert. Dagegen schlossen sich nur wenig Tessiner jenen entstehenden evangelischen Gemeinschaften an. Mit Blick auf das spärliche Interesse der einheimischen Bevölkerung an der evangelischen Botschaft bemerkte Pfarrer Carlo Gay aus Biasca: «Der Kanton Tessin ist die für das Evangelium am wenigsten empfängliche Gegend, die ich kennengelernt habe, zusammen mit der Romagna und Apulien.»[5]

In den 1870er Jahren entstand in Lugano die erste Gruppe von Evangelischen deutscher Sprache. Ihre Mitglieder waren vor allem aus den nördlichen Kantonen der Schweiz und aus Deutschland gekommen. Auch in Bellinzona und in Biasca bildeten sich Gruppen aus Arbeitern und Angestellten aus der Deutschschweiz, die wegen des Baus und Betriebs des Gotthard-Eisenbahntunnels ins Tessin gekommen waren.

Neben dem Evangelisationskomitee der evangelischen Waldenserkirche in Italien wurde die evangelische Bewegung im Tessin auch von zwei Basler Komitees unterstützt, die im Zuge der Erweckungsbewegung in der Rheinstadt entstanden waren: einerseits der «Verein für die Evangeli-

---

[3]   Alfred Stucki, Glaubenszeugen des Südens. Drei Lebensbilder aus Italien, Basel 1961, 52–65, bezeichnet Pfarrer Paolo Calvino als «Apostel des Tessins».

[4]   Zur Verbreitung des Protestantismus im Tessin in der zweiten Hälfte des 19. Jahrhunderts vgl. Albert De Lange, Paolo Calvino e l'opera de «Comitato italiano» di Basilea a Biasca alla fine dell'Ottocento, in: Emidio Campi/Giuseppe La Torre (Hg.), Il protestantesimo di lingua italiana nella Svizzera. Figure e movimenti tra Cinquecento e Ottocento, Torino 2000, 117–133.

[5]   Brief von Carlo G. Gay, reformierter Pfarrer in Biasca, an Matteo Prochet, Präsident des Evangelisationskomitee der evangelischen Waldenserkirche in Italien vom 28. Oktober 1890.

sation in Spanien, Italien und im Tessin», der «Kolporteure» und Prediger italienischer Sprache ausschickte, und andererseits der das Werk der «Protestantisch-kirchlichen Hilfsvereine» für die evangelischen Schweizer im Tessin koordinierende «Vorverein» von Basel, der die deutschsprachigen Evangelischen unterstützte.

Für die Arbeit des «Comitato italiano» («Verein für die Evangelisation in Italien und im Tessin») bildete der 11. Oktober 1881 ein historisches Ereignis: Nach mehr als drei Jahrhunderten entstand erneut eine protestantische Kirche im Tessin. An jenem Tag gründeten der Evangelist Angelo Peruzzi und zweiundzwanzig Evangelische aus Biasca die «Freie Christliche Kirche – Kanton Tessin (Biasca)». Zwei Jahre später kam der Waldenser Pfarrer Paolo Calvino mit dem Auftrag nach Biasca, das von Peruzzi begonnene Werk zu konsolidieren. Von Biasca aus kontrollierte er die Arbeit des Evangelisten Gaetano Barbieri in Locarno und reiste monatlich nach Lugano – und seltener nach Novaggio –, um in italienischer und französischer Sprache zu predigen. Am 21. Juni 1886 wurde das mit Hilfe von Spenden aus Basel erbaute Kirchengebäude in Biasca eingeweiht, das neben der eigentlichen Kirche die evangelische Elementarschule beherbergte. Damit hatte der Tessin seine erste evangelische Kirche erhalten. Von den zu jener Zeit ungefähr 3000 Einwohnern Biascas gehörten etwa dreissig Personen zur Evangelischen Gemeinde um Pfarrer Calvino. Hinzu kamen Sympathisanten im Umfeld von Schule und Kirche.

2. Die Eröffnung des Gotthardtunnels

1941–1942 erschien in Lugano die vom katholischen Priester Alfonso Codaghengo herausgegebene «Religiöse Geschichte des Kantons Tessin». In diesem Werk wird das Wiederaufkommen des Protestantismus im Kanton in der zweiten Hälfte des 19. Jahrhunderts in wenigen Zeilen abgehandelt: «Unglückliche kirchliche Abtrünnige, die aus Italien gekommen waren [...], Provokationen protestantischer Propaganda, vor allem in Biasca und Novaggio, fanden wegen des Handelns von Mons. Molo einen solchen Widerstand unter den Tessinern, dass die Angreifer von der Nutzlosigkeit ihrer Arbeit überzeugt wurden. So wurden diese

Unruhen gegen das Ende des Episkopats von Mons. Molo schwächer und verschwanden schliesslich.»[6] Über die Entstehung protestantischer Gemeinden in verschiedenen Orten des Tessins schweigt sich das kirchengeschichtliche Werk aus. Die protestantische Präsenz im Tessin wird als ein episodisches Randphänomen dargestellt.

Betrachtet man allerdings die statistischen Daten über die religiöse Zugehörigkeit der Einwohner des Kantons in den Jahren des Episkopats von Vincenzo Molo (Apostolischer Administrator zwischen 1887 und 1904) und in der ersten Hälfte des 20. Jahrhunderts, so ergibt sich ein viel dynamischeres Bild, als die Angaben im Werk von Codaghengo nahelegen: Im Jahr 1888 wurden im Tessin 1033 Protestanten aller Denominationen gezählt (kaum mehr als 0,8 Prozent der gesamten Wohnbevölkerung). 1900 hatte sich ihre Zahl mit 2209 Protestanten (1,6 Prozent) bereits mehr als verdoppelt. Und zu Beginn der 1940er Jahre zählten die Protestantischen Gemeinden im Tessin bereits 9053 Mitglieder (5,6 Prozent).

Wie kann das Auseinanderklaffen zwischen der von Codaghengo repräsentierten katholischen Wahrnehmung des Protestantismus im Tessin und den genannten statistischen Daten erklärt werden? Man kann sicherlich annehmen, dass der Autor den Willen hatte, der protestantischen Präsenz im Kanton nicht allzu viel Gewicht zu verleihen, um die Einheit zwischen Katholizismus und Tessiner Gesellschaft zu bestätigen. In diesem Sinne bemerkt Codaghengo, dass «der böse Same der Häresie» von «zerrütteten oder rebellischen Menschen» aus Italien verbreitet worden und «in unsere gemeinen Herrschaften eingedrungen» sei, und streicht damit das für das Wesen der Tessiner Gesellschaft Fremde des neuen Glaubens heraus. Aber die Feststellung der protestantischen Schwäche hat möglicherweise auch objektive Gründe, die mit den Umständen der Zunahme der Evangelischen Bevölkerung im Tessin zu tun hat.

Die Eröffnung der Gotthard-Eisenbahnlinie im Jahr 1882 beendete die relative Isolation des Kantons gegenüber dem Rest der Schweiz und ebnete den Weg für einen bedeutenden Migrationsstrom aus dem Norden. Die Zuwanderung von mehrheitlich deutschsprachigen Schweizer

---

    [6]   Alfonso Codaghengo (Hg.), Storia religiosa del Cantone Ticino, vol. I, Lugano 1941, 183.

Bürgern, die nicht Tessiner waren und – in weit geringerem Mass – von Deutschen bildete den Hauptgrund für das rasche Anwachsen der protestantischen Bevölkerung im Tessin. Verglichen mit den – von Bischof Molo scharf kritisierten und bekämpften – Versuchen der Evangelisation in italienischer Sprache, erschien die deutschsprachige protestantische Immigration weit weniger bedrohlich. Sie zeigten keine Neigung zum Proselytentum und lebten eher isoliert.[7]

Diese Entwicklung hatte Auswirkungen auf die Strategien der Deutschschweizer Komitees zur Verbreitung des Protestantismus im Tessin. Ursprünglich richtete sich ihr Engagement auf die italienischen Gastarbeiter. Entsprechend bemerkte 1875 der Präsident des Basler «Kolportagecomités», Emanuel Herzog-Reber: «Es ist nicht ohne Absicht, dass Gott uns diese Vielzahl italienischer Arbeiter schickt, deren Seelen, welche die Grundlagen des Evangeliums nicht kennen und von den römischen Irrtümern genährt sind, der einzigen geistliche Nahrung benötigen, die sie lebendig machen kann.» Auch der ihm nachfolgende Präsident Adolf Vischer-Sarasin äusserte noch 1882 die Überzeugung, «dass die Schweiz besonders aufgerufen [sei], diesen Bruchteil italienischer Nationalität zu evangelisieren».[8] Aber angesichts des mässigen Erfolgs der Evangelisationsbemühungen in italienischer Sprache, vor allem aber aufgrund der Zunahme der deutschsprachigen protestantischen Bevölkerung im Tessin, begannen die Unterstützungskomitees zu Beginn des 20. Jahrhunderts, ihre Hilfe für die italienischsprachigen Gemeinden zu reduzieren. Nach dem Scheitern ihres Traums einer allgemeinen religiösen Erneuerung im Tessin wandten sie sich nun verstärkt der Unterstützung zugunsten der Gemeinden deutscher Sprache zu.

Ein Bericht des Rates des Bundes der evangelisch-reformierten Gemeinden im Tessin von 1967 hält das seit dem frühen 20. Jahrhundert schwindende Interesse für die italienischen Evangelischen im Tessin fest. Die deutschsprachigen Immigranten rückten in den Mittelpunkt des

---

[7]   Zur Wahrnehmung der protestantischen Präsenz im Tessin zu Beginn des 20. Jahrhunderts, siehe Andrea Tognina, Doppia minoranza: aspetti della storia del protestantesimo in Ticino tra 1918 e 1945, in: Emidio Campi/Brigitte Schwarz/Paolo Tognina (Hg.), Ticino e protestanti. Figure e movimenti del protestantesimo in Ticino tra Cinquecento e Novecento, Locarno 2004, 197–218.

[8]   Paolo Tognina, Colportaggio biblico e propaganda protestante nel Ticino della seconda metà dell'Ottocento, in: Campi/Schwarz/Tognina (Hg.), Ticino [Anm. 6], 194.

Interesses des Schweizer Protestantismus. Die Praxis der Komitees, nur deutschsprachige – des Italienischen unkundige – Pfarrer ins Tessin zu schicken, führte nicht nur zu einer Isolation der italienischsprachigen Evangelischen, sondern entzog ihnen darüber hinaus auch den geistlichen Beistand.[9]

3. Die Protestanten und die Frage der Italianità

Zur Zeit des Ersten Weltkriegs und in der unmittelbar darauf folgenden Periode verbreiteten sich im Tessin grosse Ängste hinsichtlich einer möglichen «Verdeutschung» des Kantons. Diese Befürchtungen äusserten sich in einer feindlichen Haltung gegenüber der «eidgenössischen Kolonie» und gegenüber der deutschen Sprache. Raffaello Ceschi beschreibt die Wahrnehmung, die die Tessiner Gesellschaft von ihren schweizerischen Miteidgenossen hatte. Er beobachtet, dass Anfang des 20. Jahrhunderts «die im Kanton anwesende eidgenössische Kolonie – auch wenn sie nur von kleiner Grösse war, zählte sie doch lediglich ungefähr 7000 Personen – den doppelten Verdacht nährte, quasi eine ökonomische Dominanz auszuüben oder eine Kolonialisierung des Tessins durchzuführen, und sich deshalb einer Assimilation zu verweigern und die Segregation zu organisieren, indem sie ihre eigenen separaten sozialen Kreise, ihre eigenen Zeitungen, ihre eigenen Schulen und Gesellschaften gründeten».[10]

In dieser Art Parallelwelt, die von den Tessinern mit Misstrauen beobachtet wurde, stellten die evangelischen Gemeinden deutscher Sprache ein wichtiges Element dar. Konfessionelle und sprachliche Aspekte spielten bei der Ausbildung einer separaten Identität eine entscheidende Rolle. Besonders deutlich zeigt sich dieser Zusammenhang in einem Text aus den 1930er Jahren über die Situation der deutschsprachigen Evangelischen in Airolo: «Viele spüren die geistige Vereinsamung in einem Land von andrer Sprache, Konfession und Wesensart. Wenn der lange Winter

---

[9]   Federazione delle Comunità evangeliche riformate nel Ticino, Il protestantesimo e la sua evoluzione, Bellinzona 1967, 2.

[10]   Raffello Ceschi, Un paese minacciato (1918–1944), in: Remigio Ratti/Raffaello Ceschi/Sandro Bianconi (Hg.), Il Ticino regione aperta. Problemi e significati sotto il profilo dell'identità regionale e nazionale, Locarno 1990, 55.

kommt und die Anregung, die die Schönheit der Bergwelt sonst bietet, fehlt, da wird's ihnen noch bewusster. So sind sie dankbar, dass [...] das Evangelium in ihrer Sprache und in der angestammten Form verkündigt wird. Den meisten ist ja daran gelegen, ihre Geistesart, das heilige Erbe der Väter, zu bewahren.»[11]

Das starke Band zwischen Sprache und Konfession in den Gemeinden deutscher Sprache stand einer vollständigen Integration des Protestantismus in den gesellschaftlichen Kontext des Tessins nachhaltig im Weg.

Freilich gab es unter den Protestanten deutscher Sprache auch solche, die die Gefahren erkannten, die mit der Identifikation des Protestantismus mit der eidgenössischen Kolonie verbunden waren. In den Jahren 1929–1930 liessen verschiedene protestantischen Gemeinden im Tessin die Möglichkeit einer Anerkennung als Körperschaft öffentlichen Rechts prüfen. Die Aufgabe der Verhandlungsführung übertrugen sie Hans Boller, dem Präsidenten des Bundes der protestantischen Gemeinden in der Diaspora in der Zentralschweiz und im Tessin. Bevor Boller den Auftrag annahm, setzte er die Verantwortlichen der Tessiner Gemeinden über die Risiken ins Bild, die mit der Wahl eines Sprechers deutscher Sprache verbunden sein könnte: «Und da nun einmal im Tessin die Sprachenfrage im Vordergrund steht und bereits mit dem Argument, eine staatliche Anerkennung der bestehenden prot. Gemeinden stärke das Deutschtum, gearbeitet wird [...], so wäre es vielleicht doch am Besten, wenn man den zu erwartenden Einwänden nicht noch dadurch Vorschub leistet, dass man ausgerechnet einen Nichttessiner offiziell im Voraus als Sprecher bezeichnet.»[12] Seine Bedenken wurden jedoch nicht geteilt, und so trat Boller in die Verhandlungen ein (die, unnötig es zu sagen, im Sand verliefen).

In einem kulturellen, sozialen und politischen Klima, in dem zur Identität des Tessins die Gleichsetzung von Katholizität und Italianità selbstverständlich gehörte, wurde der Protestantismus folgerichtig als Fremdkörper in der Gesellschaft des Kantons wahrgenommen. Eine solche Perspektive mochte den auf sich selbst und ihrem Fortbestand bezogenen Absichten der evangelischen Gemeinden deutscher Sprache

---

[11]   Eberhard Vischer et al. (Hg.), 50 Jahre Diaspora. Bilder aus dem Tessiner Protestantismus, Bellinzona 1933, 50 [Deutsch im Original].

[12]   Andrea Tognina, Doppia minoranza [Anm. 6], 207 [Deutsch im Original].

entgegenkommen. Aber sicherlich war sie für jene Gemeinden italienischer Sprache unbefriedigend, die für Fragen der Evangelisation und Integration in die Gesellschaft sensibilisiert waren.

4. Eine geteilte Minorität

Wenn man den Zustand des Protestantismus im Tessin in der Zeit nach dem ersten Weltkrieg betrachtet, wird eine weitere – ungeachtet der positiven demographischen Zahlen – vorhandene Schwäche sichtbar: die Spaltungen und Meinungsverschiedenheiten zwischen den verschiedenen evangelischen Gemeinden im Kanton.

In Lugano war die Situation besonders komplex, wo neben der Gemeinde italienischer und französischer Sprache zwei Gemeinden deutscher Sprache existierten. Im Jahre 1893 hatten sich die in Lugano ansässigen Evangelischen italienischer, französischer und deutscher Sprache zusammengefunden, um die Evangelische Kirchgenossenschaft zu bilden. 1901 konnten sie eine ihrer Kirchen einweihen, deren Bau vor allem durch Spendensammlungen von Pfarrer Paolo Calvino ermöglicht worden war. Aber wenige Jahre später (1903–1904) hatte sich die Genossenschaft aufgelöst und in drei Gruppen aufgegliedert. Um Calvino versammelte sich die evangelische Kirche italienischer und französischer Sprache von Lugano und Umgebung, während sich die Evangelischen deutscher Sprache einerseits in die Deutsch-evangelische Gemeinde von Lugano und Umgebung und andererseits in die Protestantische Kirchengenossenschaft gemässigter Richtung aufteilten. Die Gründe für die Spaltung waren, wie es scheint, persönlicher Natur. Nach Auffassung Calvinos beschädigten diese Meinungsverschiedenheiten das Bild des Protestantismus: in den Augen der Katholiken, die «unbemerkt alle unsere Schritte beobachten und mit einem stillen, aber vergnügten Hohngelächter von uns sagen [im Original deutsch]: Schaut diese Protestanten. Sie sind bloss vier Katzen und können nicht einmal unter sich einig sein!»[13]

---

[13] «Sono quattro gatti»: Humorvolle Redewendung der italienischen Umgangssprache, um eine kleine Gruppe zu bezeichnen.

Trotz Reibungen und Spaltungen kamen einige Initiativen zustande, die auf eine Wiedervereinigung der Gemeinden und eine Vereinheitlichung der Diaspora im Tessin zielten. Bis im Herbst 1922 sind Bemühungen dokumentiert, um einen dauernden Kontakt zwischen den damals im Kanton aktiven sieben evangelischen Pfarrern einzurichten. Im Februar 1929 wandte sich der Bund der Gemeinden der Diaspora im Tessin – ein erst kurz zuvor gegründetes Organ mit Sitz in Bellinzona – an den Staatsrat Brenno Bertoni, um – im Hinblick auf die Einführung einer Kirchensteuer – ein juristisches Gutachten über die konstitutionellen Aspekte einer staatlichen Anerkennung des Protestantismus im Tessin zu beantragen. Die Aktivitäten wurden wiederum von Hans Boller, dem Präsidenten des Bundes der protestantischen Gemeinden in der Diaspora in der Zentralschweiz und im Tessin, koordiniert. Allerdings wurde das Projekt 1935 ohne konkretes Resultat beendet.

Die beiden Gemeinden deutscher Sprache von Lugano bemühten sich schon in den 1920er Jahren wiederholt um eine Wiedervereinigung. Am 12. April 1942 schliesslich gelangten sie zu einer Einigung. Es entstand die Evangelisch-reformierte Kirchgemeinde Lugano und Umgebung. Dieser Zusammenschluss bildete einen wichtigen Schritt in Richtung einer grösseren Einheitlichkeit des Tessiner Protestantismus. Aber das grundlegende Sprachenproblem und folglich das der Rolle, die der Protestantismus im Tessin einnehmen konnte, blieb nach wie vor ungelöst. Auch in dieser Frage war der Tessiner Protestantismus gespalten.[14]

Die Zerstrittenheit in der Sprachenfrage und das darin steckende Konfliktpotential verdeutlicht eine Episode aus den frühen 1930er Jahren. Der Pfarrer der Gemeinde italienischer und französischer Sprache, Giovanni Grilli richtete an die Konferenz der evangelischen Kirchen der Diaspora in der Zentralschweiz und im Kanton Tessin ein Unterstützungsgesuch für die Ausstrahlung von Predigten auf Italienisch und Französisch im Radio Monte Ceneri. Anfänglich war die Reaktion positiv und die Delegierten sprachen sich zugunsten eines Engagements der Organe der Diaspora aus, «um die Erlaubnis dazu von den zuständigen schweizerischen Behörden zu erreichen». Dann aber meldete Hans Boller seine Bedenken an: Mit dem Bestehen auf einem Sendeplatz im Radio

---

[14] Zum Ablauf der wichtigsten Ereignisse siehe Ernst Staehlin, Chronik des Protestantismus im Kanton Tessin bis zur Bildung der «Federazione delle Comunità Evangeliche Riformate del Ticino» am 17. Dezember 1966, Typoskript.

«würden die Evangelischen des Kantons Tessin den Heiligen Stuhl, das Bistum, den gesamten Klerus und auch die Eidgenossenschaft gegen sich aufbringen; letztere würde, angesichts der geringen Anzahl evangelischer Gläubiger [...] jeden Zusammenstoss zwischen der zivilen und der kulturellen Macht [sic] verhindern wollen, und gewiss hätten wir auch den Tessiner Bundesrat Motta gegen uns». Diese Diskussion verdeutlicht noch einmal die Differenzen zwischen der Gemeinde italienischer und französischer Sprache in ihrem Bemühungen für ein Evangelisationswerk und den Diasporawerken für die Zentralschweiz und das Tessin, für die der Konfessionsfrieden im Vordergrund stand.

Damit war aber die Frage von italienischen Radiopredigten nicht vom Tisch. Der Waldenser Pfarrer Guido Rivoir, ab 1937 Nachfolger von Grilli, lancierte das Anliegen erneut vor der Versammlung der Konferenz der Diaspora. Wiederum sprach sich die Konferenz dagegen aus. Vielleicht begann in Rivoir damals das Bewusstsein zu reifen, dass eine markantere Präsenz des Protestantismus im Tessin nur mittels einer stärkeren Rolle des Italienischen innerhalb der evangelischen Gemeinden im Kanton erreichbar sei. Eine Wende in diesem Sinn bahnte sich jedoch erst nach dem Zweiten Weltkrieg an.[15]

5. Von der Einheit zur Anerkennung

Am Ende des zweiten Weltkrieges sahen sich die Tessiner protestantischen Gemeinden über das Land zerstreut und in sprachliche Hinsicht gespalten: die evangelischen Kirche italienischer und französischer Sprache im Tessin, die Teil der Diasporakirchen des Schweizerischen Evangelischen Kirchenbundes war, die ebenfalls dazu gehörende Gemeinde von Lugano, die geistlich der evangelischen Gemeinde der Waldenser nahestand und sich um die Reformierten des Mendrisiotto kümmerte, die Gemeinden italienischer und französischer Sprache von Chiasso und des Sopraceneri, die Gemeinde deutscher Sprache von Lugano, die Gemeinde französischer Sprache von Lugano sowie die Gemeinden von

---

15 Francesca Tognina, Aspetti giuridici e sociali del protestantesimo ticinese nel secondo dopoguerra. Verso l'affermazione di un'identità culturale, in: Campi/Schwarz/Tognina (Hg.), Ticino [Anm. 6], 230–234.

Bellinzona und Umgebung, Airolo und Umgebung und von Locarno und Umgebung.

Die Spaltungen und Meinungsverschiedenheiten, die häufig sprachlichen und nicht theologischen Charakter hatten, standen der Bildung einer staatlich anerkannten kantonalen Kirche im Weg. Denn ein Einigungsprozess war notwendig mit der Anerkennung der offiziellen Sprache für die protestantischen Gemeinden im Tessin verbunden.

Pfarrer Guido Rivoir wurde zu eine der treibenden Kräfte im kirchlichen Einigungsprozess. Er war einer, der mit Elan die Frage der italienischen Sprache innerhalb des Tessiner Protestantismus anging. Er war es, der die öffentlichen Medien und Schulen als zwei Bereiche ausmachte, in denen sich der Protestantismus engagieren konnte. Und er war es auch, der Initiativen für die Ausstrahlung von Radio- und Fernsehprogrammen und für einen evangelischen Religionsunterricht an den Tessiner Gymnasien und Lyzeen ergriff.

Ende der 1940er Jahre reichte der Prediger Hermann Parli von der «Chiesa del risveglio» (Kirche der Erweckung) im Tessin ein Gesuch für die Verbreitung evangelischer Programme über das Radio Monte Ceneri ein. Die öffentliche Anstalt lehnte ab, weil Parli nicht Pfarrer einer historischen protestantischen Kirche, sondern ein freikirchlicher Pastor sei. Rivoir ergriff die Gelegenheit und stellte «die Ernsthaftigkeit dieser Zurückweisung auf die Probe»: Die evangelische Kirche italienischer und französischer Sprache des Kantons Tessin und die evangelisch-reformierte Kirche Graubündens stellten nun ihrerseits ein Gesuch bei der Radiogesellschaft. Nach einer längeren Wartezeit empfing Guglielmo Canevascini, Präsident der Radio- und Televisionsgenossenschaft der italienischen Schweiz, Rivoir und informierte ihn über die Annahme des Gesuchs. Im Winter 1952 ging das Radioprogramm «Coversazione evangelica» («Evangelische Gespräche») auf Sendung. Anfangs wurde monatlich, nach zehn Jahren vierzehntäglich und ab 1964 wöchentlich gesendet.

Guido Rivoir unterstützte auch die Initiative des Synodalrates der evangelischen Kirche italienischer und französischer Sprache im Tessin für einen evangelischen Religionsunterricht an den Gymnasien und Lyzeen. Der Tessiner Staatsrat nahm dieses Gesuch an und bewilligte in den Schulen von Mendrisio, Lugano, Bellinzona und Biasca die evangelische Unterweisung. Auch in Locarno wurde das Unterrichtsfach auf Initiative von Pfarrer Gustav Hess eingeführt. Das Departement für

Öffentliche Erziehung bestimmte, dass der Unterricht in italienischer Sprache erteilt werden müsse. Pfarrer Rivoir respektierte die Entscheidung des Departements und intervenierte unverzüglich, wenn Pfarrkollegen sich die Freiheit nahmen, auf Deutsch zu unterrichten. Für Rivoirs stand fest, dass die Akzeptanz des Protestantismus im Tessin eng mit der Sprachenfrage verflochten war.

Pfarrer Guido Rivoir sah auch, dass die schwierige Lage des Tessiner Protestantismus nur durch die Bildung einer vereinten kantonalen Kirche verbessert werden konnte. Dieses Thema wurde bereits seit einiger Zeit innerhalb der protestantischen Gemeinden diskutiert. Allerdings begegnete diese Frage vor allem in den Gemeinden italienischer und französischer Sprache und wurde in den deutschen Gemeinden weitgehend ignoriert. Letztere zeigten wenig Interesse an einem Einigungsprozess. Vielmehr waren sie mit der geltenden Regelung zufrieden, die ihnen die Integration im Schweizer Protestantismus sicherte. Im Jahre 1965, kurz vor Entstehung des Bundes evangelisch-reformierter Gemeinden des Tessins, bekräftigte Rivoir die Pflicht, die Sprache des Kantons im Leben der Kirchen zu stärken, und wünschte sich die Gründung einer Kantonalkirche, «in der die Bedürfnisse des Tessin verstanden und aufgenommen werden; eine Kirche, die unmittelbar Teil des Bundes der schweizerischen protestantischen Kirchen wäre, eine von den Diasporawerken unabhängige Kirche, die, anstatt eine Führungs- und Machtfunktion auszuüben, sich auf ihren eigentlichen Zweck zurückbesinnen müsste, nämlich zu unterstützen und zu helfen. Eine kantonale Kirche, die sich stärker mit den Gemeinden italienischer Sprache der rätischen Synode und mit denen auf der anderen Seite der Grenze verbände, weil sie dieselben Probleme haben wie wir.»[16]

Der Wunsch Rivoirs verwirklichte sich 1966 mit der Bildung des Bundes der evangelisch-reformierten Kirchen des Tessins. Diese Körperschaft, unterstützt vom schweizerischen Protestantismus, förderte die Anerkennung der evangelischen Kirche im Tessin durch die Behörden. Auch dank der günstigen ökumenischen Entwicklungen im Anschluss an das Zweite Vatikanische Konzil und dank des politischen Klimas, das zu jener Zeit das alte Misstrauen gegenüber religiöser Pluralität überwunden

---

[16] A.a.O., 222.

hatte, mündeten die Bemühungen des Bundes in die offizielle Anerkennung der Tessiner Protestanten.

6. Zusammenfassung

«In Folge der Volksabstimmung vom Oktober 1975 wurde die evangelisch-reformierte Kirche im Tessin als Körperschaft öffentlichen Rechts anerkannt. Mit dieser Abstimmung hat das Tessiner Volk anerkannt, dass es in diesem Land Frauen und Männer evangelischer Konfession gibt, die zum Wachstum des Kantons beitragen und sich für das Allgemeinwohl einsetzen wollen. Für die evangelische Kirche stellt dies auch eine klare Verpflichtung dar: sie ist nicht mehr nur ein einfacher Verein, sondern eine anerkannte Kirche öffentlichen Rechts. Dieser Kirche ist die Fähigkeit zuerkannt worden, zusammen mit anderen Kirchen und religiösen Gemeinschaften, zum Zusammenhalt der Tessiner Gesellschaft und zur Entwicklung einer menschlicheren und solidarischeren Gesellschaft beizutragen.»[17]

Dies sind Worte von Pfarrer Thomas Wipf, Präsident des Rates des Schweizerischen Evangelischen Kirchenbundes, anlässlich der Feierlichkeiten zum 30-Jahre-Jubiläum der Gründung der evangelisch-reformierten Kirche im Tessin am 24. September 2006 in Cotone. Sie sind gleichzeitig Glückwunsch und Mahnung, gerichtet an eine Kirche, die während Jahrzehnten in einem Zustand doppelter Minorität in einer Art Ghetto verblieb – teils aufgrund der Vorherrschaft der deutschen Sprache gegenüber dem Italienischen, teils aufgrund einer restriktiven Gesetzgebung gegenüber der evangelischen Konfession, teils aufgrund anhaltender interner Konflikte, die die Protestanten daran hinderten, ihre marginale gesellschaftliche Bedeutung und ihren degradierten bürgerlichen Statuts zu überwinden.

Auch heute, mehr als dreissig Jahre nach der Anerkennung durch den Staat, steht die alte Alternative immer wieder neu im Raum: Minderheit oder Teil zu sein; die Alternative zwischen der Ruhe im eigenen konfessionellen (oder sprachlichen) Ghetto und dem Risiko einer dynamischen

---

[17] Thomas Wipf, «Trentennale della Chiesa evangelica riformata nel Ticino», discorso tenuto a Contone il 24 settembre 2006, Typoskript.

Präsenz in der Tessiner Gesellschaft. Auch heute noch muss man wach-
sam sein, damit sich die Kirche, gesättigt von der Freiheit und den erhal-
tenen Rechten, nicht mit einem Leben in höflicher Gleichgültigkeit gegenüber ihrem Umfeld begnügt, anstatt in angemessener Weise die
eigene Verantwortung für die Gesellschaft, in der sie lebt, wahrzunehmen. Diese Aufgabe hat der Tessiner Protestantismus in der Vergangenheit trotz seiner Schwächen wahrgenommen. Man denke an den evange-
listischen Eifer am Ende des 19. Jahrhunderts, der in der Absicht
erfolgte, über die Verbreitung der Bibel und religiöser Texte sowie über
die Gründung von Schulen, die Religiosität und Kultur der Bevölkerung,
auch und gerade der Bedürftigsten, positiv zu prägen. Man denke an das
Engagement des Pfarrers Paolo Calvino im Umfeld der internationalen
Bewegung im Kampf gegen die Prostitution, das sich in dem 1907 in
Lugano stattfindenden Kongress des internationalen Abolitionistenbun-
des niederschlägt. Oder man denke an Pfarrer Guido Rivoirs Einsatz für
chilenische Flüchtlinge nach dem Militärputsch von 1973 im Rahmen
eines Netzwerkes zwischen Norditalien und dem Tessin, das die Aufnahme vieler Flüchtlinge in die Schweiz mitbewirkt hat. Darin kommt
eine Verpflichtung zum Ausdruck, die die evangelische Kirche, gemäss
ihrem Auftrag, gegenüber der Gesellschaft wahrzunehmen hat.

IV. KIRCHE IM ÖKUMENISCHEN KONTEXT

Gerechtigkeit predigen
Zur Frage einer homiletischen Umsetzung der Erklärung von Accra*

Peter Bukowski

Bekennen und predigen sind aufeinander bezogen: Das in einer bestimmten Situation als Wahrheit des Glaubens Erkannte und Bekannte
drängt danach, anderen Menschen weitergegeben zu werden, umgekehrt
hat sich das Zeugnis der Kirche an ihrem Bekenntnis zu orientieren.
Man könnte sogar noch weitergehen und sagen: Bekenntnis und Predigt
sind miteinander verschränkt, weil jedes Bekenntnis ein Element der
Verkündigung enthält und jede Predigt einen Akt des Bekennens darstellt.

  Gleichwohl gilt es festzuhalten: Bekenntnis und Predigt sind in aller
Bezogenheit klar voneinander zu unterscheidende Sprechhandlungen.
Dies macht schon der ganz äusserliche Sachverhalt deutlich, dass es in
einer Kirche eine überschaubare Anzahl von Bekenntnissen, aber eine
schier unübersehbare Anzahl unterschiedlicher Predigten gibt. Das kann
auch gar nicht anders sein, denn beim Bekenntnis handelt es sich – wenn
es den Namen verdient – um das Ergebnis eines geistlichen Klärungs-
prozesses, um ein Konzentrat wesentlicher und verbindlicher Glaubens-
wahrheiten, die bei aller inhaltlichen Klarheit doch so allgemein und
grundsätzlich formuliert sind, dass möglichst viele einstimmen können.

---

  *   Auf Englisch abgedruckt unter dem Titel «Preaching on Justice: The Question of
the Homiletic Implementation of the Accra Confession», in: Break the Chains of Oppression and the Yoke of Injustice and let the Oppressed go free. Europe Convenanting
for Justice. Edited by Martina Wasserloos-Strunk. In cooperation with Martin Engels on
behalf of the World Alliance of Reformed Churches – The Communion of Reformed
Churches in Europe, [Hannover] 2010, 13–22.

Die Predigt ist Anrede an eine bestimmte Gemeinde zur bestimmten Zeit und an einem bestimmten Ort. Ihr geht es in der Regel nicht darum, einen geistlichen Prozess zu bilanzieren, sondern anzustossen, sie will nicht möglichst alle Christenmenschen, sondern gerade diese Gemeinde ansprechen, deshalb ist sie nicht darum bemüht, möglichst vieles in allgemeinen Grundsätzen zu bündeln, sondern einen Aspekt des Evangeliums so ausführlich und konkret zum Leuchten zu bringen, dass er die Angesprochenen als sie betreffend zu erreichen vermag.

In ihrem Zeugendienst muss die Kirche diese Unterscheidung beachten, sonst droht die Gefahr, durch ein allzu orts- und zeitgebundenes, allzu konkretes, also: «predigendes» Bekenntnis Menschen auszuschliessen, bzw. sie durch eine allzu orts- und zeitübergreifende, allzu grundsätzliche, also: «confessorische» Predigt schlicht nicht zu erreichen. Diese Unterscheidung will gerade dann beachtet sein, wenn, wie in Accra geschehen, eine Gemeinschaft von Christenmenschen, die von Kirchen aus aller Welt entsandt waren, zu einem neuen Bekenntnis gefunden hat. Gerade weil ein Bekenntnis möglichst viele erreichen und mitnehmen will, reicht es nicht aus, es nur möglichst breit bekannt zu machen, es überall laut und deutlich zu zitieren oder gar zu rezitieren womöglich mit dem Hinweis, *wie* wichtig es sei. Ein Bekenntnis ist ja nicht das Ziel sondern eine Etappe auf dem Zeugnisweg der christlichen Gemeinde bzw. Kirche. Zweifellos eine wichtige, weil hier im Hören auf die Heilige Schrift und im Wahrnehmen der Herausforderungen der Zeit die Orientierung festgelegt wird. Ihre Relevanz erweist eine Orientierung aber erst dadurch, dass ihr die Gemeinde nun auch *folgt*, also ihren Weg des Zeugnisses und Dienstes in der angegebenen Richtung *fortsetzt*.[1] Dies hat die Generalversammlung des Reformierten Weltbundes in Accra klar erkannt. Deshalb hat sie nicht nur den «Bund für wirtschaftliche und ökologische Gerechtigkeit» geschlossen, dessen Herzstück das «Bekenntnis des Glaubens angesichts von wirtschaftlicher Ungerechtigkeit und ökologischer Zerstörung» ist (im Folgenden nach dem englischen «Accra Confession» AC abgekürzt), sondern auch einen «Aktionsplan», der Empfehlungen ausspricht, was aufgrund des Bekenntnisses in Zukunft zu tun ist. An erster Stelle steht die Empfehlung an die Gemeinden, sich durch

---

[1] Wir werden später sehen, dass es leider auch anders geht: man kann mit der richtigen Wegbeschreibung in der Hand auf dem falschen Weg bleiben; s. u.

«Gebete, Predigt, Unterricht und konkrete Solidaritätspakte am Protest der Menschen [...] zu beteiligen». Dass der Aktionsplan mit der Verkündigung beginnt entspricht unserem Verständnis von Kirche als *creatura verbi divini*. Deshalb wird die Verkündigung schon in der Erklärung selbst ausdrücklich genannt: «Die Generalversammlung ruft die Mitgliedskirchen des RWB auf der Grundlage der Bundespartnerschaft auf, die nicht ganz einfache, prophetische Aufgabe zu übernehmen, ihren Ortsgemeinden den Sinn dieses Bekenntnisses zu vermitteln und zu interpretieren (AC 39).[2] Ich verstehe das so, dass die Kirchen ihre Verkündigung vor Ort an dem neu gewonnenen Bekenntnis ausrichten und insofern *prophetisch predigen* sollen. Das Ziel prophetischer Predigt besteht darin, zur Umkehr auf den Weg der Gerechtigkeit zu rufen (vgl. Mk 1,15) und zum Beschreiten dieses Weges anzuleiten. Worauf dabei zu achten ist, soll im Folgenden erörtert werden.

I.

Gerechtigkeit predigen, das bedeutet indikativisch von Gott zu reden. Vor dem Anspruch, den Gottes Gebot an uns richtet, gilt es, seine «freie Gnade auszurichten an alles Volk» (Barmen VI). Denn Gerechtigkeit ist in der Bibel zuerst und vor allem eine zusammenfassende Umschreibung der *guten Taten Gottes*. In den Psalmen heisst es: «Was Gott tut, das ist herrlich und prächtig, und seine Gerechtigkeit bleibt ewiglich» (Ps 111,2f.). Darum werden die «Himmel seine Gerechtigkeit verkündigen» (Ps 97,6) «und Kinder und Kindeskinder sollen seine Gerechtigkeit rühmen» (Ps 145,7).

Gottes Gerechtigkeit – das ist seine tätige Sorge für seine Schöpfung, das ist die achtsame Begleitung seines Volkes, das sind seine rettenden Taten und seine guten Weisungen. Gerechtigkeit, das ist sein offenes

---

[2] Der Wortlaut ist unglücklich, hat er doch etwas von unfreiwilliger Komik: Es spricht nicht eben für die Klarheit eines Textes, wenn es zu seiner Interpretation der Prophetie bedarf. Ein heute verfasster Text muss für sich selbst sprechen oder er taugt nicht viel; er wäre dann gleich einem Witz, nach dessen Erzählung niemand lacht, woraufhin der Erzähler zu erklären versucht, warum er selbst beim Hören lachen musste – das macht die Sache nicht besser. Ich hoffe, mit meinem Verständnis von Absatz 39 Sinn und Absicht des Textes angemessen widerzugeben.

Ohr für die Schreie der Notleidenden, sein starker Arm, der die Gefangenen freimacht und in all dem ist es Gottes leidenschaftliche Liebe zu den Seinen, die schrecklich zürnen kann über ihre Bosheit und Torheit und die doch nicht anders kann, als «barmherzig und gnädig» zu sein, «geduldig und von grosser Güte» (Ps 103,8). Wo die überparteiliche, ein Rechtsprinzip verwaltende Justitia blind ist, ja geradezu blind sein muss, um sich vom Einzelfall nicht blenden zu lassen, da heisst es vom Gott Israels: Er sieht hin, er hört zu und er *er*hört – er bestätigt die Freiheit seiner Liebe darin, jedem seiner Geschöpfe in seiner je besonderen Lage auf lebensförderliche Weise gerecht zu werden. Gerechtigkeit – das ist der Weg unseres Gottes durch die Zeit und den Raum seiner Schöpfung, auf dem er Israel und durch Israel der ganzen Welt Bund und Treue hält ewiglich und niemals loslässt das Werk seiner Hände. Und darum: «Auf dem Weg der Gerechtigkeit ist Leben» (Spr 12,28a).

In der AC ist dieses *prae* der Gerechtigkeit Gottes vor allem menschlichen Bemühen im Blick. Deshalb sind der Ablehnung wirtschaftlicher Ungerechtigkeit und ökologischer Zerstörung Glaubenssätze vorangestellt, die das Bekenntnis zum biblisch bezeugten Bundesgott entfalten.

In diesem Zusammenhang ist es mir wichtig, den Bekenntnischarakter der Accraerklärung ausdrücklich zu würdigen. Denn er entspricht in besonderer Weise der Tatsache, dass für uns Christen das Eintreten für Gerechtigkeit keine politische Meinungssache ist, sondern Antwort auf Gottes eigenes Wort und Werk, aus dem wir leben und zu dem wir uns im Glauben bekennen.

Um dies deutlich zu machen, wird die Predigt das Lob der Gerechtigkeit Gottes allerdings *viel klarer und ausführlicher* zum Klingen bringen müssen, als dies im Bekenntnis von Accra geschehen ist bzw. geschehen konnte. Ich erinnere an das eingangs zum Unterschied von Bekenntnis und Predigt Gesagte. Wo im Accra-Bekenntnis in recht dürren theologischen Sätzen an Gottes Handeln erinnert wird, wird die Predigt angeleitet durch die Geschichten der Bibel so vom Heilshandeln Gottes erzählen, dass deutlich wird: Das damals Geschehene ist auch heute wahr, die Geschichte Gottes mit seinem Volk schliesst meine Welt und meine Geschichte mit ein. Gott vermag meine Welt und mein eigenes Leben zu verwandeln und er wird's tun!

Deshalb sollte die Predigt sich hüten, «gesetzlich» vom Evangelium zu reden (Manfred Josuttis). Dies geschieht immer dann, wenn der Eindruck entsteht, menschliches Tun könnte oder sollte Gottes Handeln ersetzen nach dem Motto: «Ostern geschieht, wenn wir gegen den Tod aufstehen […].» Solche Predigt ist trostlos, denn sie lässt die Hörerinnen und Hörer gerade an der Stelle mit sich allein, an der sie dringend auf Gottes heilvolles Handeln angewiesen wären. Wenn ich in dieser Hinsicht noch einmal auf die Generalversammlung zurückblicke, bleibt ein doppelter Eindruck: Das spirituelle Leben mit den vielen Gottesdiensten, Bibelgruppen und Gebeten legte ein glaubwürdiges Zeugnis vom Vorrang des Handelns Gottes ab. In manchen der theologischen Vorträge und Dokumente war das anders. Da blieben die indikativischen theologischen Aussagen bisweilen so etwas wie «Pflichtübungen», um schnell zum eigentlich Wichtigen, sprich: zur Ethik übergehen zu können. Deshalb finde ich es übrigens auch schade, dass bei genauem Hinsehen nur etwas mehr als die Hälfte der in AC mit «ich glaube» beginnenden Bekenntnissätze im engeren Sinne vom Heilshandeln Gottes reden (AC 17, 18, 20 2, 4, 30), wohingegen die anderen schon wieder bei unserem Tun sind , indem sie festhalten, wozu wir «aufgerufen» sind (so AC 22, 26, 28, 32). Man ist geneigt zu warnen: *Pelagius ante portas!* Denn wenn schon Ethik in einem Bekenntnis, dann müsste zumindest deutlicher als im AC gezeigt werden, wie der Gott, der uns aufruft, uns auch *befähigt*, seinem Ruf zu folgen.

Dabei geht es hier beileibe nicht nur um dogmatische *correctness* (so sehr unseren Texten theologische Genauigkeit gut tut!), sondern um eine zutiefst seelsorgerliche Frage: Was lässt Menschen auf ihrem falschen Weg verharren und was hilft, sie zur Umkehr zu bewegen? Die Antwort finden wir in Jesu eigener Verkündigung.

Jesus warnt immer wieder vor der Leben zerstörenden Macht des Mammon (vgl. Mt 6,24). Aber zugleich weiss er, dass Mahnungen ein schwaches Instrument sind, um Menschen zur Umkehr zu bewegen. Darum geht er in der Bergpredigt therapeutisch vor. Er diagnostiziert die *Sorge* als den Nährboden, auf dem der Mammonismus allererst gedeiht. Der Grund für unsere Habsucht besteht nämlich darin, dass wir unbewusst alle in die Falle eines Mangelmodells laufen. Wir sind getrieben von der verrückten, aber gleichwohl realen Angst, es gäbe nicht für alle genug. «Was werden wir essen, was werden wir trinken?» – diese sorgenvollen Fragen versteht Jesus als Symptom der uns ständig begleitenden Angst, nicht genug zu kriegen. Solange ich mich im Mangelmodell definiere, werde ich den Hals natürlich nie vollkriegen, ganz gleich, wie es um meine reale Einkommenslage bestellt ist, denn wer weiss, was noch kommt? Also muss ich über das Mass hinaus klammern und horten – wie schon die Kinder Israel in der Wüste, die es mit dem täglichen Manna nicht genug sein lassen konnten.

Heilung kann nur aus dem Zuspruch erwachsen: «Euer himmlischer Vater weiss, was ihr braucht.» (vgl. Mt 6,32). Deshalb weg vom Mangelmodell, weg auch von ethischen Appellen hin zu neuem Gottvertrauen: Entdeckt, wie reich ihr beschenkt seid! Um dieses Vertrauen wirbt Jesus mit seinen Hinweisen auf die Wunder der Schöpfung: Seht die Vögel unter dem Himmel, wie fürsorglich Gott sie nährt; bewundert die Lilien auf dem Felde, wie herrlich sie bekleidet sind – um wie viel mehr wird sich der Vater im Himmel euer annehmen. Und je mehr ihr dessen gewahr werdet, wie reich ihr gesegnet seid, desto mehr werdet ihr entdecken, dass ihr nicht aus dem Mangel sondern aus der Fülle heraus lebt. Mit seiner Verkündigung nimmt Jesus die Seelsorge der Psalmen auf, die ja auch zum Gottvertrauen ermutigen durch das Erinnern der Güte Gottes: «Lobe den Herrn, meine Seele, und vergiss nicht, was er dir Gutes getan hat» (Ps 103). Ein besonders ansprechendes Beispiel solcher heilenden Seelsorge findet sich in der jüdischen Passaliturgie. Eines der Lieder, die im Verlauf der Feier gesungen werden, zählt all das Gute auf, das Gott seinem Volk hat zukommen lassen, und nach jeder einzelnen Tat lautet der Refrain: «Es wäre genug gewesen.» Also: Hätte Gott uns nur aus Ägypten herausgeführt – es wäre genug gewesen. Und so geht es dann weiter: Hätte er nur die Ägypter besiegt, es wäre genug gewesen. Und hätte er nur das Meer geteilt, es wäre genug gewesen. Uns durchs Meer geführt, genug. Uns in der Wüste versorgt, genug – und so weiter. Jede einzelne Tat der Heilsgeschichte wird als Geschenk Gottes eigens gewürdigt, wobei das «es wäre genug gewesen», im Hebräischen «dajjenu», stets mehrfach wiederholt wird: Es wäre genug gewesen, es wäre genug gewesen, es wäre genug, genug, genug, gewesen.

Nach Accra besteht unsere grundlegende Predigtaufgabe und zugleich unser unverwechselbarer christlicher Beitrag darin, in immer neuen Anläufen von Gottes Gerechtigkeit zu erzählen, und sie unseren Hörer/-innen so als freie Gnade zuzusprechen, dass sie trotz aller Angst und Not ihres Reichtum, trotz aller Schwäche ihrer gottgegebenen Stärke gewahr werden (vgl. 2Kor 6,3ff.; 12,9) und so fähig und bereit werden, der Ungerechtigkeit zu widerstehen.

II.

Im Lichte der Gerechtigkeit Gottes werden die «Werke der Finsternis» (Eph 5,11ff.) offenbar. Deshalb bedeutet Gerechtigkeit predigen auch, die Ungerechtigkeit aufzudecken und beim Namen zu nennen. In der Perspektive des AC geht es dabei vor allem um die wirtschaftliche und ökologische Ungerechtigkeit, die in den Abschnitten 5 bis 14 als Folge der neoliberalen wirtschaftlichen Globalisierung beschrieben wird, und der im Bekenntnisteil im Lichte der Glaubenssätze eine entschiedene Absage erteilt wird.

Die Predigt wird die Kritik und die klare Ablehnung der menschen- und naturfeindlichen Wirtschaftsweise aufzunehmen haben. Aber auch hier gilt: Sie muss im je eigenen Kontext konkretisiert und weitergeführt werden. Vor allem muss sie so elementarisiert werden, dass sie verstanden und angenommen werden kann. Denn schliesslich besteht das Ziel dieses Predigtteils darin, die Gemeinde von einem Irrweg abzuhalten bzw. sie ihrer Sünde (d. h. ihres Wandelns auf dem Irrweg) zu überführen. Dazu nun einige Hinweise:

1. Martin Luther übersetzt Klgl 3,39: «Was murren den die Leute im Leben, ein jeder murre wider seine Sünde.» Man mag darüber streiten, ob diese Übersetzung exegetisch haltbar ist[3], zweifellos ist sie gesamtbiblisch stimmig und trifft auch die Intention des Textabschnittes, denn schon der nächste Vers betont: «Lasst uns erforschen und prüfen unseren Wandel und uns zum Herrn bekehren.» Wider die *eigene* Sünde murren, den *eigenen* Wandel prüfen, diese Ermahnung müssen die Predigerinnen und Prediger unbedingt beachten. Denn wenn nur die Sünde der anderen aufgedeckt und angeklagt wird, dient dies der Gemeinde zur Selbstrechtfertigung – solche Gerichtspredigt ist nicht heilsam, im Gegenteil sie betäubt und führt ins Unheil.

Damit will ich keinesfalls ausschliessen, dass im Sinne der Parteinahme und Anwaltschaft für die, die keine Stimme haben, auch fremde Schuld angeklagt werden muss, nur darf das eine nicht auf Kosten des anderen geschehen.

---

[3]   Die Revised English Bible übersetzt anders, allerdings ist der hebräische Textbestand dieses Verses äusserst schwierig.

Mir scheint, das AC (wie die meisten Texte und Stellungnahmen der Generalversammlung von Accra) ist in dieser Hinsicht sehr «europa- und amerikafreundlich», denn sie bietet uns reichlich Material und Hilfestellung für unsere Aufgabe, das Sündhafte des eigenen Wandels zu erforschen. Dies ist insofern sachgerecht, als die neoliberale Wirtschaftsordnung nun einmal von uns ausgeht. Gleichwohl stehen auch die Kirchen und Gemeinden des Südens vor der Aufgabe, ohne die «Imperiumskritik» abzuschwächen, nun auch die eigene Sünde in den Blick zu nehmen. Das hervorragende Afrikaforum während der Generalversammlung hat eindrucksvoll belegt, dass dies geschieht. Gerade deshalb fällt auf, dass die Hilfen, die die Texte von Accra dazu bieten, sehr blass, allgemein oder indirekt bleiben (vgl. etwa AC 34 oder die entsprechenden Passagen aus dem Aktionsplan). Hätten neben der Korruption nicht viel entschlossener auch die Kollaboration mit dem ungerechten Wirtschaftssystem angesprochen werden können? Hätte nicht bei der häufigen Erwähnung der HIV-Problematik auch die «hausgemachte» Schuld deutlicher beim Namen genannt werden können? Man denke nur an die skandalöse Weise, in der sich Präsident Mbeki jahrelang in dieser Sache geäussert hat! Und wird nicht bisweilen der Eindruck von Monokausalität erzeugt, wo in Wirklichkeit mehrere Faktoren im Spiel sind (vgl. AC 5–13; trotz 11)? Das «Imperium» ist gewiss ein sehr gewichtiger aber eben nicht der alleinige Grund dafür, dass in Afrika grausame Kriege geführt werden oder dass ein Land wie Zimbabwe je länger je mehr zugrunde gerichtet wird. Ich will mit diesen Äusserungen in keiner Weise von unserer «westlichen» Schuld ablenken oder gar Schuld gegeneinander aufrechnen. Aber wenn es um die Aufgabe geht, in den Gemeinden und Kirchen vor Ort Gerechtigkeit zu predigen, darf die Mahnung, den je eigenen Wandel zu prüfen, die je eigene Sünde (mit) in den Blick zu nehmen, nicht unbeachtet bleiben, andernfalls betrügen wir die uns Anbefohlenen um die Möglichkeit der eigenen Umkehr.

Ich erinnere noch einmal an Jesaja 58, den Leittext der Generalversammlung von Debrecen. Historisch wissen wir, dass die wirtschaftliche Ungerechtigkeit, die der Prophet hier anklagt von einem externen Faktor ausgelöst ist: Die vom Perserkönig Darius I. (nach 521) durchgeführte Steuerreform erlaubt Abgaben nur noch in Münzform. Daran gehen die kleinbäuerlichen Betriebe, die nicht auf Überschussproduktion eingestellt sind (also nichts zu verkaufen haben), kaputt. Sie geraten in die Schuldenfalle und werden am Ende von den Grossgrundbesitzern geschluckt.

Diese innerisraelitische «Verarbeitung» des von aussen auferlegten Un-
rechts ist es, die der Prophet zum Brennpunkt seiner Sündenpredigt
macht, eben weil ihm an der Heilung *seines* Volkes liegt.

2. Gerade für den die Sünde aufdeckenden Teil der Predigt gilt: Was
hier gesagt wird, muss stimmen. Das klingt so selbstverständlich, ist es
aber nicht. Immer wieder lässt sich in ethisch orientierten Predigten feststellen, dass Aussagen nur halb oder dreiviertel wahr sind, dass schlam-
pig recherchiert wurde oder zu pauschal geredet wird. Das ist in unserem
Zusammenhang deshalb besonders schlimm, weil sachliche Fehler es
den Verstockten allzu leicht machen, sich auch die berechtigten Teile der
Kritik vom Hals zu halten.

Auf eine Falle sei (in Aufnahme von AC 11) besonders hingewiesen:
Menschliches Zusammenleben ist nur in Ausnahmen und Grenzfällen
mit dem Instrumentarium der zweiwertigen Logik zu erfassen. Der Antisemitismus etwa oder das System der Apartheid sind solche Fälle, wo
unser «entweder – oder» gefordert ist. Öfters verhält es sich aber so, dass
widerstreitende Werte in Balance zu bringen sind, anstatt sich für den
einen und gegen den andern zu entscheiden; so geht es in der Wirtschaft
etwa um die Balance der Pole Gemeinwohl und Eigennutz und nicht um
einen prinzipiellen Gegensatz. Ein anderes Beispiel betrifft den Gebrauch des «wir» in Äusserungen zum Thema Gerechtigkeit. Ich selbst
bin je nach Zusammenhang Täter, Opfer, Mitbeteiligter, Mitleidender,
Mitverursacher, Mitgeschädigter usw. Aber ich bin nicht immer alles
gleichzeitig und darum ist es wichtig, von Fall zu Fall genau zu fragen
und genau zu reden; ein undifferenziertes «wir» verführt mich und meine
Hörerinnen und Hörer, sich auf die angenehme Seite zu retten. Zum
genauen Reden gehört auch der Mut, im gebotenen Augenblick mit Petrus zu bekennen: «Ich bin ein sündiger Mensch» (Lk 5,8) oder mit Natan
zu sagen: «Du bist der Mann» (2Sam 12,7).

3. Schliesslich: In dem die Sünde aufdeckenden Teil der Predigt wird
es immer wieder darum gehen, auf die Not der besonders Benachteiligten aufmerksam zu machen und für ihr Leiden zu sensibilisieren. Dies
gelingt nicht allein durch Statistiken, und seien sie noch so schrecklich.
Sie sind zur Information der Gemeinde unerlässlich, aber vieltausendfa-
che Opferzahlen lassen sich nicht fühlen. Anrühren lasse ich mich eher
vom exemplarischen Einzelschicksal. In ihm wird das Unvorstellbare
anschaulich und der Anspruch an mich unabweisbar.

III.

Die Predigt der Gerechtigkeit erschöpft sich nicht darin, Ungerechtigkeit beim Namen zu nennen. Ihr Ziel besteht vielmehr darin, die Gemeinde auf den Weg der Gerechtigkeit mitzunehmen, bzw. sie zu ermutigen, auf diesem Weg zu bleiben.

Dazu eine Vorüberlegung: Gerechtigkeit muss getan, der Weg der Gerechtigkeit muss beschritten werden. Jesaja 58 fordert nicht: «erkennt» oder «benennt» oder auch: «bekennt», sondern: «sprengt» die Ketten der Ungerechtigkeit. Gerechtigkeit zielt auf Befreiungs*praxis*. Das macht kirchliche Worte, Stellungnahmen und Bekenntnisse zum Thema Gerechtigkeit nicht überflüssig, und doch ist hier auf eine latente Gefahr hinzuweisen, welche unsere Erklärungen gleichsam als ihr Schatten begleitet. Zum einen fördern Erklärungen – zumal wenn sie von hochrangigen oder repräsentativen Gremien beschlossen werden – die Illusion von Wirkung: Als sei (nur) damit, dass das Richtige gesagt ist das Recht schon aufgerichtet (vgl. die 11. Feuerbachthese von Karl Marx!). Es hängt m. E. mit dieser Überschätzung der Worte zusammen, dass um einzelne Wörter oft so verbissen gekämpft wird. Salopp gesagt: Wir sollten mehr Energie ins Kochen stecken statt in die Redaktionsarbeit am Rezept! Und das andere: Erklärungen zur Gerechtigkeit bergen die Gefahr, die eigene Schuldverflochtenheit auszublenden: Redend hat man sich ja schon auf die «richtige» Seite begeben. Ich bin immer wieder erstaunt, wie perfekt gerade wir engagierten Christinnen und Christen eigene Geiz- und Gierstrukturen auszublenden vermögen.[4]

Deshalb darf auch die Predigt nicht dabei stehen bleiben, die richtigen Einsichten zu vermitteln (so wichtig das ist!),[5] sondern sie muss für

---

[4]   Der Psychotherapeut Alfred Adler hat einmal gesagt: Schlechtes Gewissen, das sind die guten Absichten, die man nicht hat. Damit meint er, dass das schlechte Gewissen oft gerade das Mass an Selbstbestrafung darstellt, welches es mir ermöglicht, das ungeliebte Verhalten fortzusetzen; das schlechte Gewissen hilft dem Raucher – weiter zu rauchen. In Abwandlung dieses Wortes liesse sich überspitzt formulieren: Gerechtigkeitserklärungen kennzeichnen die Wege, die man nicht beschreitet.

[5]   Besonders anspruchsvoll ist diese Aufgabe, wenn man sich bemüht, nicht nur die Negation, sondern auch die Position zu formulieren. Richtung und Linie versucht der dem AC beigefügte Aktionsplan zu kennzeichnen; hier bleibt aber noch viel zu tun.

die Gemeinde gangbare Wege aufzeigen, d. h. Hilfen zum Handeln bieten. Dabei ist zweierlei unbedingt zu beachten:

1. Ethische Anweisungen müssen erfüllbar sein. Nehmen wir den Satz: «Wir müssen alle dafür sorgen, dass die Schere zwischen arm und reich nicht immer weiter auseinender geht.» Ist dieser Satz erfüllbar? Theoretisch schon. Aber seine Erfüllbarkeit wird vielen Menschen nicht plausibel erscheinen: Wie soll eine Familie, die gerade genug hat, um über die Runden zu kommen, diese Mahnung umsetzen, und wie erst eine Sozialhilfeempfängerin? Und wie die vielen, die das Gefühl haben, «die da oben» machten sowieso, was sie wollen. Ich glaube, in der Tat haben alle die Möglichkeit, etwas zu tun. Aber nur dann, wenn die Predigerin oder der Prediger es nicht beim pauschalen Appell belässt, sondern diesen «erdet» und sich konkrete Gedanken darüber macht, *wie* die Mahnung von den Gemeindegliedern konkret befolgt werden kann: angefangen bei der Frage, wofür sie eigentlich beten, über die Frage, wen sie wählen, bis hin zu der Frage, ob «Teilen-Lernen» eine Maxime ihrer Kindererziehung ist.

Dazu noch ein Hinweis: Wir sollten uns hüten, die unterschiedlichen Handlungsebenen gegeneinander auszuspielen (wie manche von uns, mich eingeschlossen, es in der Vergangenheit oft getan haben): Kampf gegen Kontemplation, politische Arbeit gegen Hilfe im Nahbereich, missionarischer Einsatz gegen soziales Engagement. Stattdessen sollten wir, belehrt durch die neutestamentliche Charismenlehre, unsere Gemeindeglieder dazu ermutigen, die je eigenen Gaben und Möglichkeiten zu entdecken und auf den Weg der Gerechtigkeit einzubringen.

2. Wer seine Gemeinde ermahnt, sollte sich über die Konsequenzen Gedanken machen. Ich habe folgende Begebenheit nie vergessen: Als junger Pfarrer habe ich meine Gemeinde voller Überzeugung und mit flammenden Worten dazu aufgefordert, keine Waren der Apartheid zu kaufen. Unter anderem ging es dabei um silberne Krügerrandmünzen, die in einigen unserer Banken angeboten wurden. Eine Kindergottesdiensthelferin ruft mich an und fragt: «Nach fünfzig Bewerbungen habe ich nun endlich eine Stelle bei der Deutschen Bank in Aussicht, darf ich die annehmen? Dann muss ich aber diese Münzen verkaufen, von denen du in der Kirche gesprochen hast.» Diese Szene hat mich nachdenklich gemacht und auch beschämt. Es kann nicht darum gehen, dass wir unseren Mahnungen die gebotene Deutlichkeit oder Radikalität nehmen. Aber als Predigerinnen und Prediger sollen wir wissen, was wir unseren

Gemeindegliedern zumuten. Wer sich als Theologe für wirtschaftliche und ökologische Gerechtigkeit einsetzt, den kostet das (jedenfalls in meinem Kontext) nicht viel. Im Gegenteil, wenn er sich nur genug engagiert, bekommt er vielleicht sogar eine kirchliche Beauftragung und kann sich mit interessanten Leuten rund um den Globus treffen. Bei unseren Gemeindegliedern geht es bei gleichem Engagement womöglich um Sein oder Nichtsein. Das müssen wir wissen, und der Respekt vor deren Schwierigkeiten muss auch unserer Verkündigung abzuspüren sein.

Das Wichtigste zuletzt: Auch wo es um das gehorsame Tun des Menschen geht, darf die Predigt nicht aufhören, von Gott zu reden. Denn nach biblischem und reformatorischem Verständnis ist nicht nur unsere Rechtfertigung sondern auch unsere Heiligung Gottes eigenes Werk (vgl. 1Kor 1,30; 1Petr 1,2). Gewiss geschieht die Heiligung nicht ohne uns, Gott hat uns ja zu seinen Bundespartnern erwählt, er will unsere Kooperation und darin unser freies, selbstverantwortetes Tun. Und doch ist *er* es, der das Wollen und Vollbringen in uns wirkt (Phil 2,13).[6] Die Predigt der Umkehr schöpft ihre Kraft nicht aus der Lautstärke der ethischen Appelle, sondern aus der Ermutigung, dass Gott uns viel zutraut (Mt 28,20), aus der Entdeckung der uns von Gott gegebenen Möglichkeiten (Röm 12), aus dem Gewahrwerden der Kraft des Geistes, mit der Gott uns im Kampf gegen die Mächte des Bösen ausstattet (Mk 16,17f.; Eph 6,10–17).

Ob die Predigerin oder der Prediger mit der Kraft des Geistes rechnet, wird sich nicht zuletzt daran zeigen, ob sie bzw. er in der Lage ist, dessen Spuren im Leben der Gemeinde zu entdecken. Die Briefe des Apostels Paulus sind voll von dankbarem Wahrnehmen, Anerkennen und Aussprechen dessen, was in der Gemeinde an Gutem geschieht. Bei ihm sollten gerade die reformierten Predigerinnen und Prediger in die Lehre gehen. Denn in dieser Hinsicht fand ich viele Vorträge und Dokumente der Generalversammlung schlichtweg mangelhaft. Ein Aussenstehender hätte den Eindruck gewinnen können, es würde über Gemeinden und Kirchen gesprochen, die sich ausschliesslich auf dem Weg der Ungerechtigkeit verrannt haben und deshalb aufgerufen werden müssen, allererste Schritte in eine neue Richtung zu gehen. Es gibt unter

---

6 So auch Barmen II: unser Dienst an Gottes Geschöpfen entspringt seiner Befreiungstat.

uns eine Weise, sich in Kritik zu üben, die nichts mit Bescheidenheit oder gar Demut zu tun hat, sondern die eine Missachtung der ermutigenden Taten der Gerechtigkeit ist, die auch in unseren Kirchen reichlich zu finden sind. Eine Predigt, welche die Früchte des Geistes nicht wahrzunehmen vermag, ist trostlos. Zur Predigt der Gerechtigkeit gehört auch die Kunst zu loben! Tun wir es dem Paulus nach, der schreibt: «Wir danken Gott alle Zeit für euch alle […] und denken ohne Unterlass vor Gott, unserem Vater, an euer Werk im Glauben und an Eure Arbeit in der Liebe und an eure Geduld in der Hoffnung auf unseren Herrn Jesus Christus» (1Thess 1,2f.).

Eine ökumenische Vision für Europa[*]

Wolfgang Huber

I.

Vor einiger Zeit erreichte mich ein Brief mit einer beeindruckenden Erinnerung an das Jahr 1939. Der Briefschreiber erinnert an die deutschsprachige evangelische Gemeinde in Cambridge in den dreissiger Jahren. Er schreibt: «Die Gemeinde bestand im Wesentlichen aus Menschen, die aus politischen oder rassischen Gründen Deutschland verlassen mussten. Man hielt Gottesdienst in der Round Church im Stadtzentrum als Gast bei der Church of England. Im Jahr 1939 hatte man wieder einmal einen gemeinsamen ökumenischen Gottesdienst verabredet. Kurz darauf hat Deutschland dann Polen überfallen und England erklärte uns den Krieg. Unser Pfarrer rief seinen englischen Freund und Kollegen an und sagte, dass wohl wegen des entsetzlichen Geschehens aus der gemeinsamen Verabredung nichts werden könne. Die Antwort war: Es ist zwar fruchtbar, aber gibt es einen besseren Grund für gemeinsame Gebete? So haben bald nach Kriegsbeginn England–Deutschland die beiden Gemeinden der verfeindeten Nationen zusammen gebetet.»

Auch nach dem Ende des Zweiten Weltkriegs gab es Unfrieden, harte Konflikte und Kriege zwischen europäischen Nachbarn. Die fünfziger Jahre waren von der sich verschärfenden Konfrontation zwischen Ost und West geprägt. In dieser Zeit wurde die Konferenz Europäischer Kirchen (KEK) gegründet. Beharrlich an der Verbindung zwischen den Kirchen und dem Gespräch über Grenzen hinweg festzuhalten und Im-

---

[*] Der folgende Text geht zurück auf meine Bibelarbeit bei der Vollversammlung der Konferenz Europäischer Kirchen (KEK) in Lyon am 16. Juli 2009 sowie auf meinen Vortrag beim Nikaean Club Annual Dinner auf Einladung des Erzbischofs von Canterbury am 10. September 2009 in Lambeth Palace, London. Ich widme diesen Text Thomas Wipf in freundschaftlicher Erinnerung an viele gemeinsame Erfahrungen in der europäischen Ökumene und mit grossem Dank für den kirchlichen Dialog zwischen der Schweiz und Deutschland, den er so entscheidend gefördert hat.

pulse zur Versöhnung zu setzen, war für die Kirchen eine ebenso wichtige wie schwierige Aufgabe.

Später forderte die Situation von Flüchtlingen, Asylsuchenden und Migranten die Kirchen zu abgestimmtem Handeln heraus. Mit dem Ende der europäischen Teilung wurde die Kommunikation zwischen den Kirchen um vieles leichter; doch zugleich gewannen die unterschiedlichen kirchlichen Traditionen und konfessionellen Profile wieder an Gewicht. Die evangelischen Kirchen stellten sich dieser Situation und machten von den mit der Leuenberger Konkordie von 1973 gegebenen Möglichkeiten Gebrauch. Die Leuenberger Kirchengemeinschaft entwickelte sich zur Gemeinschaft evangelischer Kirchen in Europa (GEKE) weiter; Thomas Wipf fördert derzeit diesen Prozess als Präsident der GEKE tatkräftig.

Ökumenisch lassen sich die zwei Jahrzehnte zwischen 1990 und 2010 in Europa als eine Zeit der Selbstvergewisserung und der Orientierungssuche beschreiben. Nun ist es an der Zeit, die zentrale ökumenische Idee für Europa zu finden und sich zur gemeinsamen ökumenischen Aktion auf den Weg machen. Einem nach Orientierung fragenden Europa können die Kirchen gemeinsam Gottes Barmherzigkeit und seinen Frieden bezeugen. Dieser ökumenische Auftrag hat in der Mitte des Evangeliums seinen Grund. Konzentration angesichts eines weiten Horizonts – darin liegt der Ausgangspunkt für eine neue ökumenische Initiative in Europa.

Dabei müssen die europäischen Kirchen sich ihrer doppelten Rolle bewusst sein: Die versöhnte Verschiedenheit der christlichen Kirchen in Europa ist zum einen von exemplarischer Bedeutung für die Aufgabe, vor der auch die europäische Gesellschaft insgesamt steht: nämlich Vielfalt auf der Grundlage gemeinsamer Werte und Überzeugungen zu gestalten. Zum andern aber müssen die Kirchen ihre Stimme gemeinsam in die europäische Wirklichkeit einbringen. Denn es geht heute darum zu verdeutlichen, dass die Impulse des christlichen Glaubens für die europäische Gesellschaft unverzichtbar sind. Pluralität zu gestalten und eine gemeinsame Stimme zu finden: Diese doppelte Aufgabe stellt sich den europäischen Kirchen heute mit besonderem Nachdruck.

II.

Von welchem Bild der Ökumene lassen wir uns bei solchen Überlegungen leiten? Worin besteht unsere ökumenische Vision? Viele beschreiben diese Vision im Sinn einer Einheit, die vor uns liegt, die wir anzustreben haben und der gegenüber die Spaltung der Christenheit als «Skandal» gilt. Oft wird in diesem Zusammenhang die Bitte aus dem Hohepriesterlichen Gebet Jesu zitiert, «dass alle eins seien» (Joh 17,21). Manchmal tritt dabei sogar in den Hintergrund, dass es sich um ein Gebet handelt; so stark wird die sichtbare Einheit als das Ergebnis unseres menschlichen Bemühens betrachtet. Persönlich möchte ich nicht nur nach dem Ziel, sondern ebenso nach dem Grund unserer ökumenischen Verbundenheit fragen. Für diese Frage lasse ich mich von dem Hohen Lied der Einheit leiten, das sich im Epheserbrief findet: «Ein Leib und ein Geist, wie ihr auch berufen seid zu einer Hoffnung eurer Berufung; ein Herr, ein Glaube, eine Taufe; ein Gott und Vater aller, der da ist über allen und durch alle und in allen» (Eph 4,4–6).

Dieser biblische Bekenntnissatz bezeugt eine ökumenische Wirklichkeit, die mit unserem Glauben selbst mitgegeben ist. Die Frage an uns heisst dann, ob wir dieser uns vorgegebenen Wirklichkeit entsprechen oder ob wir sie verfehlen. Wir sind gefragt, ob wir dieser Grundlage in der Gestalt unserer kirchlichen Gemeinschaft Ausdruck verleihen, ob wir uns in erkennbarer Weise von dem einen Geist Gottes leiten lassen, ob wir in unserer Zeit Zeugen der einen Hoffnung sind. Der eine Herr mahnt uns, auch ein Leib zu sein. Der eine Glaube verpflichtet uns dazu, uns auch von einem Geist leiten zu lassen. Die eine Taufe macht uns zu Zeugen der einen Hoffnung.

Doch so wie die Taufe den Anfangspunkt der christlichen Existenz bildet, so wie der Glaube den christlichen Lebensvollzug begründet, so wie der eine Herr den Glaubenden stets vorausgeht, so ist es auch mit der ökumenischen Gemeinschaft. Sie steht nicht zur Disposition; sie ist nicht ins Belieben gestellt. Es handelt sich nicht um eine Entscheidung, welche die Glaubenden treffen oder auch unterlassen könnten. Es handelt sich auch nicht um ein Ziel, das mit grösserer oder geringerer Energie angestrebt werden kann. Die Zusammengehörigkeit der Christen und der Kirchen ist vielmehr mit dem Fundament ihres Bekenntnisses selbst mitgegeben: ein Herr, ein Glaube, eine Taufe.

Wir bringen die ökumenische Wirklichkeit nicht hervor; sie ist uns vielmehr vorgegeben. Die Frage an uns heisst vielmehr, ob wir dieser uns vorgegebenen Wirklichkeit entsprechen oder ob wir sie verfehlen. Wir sind gefragt, ob wir diese Grundlage in der Gestalt unserer kirchlichen Gemeinschaft Ausdruck verleihen, ob wir uns in erkennbarer Weise von dem einen Geist Gottes leiten lassen, ob wir in unserer Zeit Zeugen der einen Hoffnung sind. Der eine Herr mahnt uns, auch ein Leib zu sein. Der eine Glaube verpflichtet uns dazu, uns auch von einem Geist leiten zu lassen. Die eine Taufe macht uns zu Zeugen der einen Hoffnung.

Das Hohe Lied der Einheit im 4. Kapitel des Epheserbriefs, aus dem ich gerade zitiert habe, mündet in das Lob des einen Gottes und Vaters. Die im Christusbekenntnis, im gemeinsamen Glauben und in der einen Taufe begründete Gemeinschaft der Kirche in ihrem Zeugnis, in ihrem Dienst und in ihrer Hoffnung begründet das Lob des einen Gottes, der das All erfüllt und zur Einheit zusammenfasst.

Dieser biblische Text entwirft das Bild einer Ökumene des dankbaren Gotteslobs. Er beginnt nicht mit dem, was ökumenisch von uns gefordert ist. Er erinnert uns vielmehr daran, was uns ökumenisch anvertraut ist. Er sagt zuerst, was wir ökumenisch sind, bevor er fordert, was wir ökumenisch werden sollen. Hier begegnet uns auf grossartige und eindrucksvolle Weise eine Ökumene des Indikativs. Durch die Erinnerung an das, was uns gemeinsam anvertraut ist, wird die Berufung dazu verdeutlicht, gemeinsam Leib Christi zu sein.

Die Wahl dieses Bildes erinnert daran, dass ökumenische Zusammengehörigkeit nicht Uniformität bedeutet. Nicht an einer gleichförmigen Bestimmung des Verhältnisses von Amt und Gemeinde, nicht an einer überall gleichen Gestaltung des Gottesdienstes macht der Epheserbrief diese Einheit fest. Ob die Verschiedenen sich von dem gleichen Geist leiten lassen und die gleiche Hoffnung bezeugen, ist seine ökumenische Testfrage. Dass sie in der einen Taufe verbunden sind, sich auf den einen Glauben stützen und den einen Herrn, den gekreuzigten und auferstandenen Christus, bekennen, bildet dafür eine unverbrüchliche Grundlage.

Es handelt sich nicht um eine Ökumene von oben, in der aus der Einheit Gottes auf die Uniformität der Kirche geschlossen wird. Sondern es handelt sich um eine Ökumene von unten, die der Verschiedenheit Raum gibt, dabei aber auf die Kraft der Einheit vertraut. Aus dem Dank für die vorgegebene Einheit des Christusbekenntnisses wird nach

Wegen gesucht, die verschiedenen Gaben zum gemeinsamen Zeugnis für diese Einheit zusammenzuführen.

Das ist ein dynamisches Verständnis von Einheit, zu dem wir in der jüngeren europäischen Geschichte sogar politische Entsprechungen erlebt haben. Zwanzig Jahre nach der friedlichen Revolution in Europa bekennen wir dankbar, dass uns eine Einheit in Verschiedenheit geschenkt wurde, auf die wir lange Zeit kaum zu hoffen wagten. Ihr Gestalt zu geben, ist die grosse politische Aufgabe, vor der wir in Europa stehen. Als Kirchen wollen wir dazu unseren Beitrag leisten.

In einer solchen *ökumenischen Vision* können sich *Vielfalt und Einheit, Weite und Konzentration neu miteinander verbinden. Die Weite der Themen und Netzwerke muss nicht verloren gehen, wenn wir uns auf unser gemeinsames Zeugnis besinnen. Unsere verschiedenen Traditionen müssen ihre Farbe nicht verlieren, wenn wir gemeinsam das eine Fundament sichtbar machen, auf dem wir stehen: Ein Herr, ein Glaube, eine Taufe.*

III.

Die Einheit der Kirchen muss nicht neu erfunden werden. Diese Einheit ist der Grund, auf dem wir stehen. Dieser Perspektivenwechsel ist der entscheidende Schritt der ökumenischen Neuorientierung, die wir nach meiner Überzeugung heute brauchen. Er wird uns dabei helfen, in unserer Vielfalt nicht eine Bedrohung der Einheit, sondern deren Ausdruck zu sehen.

Ökumenisches Zusammenwirken setzt zuallererst voraus, dass wir uns immer wieder den gemeinsamen Quellen unseres Glaubens zuwenden. Denn aus ihnen wächst unserem Glauben immer wieder frische Kraft zu, aus der sich auch unser gemeinsames Zeugnis erneuert.

Ökumenisches Zusammenwirken zeigt sich ferner darin, dass ökumenische Partner im wechselseitigen Respekt vor ihrem jeweiligen Kirchesein miteinander verbunden sind. Denn so sehr ökumenisches Zusammenwirken auf der Treue der Beteiligten zur eigenen Kirche beruht, so sehr beruht es auch auf diesem wechselseitigen Respekt.

Ökumenisches Zusammenwirken kommt schliesslich darin zum Ausdruck, dass gemeinsame Aufgaben auch gemeinsam wahrgenommen werden. In der Antwort auf die grossen Krisen und Herausforderungen unserer Zeit muss sich deshalb unsere ökumenische Zusammengehörigkeit besonders bewähren. Die unverantwortlichen Irrwege, die 2008 in die Finanzmarktkrise geführt haben, die noch immer nicht gebannte Gefahr einer Klimakatastrophe und der fortdauernde Unfriede in vielen Teilen unserer Welt fordern uns zum gemeinsamen Zeugnis heraus.

Die Gestaltung einer gerechten Gesellschaft, die die Überwindung der Armut als zentrale Aufgabe anerkennt, und der Übergang zu einer nachhaltigen Wirtschaft als Antwort auf die drohenden Veränderungen des Klimas bewegen uns alle. Darin liegt in ganz besonderer Weise auch eine gemeinsame ökumenische Aufgabe, die wir in den europäischen Kirchen verstärkt in den Blick genommen haben.

Wir spüren, wie sehr vielfältige kulturelle Verschiebungen uns zu klarer ethischer Orientierung herausfordern. Im gesellschaftlichen Wandel wird neu nach ethischen Leitlinien für Ehe, Familie und Sexualität gefragt. Der Anfang des menschlichen Lebens gerät genauso in die Diskussion wie sein Ende; der wissenschaftliche und medizinische Fortschritt verbindet sich mit der Frage, wie der Mensch in diesem Fortschritt als Person geachtet werden kann. Wie gelingt es uns, dem Zeugnis des Evangeliums treu bleibend, Antworten zu geben, die überzeugen und orientieren?

Die gemeinsame Beratung über solche Fragen wird den europäischen Kirchen dabei helfen, ihren Glaubensüberzeugungen treu zu bleiben und den Zeitgenossen Antworten anzubieten, die über den Tag hinausweisen, weil sie Hoffnung geben über die Grenzen des menschlichen Lebens hinaus. Denn darin besteht die bleibende Aufgabe der Kirche Jesu Christi: unserer Welt den Glauben an Christus zu bezeugen, damit sie Frieden und Gerechtigkeit und darin das Leben wählt.

IV.

Die ökumenische Gemeinschaft, der wir Gestalt geben wollen, ist keine starre Schablone, sondern ein lebendiger Prozess. Sie ist ein Weg, auf dem man immer wieder zu markanten Kreuzungen und Weggabelungen kommt, an denen neue Orientierung notwendig ist. Heute stehen wir nach meiner Überzeugung an einer solchen Wegmarke.

Viele europäische Kirchen sind in diesen Jahren dabei, ihren Ort in der Gesellschaft neu zu bestimmen. Angesichts des gesellschaftlichen Umbruchs, durch den wir in Europa gegangen sind und der noch keineswegs an sein Ende gekommen ist, bestimmen sie ihre Aufgaben neu und suchen nach einer auftragsgemässen Gestalt ihres Zeugnisses. In der Evangelischen Kirche in Deutschland orientieren wir uns dafür an einem grundlegenden Dokument aus dem Jahr 2006, das den Titel «Kirche der Freiheit» trägt. Wir wollen das Erbe der Reformation in das gemeinsame Zeugnis der Kirchen einbringen. Die besondere Glaubenseinsicht, die uns anvertraut ist, wollen wir so zum Leuchten bringen, dass auch diejenigen davon erreicht werden, denen das Bekenntnis zu dem einen Herrn, dem einen Glauben und der einen Taufe fremd geworden ist. Wir wollen die missionarische Aufgabe, die sich uns heute auch in Europa stellt, mit der ökumenischen Verpflichtung verbinden, in der wir uns als Kirchen miteinander verbunden wissen.

Zwischen der gemeinsamen Botschaft, die uns anvertraut ist, und den vielen Möglichkeiten, ihr im Leben unserer Kirchen Gestalt zu geben, müssen wir heute eine neue Balance finden. Dieses Bemühen stösst nicht überall auf Begeisterung. Viele haben sich in ihrer besonderen Nische eingerichtet, halten ihr eigenes Zimmer möglicherweise für die eigentliche Welt und haben dabei den Blick auf das *eine* Haus verloren. Sie machen dadurch unseren christlichen Glauben zu einer Lebenshaltung, die nur im kleinen Kreis Gleichgesinnter gepflegt und bewahrt werden kann. In dieser abgeschlossenen Welt sind sie zugleich darüber enttäuscht, dass ihre Botschaft nur noch von wenigen gehört wird. Wie relevant christliche Überzeugungen für die gesellschaftlichen Entwicklungen in Europa denn noch seien, wird dann gefragt. Als Christen sind wir davon überzeugt, dass unser Bild vom Menschen als Gottes Ebenbild, unser Vertrauen auf die Kraft von Vergebung und Versöhnung und unsere Hoffnung auf ein Leben in Gerechtigkeit und Frieden für die Zukunft Europas eine grosse Kraft entfalten können. Doch dafür müssen wir die Vielfalt unserer Traditionen und das Gemeinsame unseres Glaubens neu miteinander verbinden.

Aus dieser Verbindung von Vielfalt und Gemeinsamkeit kann eine neue ökumenische Vision für Europa wachsen. Dass wir in unserer Vielfalt auf die uns vorgegebene Einheit antworten, kann zum Leitmotiv für die ökumenische Bewegung in Europa werden. *Vielfalt und Einheit, Weite und Konzentration können sich dabei neu miteinander verbinden. Die Weite der Themen und Netzwerke muss nicht verloren gehen, wenn wir uns auf unser gemeinsames Zeugnis besinnen. Unsere verschiedenen Traditionen müssen ihre Farbe nicht verlieren, wenn wir gemeinsam das eine Fundament sichtbar machen, auf dem wir stehen: ein Herr, ein Glaube, eine Taufe.*

V.

Die Kirchen der Reformation sind wie die römisch-katholische Kirche Kirchen des Westens. Unbeschadet ihrer theologischen Unterschiede sind sie durch viele kulturelle Gemeinsamkeiten geprägt. Derzeit fällt es schwer, Ansatzpunkte für eine Vertiefung ihrer Gemeinschaft zu erkennen. Was auf dem Weg von Konsensdokumenten erschlossen werden kann, scheint weitgehend geklärt zu sein. Dass die wechselseitigen Verurteilungen des Reformationsjahrhunderts den heutigen ökumenischen Partner nicht mehr treffen, kann gemeinsam ausgesprochen werden. Zugleich treten bleibende Unterschiede von gravierender Bedeutung hervor. Sie haben, jedenfalls aus evangelischer Sicht, im Kern mit Fragen des Amtsverständnisses zu tun. Dass die mangelnde Übereinstimmung im Amtsverständnis die wechselseitige Wahrnehmung als Kirche deutlich erschwert, gehörte ohne Zweifel zu den belastenden ökumenischen Faktoren im ersten Jahrzehnt des neuen Jahrhunderts. Meine Hoffnung ist, dass im zweiten Jahrzehnt, das vor uns liegt, sich ein veränderter Umgang mit dieser Frage abzeichnet. Denn ich bin davon überzeugt: Ökumenische Fortschritte kann es nur geben, wenn die ökumenischen Partner sich in ihrem Kirchesein wechselseitig respektieren.

In der weltweiten Ökumene bildete die Frage nach der Stellung und dem Beitrag der orthodoxen Kirchen in den zurückliegenden Jahren eine besondere Herausforderung. Ich knüpfe eine besondere Hoffnung daran, dass herausragende Kirchenführer der Orthodoxie, unter ihnen insbesondere der Ökumenische Patriarch von Konstantinopel, Patriarch Bartholomaios, und der Patriarch der Russisch-Orthodoxen Kirche, Patriarch Kyrill, von der zentralen Bedeutung der ökumenischen Aufgabe überzeugt sind.

Doch das Bild der weltweiten Christenheit hat sich innerhalb weniger Jahrzehnte dramatisch verändert. Die Zahl der Mitglieder von charismatischen Bewegungen und pentekostalen Kirchen wächst, weltweit betrachtet, in atemberaubendem Tempo. Mit etwa 500 Millionen Christen sind diese Bewegungen und Kirchen nahezu gleich gross wie der ÖRK, zu dessen Mitgliedskirchen etwa 560 Millionen Christen gehören. Diese

Entwicklungen entfalten nicht nur in Lateinamerika, Afrika und Asien eine erhebliche Dynamik. Auch in Europa ist ihre Wirksamkeit nicht zu übersehen.

Die europäische Situation ist schliesslich durch eine religiöse Pluralität gekennzeichnet, die über die Vielfalt der christlichen Kirchen hinausweist. Die verstärkte Präsenz des Islam ist für diese Pluralität ebenso kennzeichnend wie die eigenständige Bedeutung der «säkularen Option», die sich auf keinem Kontinent so stark zu Wort meldet wie in Europa. So verfehlt es wäre, sich die künftige religiöse Entwicklung in Europa nach dem Modell eines unaufhaltsamen, naturgesetzlich ablaufenden Säkularisierungsprozesses vorzustellen, so verfehlt wäre es auch, das Ausmass und die Bedeutung einer weite Gesellschaftsschichten erfassenden Säkularisierung in Europa gering zu schätzen.

Ein Dialog über die theologischen Fragen religiöser Pluralität ist dringend erforderlich. Nur so können die Gemeinden in diesen Veränderungen Orientierung finden. Nur so können die Kirchen Klarheit darüber gewinnen, auf welcher Grundlage und mit welcher Zielsetzung sie den christlichen Glauben in der europäischen Öffentlichkeit bezeugen und aus ihm heraus zu drängenden Fragen der Zeit Stellung nehmen. Dazu sind sie auf die Zusammenarbeit in den multilateralen ökumenischen Institutionen angewiesen.

In diesen Institutionen kommt die Zusammengehörigkeit von Vielfalt und Einheit, von Weite und Konzentration auf exemplarische Weise zum Ausdruck. Der Dank dafür, dass es diese Organisationen gibt, verbindet sich mit Sorgen über ihren weiteren Weg. Umso ermutigender ist die Beobachtung, dass ein neues Nachdenken über ihre Funktion wie über eine Stärkung ihrer Wirksamkeit in Gang gekommen ist.

So arbeitet die Gemeinschaft Evangelischer Kirchen in Europa zu Recht und mit Nachdruck daran, dass die Zusammengehörigkeit der evangelischen Kirchen an Verbindlichkeit gewinnt und ihre Stimme in den europäischen Zusammenhängen deutlicher hörbar wird. Dabei ist es beeindruckend, was die GEKE mit ihren begrenzten organisatorischen Möglichkeiten zu Stande bringt.

Bemerkenswert ist auch, dass die Konferenz Europäischer Kirchen mit ihrer Vollversammlung in Lyon 2009 einen Reformprozess begonnen hat. Dessen Ziel besteht darin, dass die KEK sich in ihrer Arbeit auf das konzentrieren kann, was multilateralen Organisationen in besonderer Weise möglich ist:

- die Gemeinschaft untereinander durch die Entdeckung und Erneuerung von Elementen gemeinsamer Spiritualität zu fördern,
- die Debatte um ethische Grundorientierungen so zu führen, dass sie in den Kulturen und Gesellschaften des zusammenwachsenden Europa gehört wird und zu ihrer Orientierung beiträgt,
- die Positionen der Kirchen zu wichtigen Fragen der europäischen Entwicklung so zu bündeln, dass sie mit grösserer Wirksamkeit gegenüber den europäischen Institutionen wie in der europäischen Öffentlichkeit vorgebracht werden können.

In vergleichbarer Weise gibt es Ansätze dazu, dass die Arbeit des Ökumenischen Rats der Kirchen stärker von den Mitgliedskirchen getragen wird und er dadurch seine Aufgaben besser und wirksamer wahrnehmen kann. Es ist in diesem Zusammenhang ermutigend festzustellen, dass die Initiative zur Reform der KEK auch auf den ÖRK zurückwirkt.

Die Perspektiven für den ÖRK sind bei seiner letzten Vollversammlung in Porto Alegre 2006 in Umrissen beschrieben worden. Doch die damals formulierten Ansätze sind in dem 2009 begonnenen Arbeitsprozess zur Neuordnung des ÖRK weiter zu präzisieren, zu konzentrieren und umzusetzen.

Solche Reformansätze sind nicht von dem Bild einer uniformen Ökumene bestimmt. Für das Zusammenwirken der Kirchen in Europa wie in der ganzen Welt gilt: Sichtbare Einheit setzt nicht das Verschwinden von Unterschieden voraus. Die Fähigkeit, sich in der jeweiligen Unterschiedlichkeit zu respektieren und mit Verschiedenheiten geschwisterlich umzugehen, wird ein besonders wichtiger Beitrag für die Zukunft des europäischen Kontinents wie des Globus im Ganzen sein. Denn darin zeigt sich, was die christlichen Kirchen, ja die Religionen überhaupt zum Zusammenhalt einer Gesellschaft beitragen können, die durch Pluralität geprägt ist.

Mit einer Stimme gegenüber den europäischen Institutionen sprechen?!

Rüdiger Noll

Man kann wohl mit Fug und Recht festhalten, dass die Frage nach dem Verhältnis von Vielfalt und Einheit unter den Kirchen für den mit dieser Festschrift zu Ehrenden eine zentrale Fragestellung war und ist. Nicht zuletzt um die Einheit der Kirchen in ihrer Verschiedenheit zu fördern, hat sich Thomas Wipf an entscheidenden Stellen an der theologischen und praktischen Reflexion zur Einheit und Vielfalt der Kirchen beteiligt und an der Umsetzung der sich daraus ergebenden Konzepte mitgewirkt.

Als Präsident des Schweizerischen Evangelischen Kirchenbundes SEK (1998–2010) sass er dem Zusammenschluss der schweizerischen evangelischen Kirchen, um diesen in der Öffentlichkeit Gehör zu verschaffen und die schweizerische evangelische Stimme in die weltweite Ökumene einzubringen. Als Präsident der Gemeinschaft Evangelischer Kirchen in Europa GEKE (seit 2006) steht er einer Kirchengemeinschaft vor, in der die Mitgliedkirchen gemeinsam bezeugen, dass Unterschiede in Theologie und Kirchenpraxis nicht mehr kirchentrennend sind. Und schliesslich ist Thomas Wipf seit 2004 Mitglied im Präsidium der Konferenz Europäischer Kirchen KEK, in der sich anglikanische, altkatholische, orthodoxe und protestantische Kirchen Europas auf der Suche nach der Einheit und dem gemeinsamen Zeugnis stärken wollen.

Die Einheit der Kirchen bezieht sich dabei nicht nur auf die Fragen des Glaubens und der Kirchenverfassung, sondern auch auf die Frage des gemeinsamen Zeugnisses angesichts aktueller sozialethischer Herausforderungen. In der Leuenberger Konkordie (LK 29) heisst es, dass die unterzeichnenden Kirchen «eine möglichst grosse Gemeinsamkeit in Zeugnis und Dienst an der Welt erstreben»[1]. Und in der Verfassung (Präambel) der Konferenz Europäischer Kirchen wird festgehalten: «Die Konferenz entstand nach dem Zweiten Weltkrieg durch die Initiative

---

[1] Konkordie reformatorischer Kirchen in Europa (Leuenberger Konkordie), Absatz 29.

führender Vertreter europäischer Kirchen. Ihre Absicht war es, dass die Kirchen in Europa sich in dem ihnen allen aufgetragenen Dienst der Versöhnung gegenseitig fördern.»

Damit kommen sowohl Staaten und Regierungen wie auch die Europäischen Institutionen (Europäische Union und Europarat) als gestaltende und Recht setzende Adressaten einer gemeinsamen kirchlichen Stimme in den Blick. Im Zuge des europäischen Einigungsprozesses sind der Europäischen Union, im Ursprung ein Friedens- und Versöhnungsprojekt, immer mehr Kompetenzen zugewachsen. Viele Gesetze und Richtlinien, die das Leben der Menschen bestimmen, werden auf europäischer Ebene vorbereitet oder erlassen. Deshalb müssen sich die Kirchen auch auf dieser Ebene einbringen. Dieser Beitrag zur Festgabe will sich auf diesen Aspekt der kirchlichen Einheit, auf die gemeinsame Stimme der Kirchen gegenüber den europäischen Institutionen aus der Perspektive der Konferenz Europäischer Kirchen und ihrer Kommission Kirche und Gesellschaft konzentrieren.

Für Thomas Wipf war und ist die gemeinsame Stimme europäischer Kirchen gegenüber den europäischen Institutionen ein wichtiges Anliegen. Deshalb hat er sich als Präsident der GEKE für ein gemeinsames Auftreten nicht nur der evangelischen, sondern aller Mitgliedkirchen der KEK eingesetzt. Und deshalb hat er auch immer wieder in den Gremien danach gefragt, warum einige Kirchen ihre eigenen Büros in Brüssel eröffnet haben. Unter seiner GEKE-Präsidentschaft ist eine Studie unter dem Titel «Die evangelischen Kirchen vor neuen Herausforderungen sozialer Gerechtigkeit» erarbeitet worden, die die gemeinsame Stimme der evangelischen Kirchen im Kontext der weiteren ökumenischen Bewegung beleuchten soll.

1. Anspruch und Wirklichkeit

Nachdem Kirchen und Religionsgemeinschaften in den bisherigen Verträgen als Dialogpartner nicht vorkamen, verpflichtet sich die Europäische Union mit dem Lissabonner Vertrag, der am 1. Januar 2009 in Kraft getreten ist, zu einem «offenen, transparenten und regelmässigen Dialog» mit den Kirchen und Glaubensgemeinschaften.[2] Der Dialog mit den Kirchen und Glaubensgemeinschaften wird in einem eigenen Paragraphen «in Anerkennung ihrer Identität und ihres besonderen Beitrags» betont. Während der Dritten Europäischen Ökumenischen Versammlung in Sibiu/Rumänien hatte der Präsident der Europäischen Kommission, José Manuel Barroso, diesen besonderen Beitrag der Kirchen im europäischen Einigungsprozess besonders hervorgehoben.[3]

Im Augenblick beginnt die Diskussion, wie dieser Artikel des Lissabonner Vertrages aufgrund bestehender Erfahrungen in die Praxis umgesetzt werden kann. Dabei dürfte deutlich sein, dass der Artikel nicht nur eine Herausforderung für die EU und ihre Institutionen, sondern auch für die Kirchen und Glaubensgemeinschaften darstellt.

In der 2001 unter der Ägide der Konferenz Europäischer Kirchen und des Rates der Europäischen Bischofskonferenzen (CCEE), also mit römisch-katholischer Beteiligung, verabschiedeten Charta Oecumenica[4] heisst es: «Wir sind überzeugt, dass das spirituelle Erbe des Christentums eine inspirierende Kraft zur Bereicherung Europas darstellt. Aufgrund unseres christlichen Glaubens setzen wir uns für ein humanes und soziales Europa ein, in dem die Menschenrechte und Grundwerte des Friedens, der Gerechtigkeit, der Freiheit, der Toleranz, der Partizipation und der Solidarität zur Geltung kommen.» Und die rezipierenden Kirchen verpflichten sich, sich «über Inhalte und Ziele unserer sozialen Verantwortung miteinander zu verständigen und die Anliegen und Visionen der Kirchen gegenüber den säkularen europäischen Institutionen möglichst gemeinsam zu vertreten».

Diese Selbstverpflichtung der europäischen Kirchen, mit möglichst einer Stimme gegenüber den Europäischen Institutionen zu sprechen, mag ihre Aufnahme in die Charta Oecumenica der nüchternen Einsicht verdanken, dass die Stimme der Kirchen bei den Europäischen Institu-

---

[2]   Vertrag über die Arbeitsweise der Europäischen Union, Lissabon 2007, Artikel 17c.

[3]   Europa und der Einigungsprozess. Rede des Kommissionspräsidenten José Manuel Barroso bei der Dritten Europäischen Ökumenischen Versammlung, Sibiu 2007 (www.eea3.org/documenti/fourth/BarrosoDe.doc).

[4]   Konferenz Europäischer Kirchen/Rat der Europäischen Bischofskonferenzen, Charta Oecumenica. Leitlinien für die wachsende Zusammenarbeit der Kirchen in Europa, St. Gallen/Genf 2001, Abschnitt 7.

tionen vor allem dann Gehör findet, wenn sie als gemeinsame Stimme vorgetragen wird. Und in der Tat ist das ein wichtiger Aspekt. Wie sollen die Europäischen Institutionen, säkular geprägt und im Umgang mit Kirchen weitgehend ungeübt, mit einer Vielzahl sich unterscheidender Stellungnahmen von Kirchen umgehen? Die Gefahr besteht, dass sie sich die Stellungnahmen der ihnen bekannten und wichtig erscheinenden Kirchen oder die ihnen genehmen Eingaben heraussuchen oder sie insgesamt bei Seite legen.

Viel bedeutender als diese pragmatische Überlegung ist der theologische Hinweis auf das Gebet Christi (Joh 17,21): «Alle sollen eins sein: Wie Du, Vater, in mir bist und ich in Dir, sollen auch alle eins sein, damit die Welt glaube, dass du mich gesandt hast.» Die Uneinigkeit, auch in sozialethischen Fragen, beschädigt das Zeugnis der Kirchen. So formuliert die Charta Oecumenica im Blick auf Joh 17,21: «Im Bewusstsein unserer Schuld und zur Umkehr bereit müssen wir uns bemühen, die unter uns noch bestehenden Spaltungen zu überwinden, damit wir gemeinsam die Botschaft des Evangeliums unter den Völkern glaubwürdig verkündigen.»[5]

Was im Kontext der Charta Oecumenica so eindeutig daher kommt, erweist sich in der Praxis als oft nicht so einfach. Es gibt Stimmen, die sagen, dass der Anspruch der Kirchen, gegenüber den Institutionen mit möglichst einer Stimme zu sprechen, angesichts der Vielzahl der kirchlichen Eingaben zu ein und demselben Thema, schon wieder aufgegeben ist. Das Problem liegt dabei gar nicht so sehr in einer Vielzahl von Stimmen, die in manchen Fällen sogar sinnvoll sein kann. Ein Problem entsteht vielmehr, wenn diese kirchlichen Stimmen unabgestimmt und in ihrer Zielrichtung unterschiedlich sind.

Auffallend ist, dass es vor allem Minderheitskirchen sind, die in Europa die gemeinsame Stimme der Kirchen auch gegenüber den Europäischen Institutionen einfordern und die Kommission Kirche und Gesellschaft der KEK als ein Instrument auf diesem Wege unterstützen. Mehrheitskirchen bevorzugen oft ihre eigenen Kanäle für den Dialog mit den Institutionen, um ihren Beitrag einzubringen. Es bedarf also offensichtlich eines verstärkten Dialogs zwischen Mehrheits- und Minderheitskirchen, wenn es um die gemeinsame Stimme der Kirchen in Euro-

---

[5]   A.a.O., Vorwort.

pa geht. Genauso wie es eines Dialogs zwischen den Kirchen und ihren Einrichtungen wie Diakonie, Mission, Entwicklungsdiensten bedarf. In einigen Kirchen hat sich in den letzten Jahren unter dem Stichwort der «Professionalisierung» eine zunehmende Spezialisierung und Entfremdung herausgebildet. Die *specialized ministries* («besonderen Dienste») der Kirchen sind dann aber auch einzubeziehen, wenn es um das gemeinsame Zeugnis und die Anwaltschaft der Kirchen für die Armen und Ausgegrenzten in unseren Gesellschaften geht.

Wie sehr die Frage einer gemeinsamen Stimme der Kirchen gegenüber den europäischen Institutionen noch hinterfragt wird, hat u. a. auch die letzte Vollversammlung der Konferenz Europäischer Kirchen in Lyon 2009 gezeigt. Obwohl das Abschlussdokument seinen Ausgangspunkt bei der Suche nach der «sichtbaren Einheit» der Kirchen nimmt und mehrfach auch auf eine «prophetische Stimme» der Kirchen hinweist, sprach das Dokument zunächst ‹nur› davon, dass die KEK «für die Kirchen in Europa auch weiterhin ein Instrument bleiben (soll), mit dessen Hilfe sie wirksame Beziehungen zu den europäischen Institutionen herstellen können». Erst nach vielfachen Interventionen von Delegierten, vor allem von kleineren Mitgliedskirchen, wurde eine weitere Formulierung aufgenommen: «Wir glauben, dass die KEK die gemeinsame Stimme der Mitgliedskirchen in Europa und ein ökumenisches Instrument für anwaltschaftliche Arbeit und Zusammenarbeit mit den europäischen Institutionen ist.» Erst zum Ende der Vollversammlung hat sich diese Auffassung durchgesetzt, die dann allerdings als eine von vier Kernaufgaben der KEK hervorgehoben worden ist.[6]

2. Auf dem Weg zu einer gemeinsamen Stimme der Kirchen: zu berücksichtigende Faktoren

Warum ist es nun gegenwärtig so schwierig, zu einer gemeinsamen Stimme der Kirchen Europas in sozialethischen und gesellschaftlichen Fragen zu kommen?

---

[6]   13. KEK Vollversammlung, Lyon (Frankreich) 2009, Bericht des Weisungsausschusses für Grundsatzfragen der Vollversammlung (http://assembly.ceceurope.org/fileadmin/filer/asse/Assembly_d).

Zum einen dürften die Schwierigkeiten in dem stockenden ökumenischen Dialog insgesamt zu suchen sein. Nicht selten wird gegenwärtig
von einer «Krise der Ökumene» oder einem «ökumenischen Winter»
gesprochen. Die Leidenschaft auf der Suche nach der sichtbaren Einheit
der Kirchen scheint für einige Kirchen angesichts gegenwärtiger Konfliktlinien zwischen den Kirchen und auch angesichts sozialethischer und
gesellschaftlicher Themen, erloschen oder zumindest reduziert zu sein.
Im Abschlussbericht der KEK Vollversammlung in Lyon (2009) hört
sich das so an: «Trotz aller sichtbaren Vielfalt scheint die Sehnsucht nach
‹sichtbarer Einheit› eine Hoffnung zu sein, die nach wie vor auf der Tagesordnung der KEK steht. Infolge der Probleme und Konflikte, die in
der Gemeinschaft und Arbeit der KEK bisweilen grosse Schwierigkeiten
mit sich gebracht haben, ist diese Sehnsucht allerdings z. T. nicht mehr
so stark spürbar.»[7]
    Nach einer langen Phase der ökumenischen Annäherung mit achtba-
ren Ergebnissen ist der ökumenische Dialog, insbesondere im Blick auf
dogmatische Fragen, ins Stocken geraten. In der Frage des Kirchen- und
Amtsverständnisses oder einer gemeinsamen Eucharistie gibt es in den
letzen Jahren kaum Fortschritte, eher sogar eine Zementierung alter
Positionen. Einen traurigen Höhepunkt bildete der Versuch seitens der
Römisch-Katholischen Kirche, anderen, insbesondere protestantischen
Kirchen, abzusprechen, dass sie «Kirchen im eigentlichen Sinne» sind.[8]
Ein Dialog auf Augenhöhe scheint so auf der Ebene der Amtskirche
einseitig aufgekündigt, auch wenn sich die Basisökumene davon nicht
abschrecken lässt. Die Konvergenz- oder Konsensökumene ist einer
«Ökumene der Profile» gewichen. Gegen eine Ökumene der Profile mag
an sich nichts einzuwenden sein, wenn sie das eigene Profil zu schärfen
versucht, um es in den ökumenischen Dialog einzubringen. Schwierig
wird der Dialog, wenn das eigene Profil seinen Sitz im Leben in der Abgrenzung gegen andere hat. Deutlich dürfte jedenfalls sein, dass das gemeinsame Zeugnis der Kirchen der nicht nachlassenden Leidenschaft für
die Einheit der Kirchen bedarf.
    Dagegen mag man mit einem alten ökumenischen Slogan einwenden:
«Dogmatik entzweit, Ethik vereint.» Ein genauerer Blick zeigt jedoch,

---

    [7]   Ebd.
    [8]   Vgl. Erklärung Dominus Iesus. Über die Einzigkeit und die Heilsuniversalität Je-
su Christi und der Kirche (6. August 2000).

dass sich die dogmatischen Konfrontationen auch auf ethischem Gebiet fortsetzen. So hat Metropolit Hilarion von der Russisch-Orthodoxen Kirche schon 2005 in seinem Amt als Repräsentant seiner Kirche gegenüber der Europäischen Union mehrfach zu einer «Gegenfront der Katholiken und Orthodoxen in Europa» gegen Säkularismus, Liberalismus und Relativismus aufgerufen.[9] Diese Allianz wendet sich nicht nur gegen die «säkularen Werte» westlicher Gesellschaften, sondern auch gegen protestantische Kirchen, «die die Tradition im Sinne säkularer Standards umgeschrieben haben und umschreiben».[10]

Aus dieser Perspektive werden so grundsätzliche Unterschiede unter den Kirchen greifbar, wie die Frage nach dem Ziel eines Dialoges zwischen den Kirchen und den Gesellschaften, nach der Beurteilung von Aufklärung und Säkularisierung, nach dem Verhältnis von Staat und Kirche, nach der Universalität von Menschenrechten, die unter den Kirchen neu diskutiert werden müssen und die einen gemeinsamen Dialog mit den Europäischen Institutionen zu sozialethischen und gesellschaftspolitischen Fragen für den Moment zumindest erheblich erschweren.

Dennoch findet der Dialog zwischen den Kirchen und den Europäischen Institutionen statt; und zwar erfolgreich. Nur so ist es zu erklären, dass es gelungen ist, einen «offenen, transparenten und regelmässigen Dialog» zwischen den Kirchen und Glaubensgemeinschaften und den Institutionen im Lissabonner Vertrag zu verankern. So hat die Kommission Kirche und Gesellschaft in den vergangenen Jahren viele Eingaben an die Institutionen gemacht und ist mit ihnen zu vielfältigen Themen in einen Dialog eingetreten. Erinnert sei nur an Stellungnahmen zu Fragen der Bioethik, den Menschenrechten, sozialen Fragen, einem zukunftsfähigen und partizipativen Europa. Auffallend ist, dass Konfliktlinien bei der Suche nach einer gemeinsamen Stimme der Kirchen zu diesen Fragen selten durch konfessionelle, sondern vielmehr durch kontextuelle Umstände bedingt sind. Es mag daher eine berechtigte Frage sein, ob bei gesellschaftlichen Fragen nicht oft der Kontext prägender ist als die

[9] Vgl. Bischof Hilarion Alfeyev, Schwesterkirchen oder konkurrierende Kirchen? Probleme und Perspektiven der orthodox-katholischen Beziehungen, in: Europaica 107 (2006); http//orthodoxeurop.org/page/14/107.aspx.
[10] Vgl. Bischof Hilarion Alfeyev, Address to the 12th Assembly of the Conference of European Churches, 30 June 2003, Trondheim, Norway, und vergleichbare Artikel auf der Webseite des Bischofs: http://hilarion.orthodoxia.org/6_1 (eigene Übersetzung).

Theologie bzw. ob das gemeinsame christliche Zeugnis über die Konfessionsgrenzen hinweg nicht doch tragfähiger ist als von manchen erwartet.

Auf einen anderen Fragenkomplex gilt es ebenso hinzuweisen, wenn es um die eine gemeinsame Stimme der Kirchen gegenüber den Europäischen Institutionen geht. Dieser hat seinen Ausgangspunkt weniger bei den Kirchen als bei den Institutionen. Eine gemeinsame Sprache der Kirchen gegenüber den Institutionen zu finden, wird nicht zuletzt durch die Komplexität der zur Entscheidung stehenden Fragen, Entscheidungsprozesse und Strukturen sowie durch die immer kleiner werdenden Zeitfenster erschwert. Nicht immer gelingt es, wie im Falle der Beitrittsverhandlungen der EU mit der Türkei, bereits ein Jahr im Voraus einen Diskussionsprozess unter den europäischen Kirchen über die Kriterien zu starten, der dann zu einer gemeinsamen Stellungnahme zum Verhandlungsbeginn geführt hat.[11] Die Komplexität der Entscheidungsprozesse und -strukturen liesse sich ausführlich an der über Jahre von der EU verhandelten «Dienstleistungsrichtlinie» darstellen, die in ihrer ursprünglichen Fassung u. a. auch Sozial- und Gesundheitsdienste unter das Wettbewerbsrecht (mit erheblichen Rückwirkungen auf das diakonische Handeln der Kirchen) stellen wollte. Die Konfliktlinien verliefen quer durch die Europäische Kommission, zwischen Kommission und Parlament, durch die Fraktionen und Mitgliedsländer. Am Ende ist es mit vereinten Kräften gelungen, Sozial- und Gesundheitsdienste sowie die Dienstleistungen der Kirche aus dem Geltungsbereich der Direktive herauszuhalten. Aber so sehr sich die Kommission Kirche und Gesellschaft und Eurodiaconia auch bemüht haben, den Prozess für ihre jeweilige Mitgliedschaft so transparent wie möglich zu machen, erwies es sich am Ende doch als schwierig, alle Kirchen in allen Phasen des Prozesses auf dem Laufenden zu halten.

Nicht selten wird an dieser Stelle eingewandt, dass sich die Kirchen und die sie vertretenden kirchlichen Organisationen gar nicht auf diese Komplexität einlassen müssten. Gilt es nicht vielmehr, nur die zugrunde

---

[11] Vgl. Kommission Kirche und Gesellschaft der KEK, Diskussionspapier ‹The relation of the European Union and Turkey from the Viewpoint of Christian Churches› (January 2004) und Public Statement ‹The relation of the European Union to Turkey is an issue of immense importance for the Union› (5. October 2004); beide unter: http://csc.ceceurope.org/issues/european-integration/european-integration-archives/.

liegenden Werte deutlich zu machen, um so das Gewissen der Entscheidungsträger zu schärfen? Reicht es nicht aus, im Sinne eines «Wächteramtes» nur dann einzugreifen, wenn eine Entscheidung offensichtlich den zugrunde liegenden Werten widerspricht?

Artikel 17 des Lissabonner Vertrages spricht hier eine andere Sprache. Ein «offener, transparenter und regelmässiger Dialog» zwischen der EU und den Kirchen und Glaubensgemeinschaften impliziert mehr als ein «Wächteramt». Die Kirchen sind aufgerufen, Mitgestalter im europäischen Einigungsprozess und auf dem Wege zu einem gerechten, solidarischen, ökologischen und partizipatorischen Europa zu sein. Das bedeutet nicht, dass die Kirchen zu ‹Mitentscheidern› würden und die Trennung von Staat und Kirche aufgehoben würde. Aber sie haben die Aufgabe, im Vorfeld von Entscheidungen, die das Leben der Menschen bestimmen, die Stimme der oftmals Benachteiligten und Betroffenen einzubringen. Und sie müssen sich zudem dafür einsetzen, dass die Entscheidungsstrukturen auf europäischer Ebene transparenter und überschaubarer werden, damit sich wirkliche Beteiligungsmöglichkeiten für die Menschen Europas eröffnen.

Dabei dürfen Kirchen nicht in einer Wertediskussion verharren. Ulrich H. J. Körtner[12] hat anhand der Bioethikdebatte gezeigt, wie selbst Kirchen unter Berufung auf die gleichen Werte zu sehr unterschiedlichen Optionen auf der Entscheidungsebene kommen. Das deutet darauf hin, dass es bei der Entscheidungsfindung um die Abwägung verschiedener Werte und Handlungsoptionen geht. Es kommt also auch für die Kirchen darauf an, wenn sie eine relevante Stimme einbringen und nicht nur als «moralische Instanz» missbraucht werden wollen, Entscheidungsprozesse nicht nur auf der Wertebene zu begleiten und konkrete, unterschiedliche Handlungsoptionen abzuwägen.

3. Eine gemeinsame Stimme der Kirchen

Gerade die letzen beiden Aspekte sprechen dafür, dass eine Professionalisierung und möglicherweise Arbeitsteilung vonnöten ist, wenn die Kir-

---

[12] Vgl. Ulrich H. J. Körtner: ‹Lasset uns Menschen machen›. Christliche Anthropologie im biotechnischen Zeitalter, München 2005.

chen gegenüber den Europäischen Institutionen ihre anwaltliche Funktion effektiv wahrnehmen wollen. Es reicht nicht aus, ab und zu öffentliche Stellungnahmen zu sozialethischen oder gesellschaftlichen Themen abzugeben. Es gilt vielmehr, Entwicklungen in den Institutionen mit der Stimme der Kirche zum richtigen Zeitpunkt zusammenzubringen und in einem permanenten Dialog mit den Kirchen und mit den Europäischen Institutionen zu sein und deren Entscheidungsprozesse zu begleiten. Deshalb haben die Kirchen bei der Umsetzung des «offenen, transparenten und regelmässigen» Dialogs auch so viel Wert auf die regelmässigen Beziehungen zwischen den Institutionen und den Kirchen auf der Arbeitsebene gelegt.

Artikel 17 des Lissabonner Vertrages stellt aber nicht nur eine Herausforderung für die Institutionen, sondern auch für die Kirchen dar. Dabei ist für Organisationen wie die KEK und ihre Kommission Kirche und Gesellschaft, die der gemeinsamen Stimme der Kirchen Gehör verschaffen soll, bei aller Komplexität wichtig, ihren Mitgliedkirchen gegenüber verantwortlich, rechenschaftspflichtig und transparent zu sein. Dafür hat die Kommission Kirche und Gesellschaft neben ihrer Rechenschaftspflicht gegenüber ihren Entscheidungsgremien, in denen die Mitgliedkirchen vertreten sind, einige Mechanismen geschaffen.

Zunächst versucht die Kommission, Entwicklungen auf europäischer Ebene so früh wie möglich aufzuspüren und eine Plattform für das Gespräch unter den Kirchen zu bieten. Dazu hat sie ein «early warning System» entwickelt, um die Kirchen möglichst frühzeitig über Entwicklungen zu informieren. Das Gespräch über grundsätzliche Entwicklungen findet dann in den Entscheidungsgremien und Arbeitsgruppen, aber auch in thematisch orientierten Konsultationen und jährlichen Treffen der Beauftragten in den Mitgliedkirchen statt. So entstehen Grundsatzdokumente, auf die bei der konkreten und zeitgerechten anwaltschaftlichen Arbeit gegenüber den Institutionen zurückgegriffen werden kann.

Musterbeispiele für ein solches Vorgehen sind unter anderem die Begleitung des Konvents, der den Lissabonner Vertrag ausgearbeitet hat, durch die Kirchen und das Treffen kirchleitender Persönlichkeiten, das die Kommission Kirche und Gesellschaft im Jahre 2006 einberufen hat,[13]

---

13   Vgl. Values-Religion-Identity (http://csc.ceceurope.org/fileadmin/filer/csc/
European_Integration/ValuesReligionIdentityFinalreport.pdf).

als die Debatte um die Zukunft Europas neue Impulse brauchte. Den Konvent hat die Kommission Kirche und Gesellschaft bei jeder ihrer Sitzung durch Mitarbeitende begleitet, kirchlich relevante Fragestellungen unmittelbar an die Mitgliedkirchen kommuniziert, um dann durch Expertengruppen aus den Mitgliedkirchen konkrete Eingaben zu erarbeiten. Nicht zuletzt durch dieses Kommunikationssystem und durch die Kooperation mit anderen Partnern ist es gelungen, bestimmte Werte und Zielvorstellungen, Artikel 17 sowie eine «Sozialklausel» in den Lissabonner Vertrag eingehen zu lassen.

Der andere Aspekt, die Suche nach der Einheit der Kirchen auch auf sozialethischem Gebiet, lässt sich durch eine Professionalisierung und ein gutes Kommunikationssystem allein nicht lösen. Dazu bedarf es einer erneuerten Verpflichtung der Mitgliedkirchen zu einem gemeinsamen anwaltschaftlichen Engagement von kleinen und grossen Mehrheits- und Minderheitskirchen gleichermassen.

Dabei kann es nicht darum gehen, Unterschiede der Kirchen zu verwischen. Eine gemeinsame Stimme der Kirchen muss oft eine differenzierte Stimme sein. Gemeinsame Stellungnahmen müssen deutlich machen, wo die gemeinsame Basis der Kirchen aus ihrem Glauben heraus liegt, und wo und warum sie dennoch möglicherweise zu unterschiedlichen Optionen gelangen. Nur so kann deutlich und prägend werden, was die Charta Oecumenica als die inspirierende Kraft des Christentums in Europa beschreibt.

Der Diskurs unter den Kirchen Europas, die Suche nach der Einheit in Vielfalt, nach der versöhnten Verschiedenheit, kann so zu einem Modell für Europa werden. Genau hier hat die Charta Oecumenica ihren «Sitz im Leben». Trotz der Verschiedenheit der Kirchen haben sie sich gemeinsame «Leitlinien für die wachsende Zusammenarbeit unter den Kirchen in Europa» gegeben und gemeinsam können sie anwaltschaftlich für die Menschen in Europa ihre Stimme erheben.

Die bisherigen Erfahrungen in dem Prozess, eine gemeinsame Stimme der Kirchen einzubringen, haben gezeigt, dass das, was die Kirchen angesichts der bedrängenden sozialethischen und gesellschaftlichen Herausforderungen eint, stärker ist als das, was sie trennt.

La pertinence de la Concorde de Leuenberg, 37 ans après sa parution

Elisabeth Parmentier

Presque quarante ans après sa parution, la Concorde de Leuenberg (CL) est aujourd'hui connue des théologiens, des Eglises, voire même des paroissiens. Si l'on peut ici parler d'un document à succès, tant en ce qui concerne sa réalisation que sa réception, ce succès garde-t-il toute sa pertinence dans un monde en mutation et dans les recompositions religieuses actuelles ?

Le but de la signature de cette reconnaissance mutuelle entre les Eglises issues de la Réforme en Europe et Amérique latine était que celle-ci soit « réalisée » par une communion croissante et un travail théologique poursuivi (§ 37b et § 41). Est-ce encore le cas dans une Europe différente, aujourd'hui marquée par les craintes de la globalisation et de l'effacement des frontières ? La CL annonçait également son but d'être un instrument au service de « la communion œcuménique de toutes les Eglises chrétiennes » (§ 46d–47) : ce projet a-t-il trouvé résonnance ? Enfin, comment cette communion luthérienne-réformée-méthodiste peut-elle aujourd'hui approfondir la relation avec les autres familles issues de la Réforme ?

En hommage à l'engagement infatigable de Thomas Wipf pour la « Communion d'Eglises protestantes en Europe » générée par la CL, j'examinerai ces questions en reprenant plusieurs niveaux de pertinence de la CL :

– La pertinence de la méthode du « consensus différencié »
– La pertinence du modèle protestant de la communion ecclésiale
– La pertinence d'un « profil protestant » pour les défis de l'avenir

La question transversale sera : où cette pertinence, indéniable et précieuse pour l'œcuménisme, se voit-elle aujourd'hui confirmée ou désenchantée ?

1. La pertinence de la méthode du « consensus différencié »

Dans la seconde génération œcuménique depuis Vatican II se manifeste un changement radical de méthode : il ne s'agit plus de trouver le plus possible de « convergences » concernant une doctrine, mais de tester dans quelle mesure chaque Eglise peut reconnaître chez l'autre les mêmes « vérités de foi » ou « vérités fondamentales » (*Grundwahrheiten*), lesquelles portent les différences qui subsistent dans les expressions de cette doctrine. La différence, jusque-là redoutée, trouve sa place dans le consensus lui-même ! D'où le nom du modèle : « consensus différencié ». Un tel consensus présuppose une double différenciation : d'une part entre la « chose » (la *res* – le « message ») de l'Evangile, et ses formes langagières (les *verba* – la « doctrine ») ; et, à un second niveau, entre les articles fondamentaux pour la foi et les affirmations secondes. Toutes les Eglises chrétiennes connaissent de telles différenciations, mais avec des terminologies et des critères différents.

Ce modèle a été particulièrement fructueux dans la *Concorde de Leuenberg* (CL). Elle repose sur ce double niveau de consensus différencié. Le premier niveau expose la différence entre le « message » de l'Evangile et la « doctrine », les formes historiques des confessions de foi.[1] Aussi n'est-il pas nécessaire d'avoir une nouvelle confession de foi commune, mais de vérifier la réconciliation des confessions existantes, qui expriment le même « message » de l'Evangile. Aussi devient-il possible à ces Eglises de se reconnaître mutuellement et de renoncer aux condamnations doctrinales réciproques.

Le deuxième niveau de consensus différencié concerne la communion ecclésiale : les Eglises ici réconciliées participent au même fondement de l'Eglise unique qu'est Jésus Christ, mais les formes ecclésiales, les expressions structurelles et historiques de ce même fondement sont différentes car contextuelles, et n'appartiennent pas aux vérités de foi. C'est pourquoi la reconnaissance mutuelle débouche sur un partage de la

---

[1]   « Elles ont appris à faire la différence entre le témoignage fondamental des confessions de foi de la Réforme et leur forme historique », §5. Texte de la CL en français dans : André Birmele, Jacques Terme (éd.), Accords et dialogues œcuméniques. Bilatéraux, multilatéraux, français, européens, internationaux, Paris, Les Bergers et les Mages, 1995. (Existe en version CDROM, Olivétan 2008).

vie cultuelle, ainsi que sur une reconnaissance du ministère pastoral et même sur l'interchangeabilité des ministres. Et pourtant cette communion ecclésiale n'est ni uniformité doctrinale ou confessionnelle, ni enfermement statique, puisque les Eglises s'engagent à poursuivre une évolution grâce à un partage théologique continu.

Une première critique majeure a été adressée à cette méthode dans les rangs protestants eux-mêmes. Le théologien finlandais Simo Peura déplore le manque de clarté de la méthode, car la différence entre la « chose » et ses expressions est de l'ordre qualitatif, alors que l'exposé différenciant entre le centre et la périphérie est de l'ordre quantitatif.[2] Pour l'auteur, cette ambivalence rend périlleuse la recherche du consensus dans l'analyse des *contenus*.

Un même souci est visible si l'on suit à la trace l'héritage de cette méthode du consensus différencié. L'on constate qu'elle a également prouvé sa pertinence dans le seul document signé par l'Eglise catholique avec les Eglises luthériennes en 1999, et en 2006 également par les Eglises méthodistes : la *Déclaration Commune concernant la Justification* (DCJ). Mais précisément, dans cette application plus tardive de la méthode, les théologiens ne se sont pas contentés d'exposer le consensus, mais se sont appliqués à le formuler avec des mots communs, à « confesser ensemble » ce que les Eglises partagent. Le centre du document expose les sept points litigieux classiques et leur résolution, par des affirmations spécifiques à chaque tradition, mais celles-ci sont précédées à chaque fois de ce qui est confessé ensemble. Et il n'est plus question d'affirmations fondamentales mais de « vérités fondamentales ».

Mais dans ce cas, la difficulté inhérente à ce modèle apparaît clairement : quel est le statut accordé à la différence ? Est-elle vraiment reconnue, ou simplement tolérée comme un pis-aller ? Selon le jésuite Bernard Sesboüé, « cette méthode marque un progrès réel vers la recomposition espérée d'un consensus total dans la foi, parce qu'elle situe à un niveau mutuellement reconnu ce qui fait encore l'objet d'une différence sen-

---

[2] Simo Peura, Leuenberg und die ökumenische Methode der Gemeinsamen Erklärung zur Rechtfertigungslehre, in: Unitas Visibilis. Studia Oecumenica in Honorem Eero Huovinen Episcopi Helsingiensis, Jari Jolkkonen et alii (Ed.), Luther-Agricola-Gesellschaft, Helsinki 2004, 174–194 (178).

sible ».[3] Cette affirmation montre que pour lui le consensus n'est pas encore « total ». Le catholique pense aux autres vérités de foi, en particulier à la question de l'Eglise et de sa constitution épiscopale, qui fait partie des vérités de *foi*.

C'est pourquoi selon cette perspective, la CL apparaît à l'Eglise catholique comme un « consensus minimaliste ». La crainte est que l'on se limite à majorer l'adjectif « différencié » pour justifier toutes les diversités, dans une simple coexistence qui n'est pas loin de l'indifférence réciproque. Dans ce cas, l'affirmation de la reconnaissance mutuelle deviendrait d'ailleurs précisément l'alibi de bonne conscience qui n'incite pas à approfondir les relations. Le seul projet œcuménique serait alors la discussion, un éternel débat qui se suffit à lui-même et permet même d'aiguiser la conscience de sa propre identité confessionnelle. Une critique liée à celle-ci a été adressée à cette méthode, tant dans les rangs protestants que catholiques : peut-on vraiment séparer la « forme » et le « fond » ? Une distanciation trop importante risque de donner place à toutes les formes possibles de l'organisation de l'Eglise et des ministères.

L'expérience de la communion ecclésiale réalisée montre qu'une vie commune nécessite notamment des structures mutuellement reconnaissables et des instances de décision communes. Un désaccord important se manifeste ici : entre les tenants du consensus différencié compris comme reconnaissance mutuelle, et ceux qui le considèrent comme le *départ* de *transformations* mutuelles nécessaires, notamment dans les structures ecclésiales. Dans les accords avec les Eglises anglicanes, le consensus a entraîné, comme on va le voir, l'urgence de repenser les structures ecclésiales afin que celles-ci servent la communion.

2. La pertinence du modèle de la communion ecclésiale

La CL a prouvé sa pertinence dans la mesure où sa méthode, le consensus différencié, a mené à une communion ecclésiale, la « Communion d'Eglises Protestantes en Europe » (CEPE), modèle réussi d'une véri-

---

[3] Bernard Sesboüé, Sauvés par la grâce. Les débats sur la justification du XVIè siècle à nos jours, Editions des Facultés jésuites de Paris, 2009, 236f.

table famille sur tout le continent européen (et en Amérique du Sud). Mais de plus, elle fut suivie par des modèles analogues sur d'autres continents :

- la *Formula of Agreement* aux USA établit la pleine communion en 1997 entre luthériens et réformés,
- la *Declaration of Amman* au Moyen-Orient en 2006, entre Eglises réformées et une Eglise luthérienne.[4]

Le modèle de communion ecclésiale de la CEPE se caractérise, selon la CL, par la légèreté des structures générales, chaque Eglise étant invitée à développer ses partenariats (§ 42–45). Cependant, la communion vécue a montré au fil du temps trois types de fragilité :

- La nécessité, pour l'approfondissement de la communion, de structures de décision partagées.

Ce fut là tout l'enjeu de la discussion persistante, depuis des années, d'un « synode européen ». Des réponses alternatives évitent pour l'instant cette solution radicale : une consultation régulière de dirigeants d'Eglises, l'importance des « groupes d'étude », travaillant les enjeux théologiques dans les régions.

- La montée de courants conservateurs, voire fondamentalistes.

Ce phénomène, qui n'est pas seulement religieux, est notamment visible dans l'influence importante que prennent les orientations conservatrices, surtout américaines, dans les Eglises minoritaires en Europe de l'Est, d'autant plus qu'elles les soutiennent financièrement. Il ne s'agit pas seulement d'Eglises évangéliques, comme le montre l'exemple de l'aile conservatrice du luthéranisme américain que sont le *Missouri Synod* et le *Wisconsin Synod*, exerçant une influence active sur des Eglises des pays de l'Est comme la Lettonie, l'Estonie, la Lituanie, jusqu'à pousser à des décisions qui remettent en question la communion existante entre Eglises de la CEPE. Ces Eglises reviennent notamment sur la pratique, pourtant déjà existante dans ces pays, d'ordonner les femmes au minis-

---

[4] The Amman Declaration of Lutheran and Reformed Churches in the Middle East and North Africa, à ne pas confondre avec la Fellowship of Middle East Evangelical Churches, Fédération de 23 Eglises du Moyen-Orient, dont les Eglises épiscopaliennes et méthodiste.

tère pastoral. Peut-on vraiment, dans ce cas encore, parler d'une communion partagée ?

- La constellation complexe entre l'histoire, la culture, les réalités sociales et économiques.

Le mouvement œcuménique, tout comme les pères de la CL, ne furent guère conscients de l'importance des contextes socio-historiques, et du fait que ceux-ci sont plus décisifs que les élaborations théologiques ! Ce n'est que vingt ans après la CL que paraît l'étude « Eglise, Etat, peuple et nation » (1995–1998). La publication *Theologie für Europa* tente aussi de faire justice à ces réalités contextuelles trop occultées.[5] Mais la CEPE fut aussi en mesure de proposer une méthode œcuménique innovante : le processus de « Guérison des mémoires » (*Healing of Memories*) mis en place en Roumanie à partir de 2005 par la CEPE, la Conférence d'Eglises Chrétiennes en Europe (CEC) et le Gustav-Adolf-Werk.[6] Ce processus, qui a été suivi par toutes les Eglises chrétiennes du pays, a permis de revisiter ensemble les stéréotypes de « l'autre », les mythes fondateurs et les lectures de l'histoire, afin d'évoluer ensemble vers des partenariats ecclésiaux et paroissiaux qui *a priori* semblaient impossibles.

Le travail théologique commun doit être non seulement de type informatif-doctrinal, destiné à clarifier les positions, mais aussi de type performatif : en travaillant ensemble ces enjeux, les Eglises évoluent dans leurs points de vue, et s'exercent à l'attention à une tradition commune.

La réconciliation entraîne bien une transformation des Eglises ! Mais jusqu'où ?

Cette question manifeste sa pertinence dans les Accords signés avec des Eglises anglicanes, autre signe d'une fertilité de la CL comme instrument œcuménique. Ces Eglises ont répondu différemment à l'enjeu de séparation entre le fond et la forme. Car selon la logique anglicane, la communion ecclésiale nécessite des *structures partagées*.

Tout comme pour l'Eglise catholique, l'ordination dans la succession épiscopale historique fait aussi, pour ces Eglises, partie des vérités de foi. Mais le consensus différencié permet par ailleurs aux Anglicans de reconnaître que les Eglises luthéro-réformées-méthodistes ont bien préser-

---

[5]   Theologie für Europa. Perspektiven Evangelischer Kirchen, hg. v. Martin Friedrich et al, Frankfurt/M. 2006.

[6]   http://cid.ceceurope.org/working-priorities/healing-of-memories.

vé la vraie foi, le baptême, la confession, la liturgie et donc l'apostolicité, tout en n'étant pas dans l'obédience de Canterbury. Elles les reconnaissent comme Eglises en acceptant leurs différences. Néanmoins, le ministère protestant ne peut être que « reconnu » et non « réconcilié », parce que l'ordination protestante ne s'insère pas dans la succession épiscopale historique. Aussi, selon la logique anglicane, il faut en quelque sorte « réparer » cette seule chose qui manque aux protestants qu'est cette succession apostolique dans le ministère épiscopal.

La signature, en 1998, aux USA, de la Déclaration *Called to Common Mission*, établissant la pleine communion entre épiscopaliens et luthériens américains, propose une solution.[7] La Déclaration souligne la nécessité d'une « incorporation » des évêques luthériens dans un « ministère partagé d'évêques dans l'épiscopat historique ». Les évêques luthériens sont donc intégrés, non dans l'Église anglicane, mais dans la succession épiscopale historique de *toute l'Église* chrétienne, par l'imposition des mains des évêques anglicans, qui répare pour eux la succession historique (§ 12). De plus, les pasteurs luthériens peuvent provisoirement être reconnus sans être réordonnés, jusqu'à ce que leurs évêques se retrouvent dans la succession historique.

Remarquons cependant que dans l'Accord jumeau, au Canada, signé à Waterloo, *Called to Full communion*, en 2008 , entre épiscopaliens et luthériens canadiens, le processus est plus souple.[8] Cette Déclaration souligne la grande proximité déjà vécue, et la « foi et spiritualité communes », recherchant seulement « une unité plus visible dans la mission et le ministère » (§ 2). Aucune obligation n'est faite aux luthériens d'entrer dans la succession historique ! Le texte se contente de souligner la « liberté de participer mutuellement aux ordinations/installations du clergé, y compris celles des évêques » (§ 7). Le seul engagement mutuel est d'inviter les évêques respectifs à participer à l'imposition des mains lors des ordinations épiscopales (§ 2). Ici l'on ne cherche pas à réparer une lacune de succession. De même, en Europe, les Déclarations de Meissen et Reuilly ne sont pas entrées dans cette logique d'intégration par une ordination

---

[7]   Called to Common Mission : A Lutheran Proposal for a Revision of the Concordat of Agreement . Texte en français in : André Birmele, Accords et dialogues œcuméniques, Olivétan 2008 CD-Rom.

[8]   Called to Full communion : The Waterloo Declaration. Texte en français in : André Birmele, Accords et dialogues œcuméniques, Olivétan 2008 CD-ROM.

anglicane, ne proposant qu'une *reconnaissance* mais non une *réconciliation* du ministère. Porvoo représente une situation spécifique d'un épiscopat historique maintenu.

Mais aujourd'hui s'ajoutent à ces défis posés à la communion d'autres défis redoutables, comme l'ouverture éventuelle de la CEPE à des partenariats avec des Eglises de type « confessant ».

3. La pertinence d'un « profil protestant » pour les défis de l'avenir

La CL a pu servir de catalyseur pour une nouvelle fierté protestante, présentant la communion ecclésiale comme une force politique et médiatique, un front protestant face aux « autres » confessions. Ceci peut-il être porteur aujourd'hui ? S'agit-il de construire un protestantisme fort – grâce à des alliances avec les Eglises de type évangélique, ou de favoriser un travail plus théologiquement homogène avec d'autres Eglises plus proches dans leurs options bibliques et ecclésiologiques ?

Le protestantisme représentant un lieu œcuménique en soi, la question de son identité se pose de manière récurrente, d'autant plus que si aujourd'hui l'on a pu affirmer que le protestantisme dépérit (en Europe), il ne s'agit que de certaines confessions, les Eglises historiques. Ces Eglises, qui ne sont pas offensives dans une spécificité « confessante », qui ne déploient pas de force missionnaire par crainte d'être soupçonnées de prosélytisme, ne sont plus une force propositionnelle pour la société. Pour subsister, elles ont tendance à se réfugier dans la quête d'une visibilité pan-protestante, avec des regroupements incluant les Eglises évangéliques, des événements médiatiques centrés sur le rapport à l'histoire et à la mémoire ou à des « valeurs » communes.

3.1 Un « profil protestant »

La dernière Assemblée générale de la CEPE, à Budapest en 2006, a choisi pour slogan « Approfondir la communion – le profil protestant en Europe ». L'expression datait de 2005 où, lors d'une rencontre des dirigeants d'Eglise avec Benoît XVI, l'évêque protestant allemand Wolfgang Huber avait lancé le concept de « l'œcuménisme des profils » pour qualifier la phase œcuménique actuelle. Or cette expression peut prêter lieu à différentes interprétations.

Lors de l'Assemblée de Budapest, Huber prit soin de préciser comment l'affirmation d'un « profil protestant » est compatible avec la CL, « l'unité dans la diversité réconciliée » insistant précisément sur le maintien d'une diversité, mais réunie dans un fondement commun.[9] Or dans l'expression de Huber, la question épineuse serait de savoir vers quoi devraient se développer ces profils ? Tout en insistant sur l'engagement œcuménique, l'évêque ne manque pas de préciser que l'Eglise catholique se rapproche des orthodoxes et que les Eglises de la Réforme ne doivent pas perdre de vue les Eglises évangéliques et pentecôtistes (p. 236). L'accent principal de cet exposé portait sur le souci que les Eglises de la Réforme s'expriment d'une voix commune et clairement positionnée sur les questions de politique, de société et d'éthique (p. 239). Il cherche à développer deux tâches des Eglises de la Réforme : proclamer la foi chrétienne et influencer leurs sociétés dans l'esprit de l'amour chrétien (p. 242).

L'évêque Huber se voit taraudé par une double difficulté : d'une part les Eglises enregistrent une crise de leur pertinence, et en Allemagne un taux important de désinscriptions, si bien qu'elles entrent dans une stratégie de marketing pour subsister, marketing demandant apparemment que le produit soit « profilé » pour intéresser les clients potentiels. Mais d'autre part, les Eglises de la Réforme se voient sommées par les contemporains, comme toutes les Eglises chrétiennes, de manifester la crédibilité de leur message de réconciliation par un témoignage *commun*. Il sait bien que son Eglise ne peut aujourd'hui se permettre le luxe de ne valoriser qu'une identité isolée.

Mais comment concrétiser ce « profil protestant » : que peut-il être aujourd'hui ? Huber renvoie aux « pères et mères de notre foi » (p. 238). Il évoque également des caractéristiques appréciées par l'opinion publique : la liberté de conscience, la synodalité, le lien entre foi et raison, la diversité.

---

[9]   Wolfgang Huber, Gemeinschaft gestalten – Evangelisches Profil in Europa, in: Texte der 6. Vollversammlung der Gemeinschaft Evangelischer Kirchen in Europa in Budapest, 12. bis 18. September 2006, hg. v. Wilhelm Hüffmeier u. Martin Friedrich, Frankfurt/M. 2007, 230–245.

C'est généralement cela que les Eglises de la Réforme mettent en avant pour prouver à leurs sociétés qu'elles ont un projet. Et l'opinion publique ne fait pas ici de véritable différence entre *les* protestantismes. Les théologiens et les responsables d'Eglise savent pourtant que les protestants sont précisément divisés sur ces questions ! Le « profil protestant » ne demeure-t-il pas un simple slogan au regard de nombreuses mutations du christianisme aujourd'hui ?

Il faut constater d'abord qu'entre la majorité des « protestants » il ne saurait même y avoir place pour un « consensus différencié », à plus forte raison une communion ecclésiale semble-t-elle hors de portée. Deux mouvements contradictoires se manifestent : l'entrée d'Eglises jusqu'ici profilées contre les Eglises historiques dans des dialogues avec elles ; et par ailleurs la distanciation très nette d'Eglises évangéliques, opposées à tout œcuménisme même intra-protestant. Troisièmement, un autre courant bien plus fort impose ses chiffres et relativise ainsi l'identité protestante : la naissance de christianismes transversaux, notamment le mouvement pentecôtiste-charismatique qui se veut transnational et transdénominationnel, les Eglises « ethniques » et les « Eglises émergentes ».

3.2 Une nouvelle redistribution des Eglises de type professant

L'entrée des Eglises méthodistes dans la CEPE a modifié la séparation classique entre Eglises « historiques » et Eglises « confessantes ». De même, depuis 2005, le dialogue de la CEPE avec les Eglises baptistes évoque la possibilité d'une reconnaissance mutuelle du baptême, et d'un statut associant ces Eglises à la CEPE. En Italie existe déjà depuis 1990 une « reconnaissance mutuelle », entre l'Eglise vaudoise, l'Eglise baptiste et l'Eglise méthodiste d'Italie.[10] Ces avancées connaissent évidem-

---

[10] « Document sur la reconnaissance mutuelle des Eglises baptistes, méthodistes et vaudoises d'Italie », in : André Birmele, Accords et dialogues œcuméniques, chap. V, 55ff. Les Eglises méthodistes et vaudoise sont en Italie, déjà depuis 1973 dans une « alliance d'intégration ». L'argument du texte est que ces Eglises n'ont plus à vivre comme si elles étaient séparées sur tout. Le texte précise ensuite tout ce qui leur est commun et partagé entre elles. Les deux domaines de désaccord : le baptême des enfants et la constitution synodale de l'Eglise, sont examinés. Affirmation spectaculaire : malgré le différend sur le baptême, le texte affirme « malgré la gravité et l'importance de ce problème, il ne consti-

ment des réceptions très différentes selon les pays et leur histoire, mais le processus général mérite d'être souligné

De même, à l'échelle mondiale, un dialogue réunit les luthériens et les adventistes. Lors de L'Assemblée générale qui a eu lieu à Stuttgart en juillet, la commission luthérienne-mennonite rendra public le résultat d'un dialogue qui revient sur les condamnations doctrinales des Anabaptistes, et une commission internationale luthérienne-pentecôtiste a été mise en place pour la première fois.

Or à l'heure où des avancées avec ces Eglises deviennent possibles, se dessine tout aussi clairement un mouvement évangélique qui se démarque des autres Eglises de la Réforme et tend aujourd'hui à se regrouper dans une stratégie de visibilité. Ainsi, si en France les Eglises évangéliques qui refusaient d'être assimilées à la FPF sont restées jusque-là plutôt dispersées et peu soucieuses d'institutions, elles viennent de créer une fédération concurrente qui leur assure un cadre extérieur plus visible.[11] Il apparaît aussi que contrairement aux principes évangéliques originels de retrait par rapport aux instances politiques et sociales, ces Eglises cherchent aujourd'hui à avoir une influence publique.

3.3 Des christianismes transversaux

Une question plus complexe encore se pose avec les formes de pentecôtisme post-dénominationnel. Des sociologues expliquent depuis un certain temps qu'il s'agit là d'un phénomène bien plus vaste, transnational et transdénominationnel, qui puise tant aux marqueurs protestants qu'aux aspirations catholiques profondes, avec des techniques médiatiques suivant la logique de marché. Une partie de la mouvance pentecôtiste-charismatique n'est-elle pas en passe de se séparer du protestantisme, y compris évangélique ? Une partie de ces Eglises souhaite s'attacher au mouvement œcuménique international en entrant dans les dialogues, mais le pentecôtisme ne craint pas les divisions internes !

---

tue pas un obstacle à la pleine communion entre nos Eglises » (§ 3.8). Car malgré les formes de baptême différentes, le fondement théologique est en commun, en particulier le rapport à la confession de foi (§ 3.9). le second argument est que le NT donne plus d'importance aux fruits du baptême qu'à sa forme (§ 3.10).

[11] CNEF, « Conseil National des Evangéliques de France », fondé en 2010.

Dans la même ligne transdénominationnelle se dessine de plus en plus clairement la réalité, jusque-là peu explorée, des « Eglises ethniques », ou « Eglises issues de l'immigration ». L'on a coutume d'y voir le souhait de préserver la langue, la culture, les liturgies autochtones. Or si elles rassemblent bien au départ les croyants d'un même ensemble culturel d'origine, elles ne gardent de cette culture que quelques marqueurs identitaires, ce qui leur permet de rassembler plus largement, selon une logique missionnaire, un grand nombre d'identités culturelles. En réalité la théologie ici vécue et prêchée n'est pas représentative d'une théologie africaine ou asiatique, car les prédicateurs ne sont pas formés dans les pays d'origine, mais plus souvent par les mégachurches américaines ou d'autres communautés de type évangélique-missionnaire. Leur point commun n'est pas tant la théologie ou la culture autochtone que le *souci missionnaire*. Il n'est donc pas, pour l'œcuméniste, possible de réfléchir à des ponts interconfessionnels, cet enjeu étant ici dépassé par les enjeux interculturels et le but de la profilation missionnaire.

De nouvelles constellations ecclésiales, qui se nomment volontiers « Eglises émergentes », se trouvent tant au sein des Eglises qu'à leurs marges. Elles se veulent plutôt « processus », « courant », « mouvement », voire « Eglise liquide » qu'Eglise repérable spatialement, même si quelquefois elles se revendiquent malgré tout d'une appartenance à une Eglise historique. Ces Eglises s'organisent autour de projets ou de recherche spirituelle, dans des lieux novateurs, elles refusent l'institutionnalisation et recherchent la croissance par la multiplication des adhérents. Elles se caractérisent par des liens de libre participation selon des parcours de foi personnels. Les Eglises émergentes représentent des constellations si diverses qu'aucun profil n'est discernable, *a fortiori* aucun profil protestant !

La réconciliation rêvée par l'œcuménisme du XXè siècle est ici à la fois opérée et insignifiante, par défaut, puisque la notion même de séparation confessionnelle n'a plus de pertinence ! Aussi l'affirmation d'un profil protestant, si elle a un certain succès médiatique, ne peut guère faire face sérieusement aux réalités actuelles.

Un enjeu œcuménique bien plus redoutable que dans l'ancienne polémique confessionnelle se dessine : le fossé entre des Eglises qui voient prioritairement leur tâche dans la multiplication missionnaire, et ce sans volonté de communion ecclésiale, et les Eglises qui veulent témoigner par les processus de réconciliation !

Il est heureux que la CL ait été signée par la génération précédente, et dans une autre situation historique, car l'époque actuelle sonne le glas d'un œcuménisme simplement interconfessionnel. La CL garde toute sa pertinence comme un garde-fou et un catalyseur, rappelant que la réconciliation des Eglises, sans la dissolution de leurs spécificités, correspond à la tâche de l'Evangile et représente un signe pour les peuples dans l'Europe en croissance et dans la globalisation. Mais elle doit aujourd'hui être relayée par de nouveaux instruments et de nouvelles méthodes œcuméniques, qui prennent davantage en compte les contextes et les partenaires spécifiques, sans pour autant que les Eglises ne renoncent à la méthode du consensus doctrinal.

Gott will, dass allen Menschen geholfen werde …

Die eine Welt Gottes und das Handeln der Kirche in der Globalisierung

Martin Schindehütte

«So ermahne ich nun, dass man vor allen Dingen tue Bitte, Gebet, Fürbitte und Danksagung für alle Menschen, für die Könige und für alle
Obrigkeit, damit wir ein ruhiges und stilles Leben führen können in aller
Frömmigkeit und Ehrbarkeit. Dies ist gut und wohlgefällig vor Gott,
unserm Heiland, welcher will, dass allen Menschen geholfen werde und
sie zur Erkenntnis der Wahrheit kommen. Denn es ist ein Gott und ein
Mittler zwischen Gott und den Menschen, nämlich der Mensch Christus
Jesus, der sich selbst gegeben hat für alle zur Erlösung, dass dies zu seiner Zeit gepredigt werde.» (1 Tim 2,1–6a).

Es steht einem Theologen und engagierten kirchlichen Praktiker gut
an, gerade bei grundlegenden Überlegungen zur Strategie kirchlichen
Handelns zuerst in die Bibel zu schauen. Und erst recht ist das geradezu
«überlebensnotwendig», wenn einer kirchenleitende Verantwortung trägt.
Denn auch solch ein Mensch soll zuerst auf die Botschaft der Bibel und
ihrer Zeugen antworten, sich nachdenkend und betend, analytisch und
theologisch reflektiert vor Gott verantworten. So ist es geradezu para-
digmatisch, dass Pfarrer Thomas Wipf, ein kirchenleitender Mensch von
besonderem Profil und ökumenischer Leidenschaft, mit einer Festgabe
von Aufsätzen verabschiedet wird, in denen es um nichts weniger als um
Strategien kirchlichen Handelns im 21. Jahrhundert geht.

Ich beginne also mit dem Blick auf den zitierten Text eines unbekannten Briefschreibers, der sich die Autorität des Apostels Paulus leiht,
um an Timotheus zu schreiben, der wohl ebenso fiktiv ist und an den
treuen Gefährten des Apostels erinnern soll. Das war sehr mutig, drei
Generationen später unter den dramatisch veränderten Bedingungen der
antiken griechischen Welt, in die das Christentum hineingewachsen war,
den Apostel neu zu interpretieren und mitten in das pralle Chaos einer
«heidnischen Welt», in der alles zugleich möglich schien, die Aufgabe der

kleinen verunsicherten christlichen Gemeinden zu beschreiben und ihnen eine grosse Perspektive zu geben. Und auch heute geht es nicht
anders, als mit dieser «geliehenen Autorität» mutig und verantwortungsvoll eben jene Übersetzungsleistung zu wagen, um unter den Bedingungen eines globalen Zusammenwachsens in unserer Zeit nach dem zu
fragen, was Gemeinden und Kirche heute aufgegeben ist. Und grösser
und globaler als damals können wir heute auch nicht formulieren: «Gott
will, dass allen Menschen geholfen werde und sie zur Erkenntnis der
Wahrheit kommen.»

Und knapper geht es auch nicht, den Zusammenhang von Zeugnis
und Dienst als Grundaufgabe der Kirche zu konstatieren. Interessanterweise ist hier die gewohnte Reihenfolge von Zeugnis und Dienst umgekehrt: Aus der wahrhaftigen Hilfe wächst die Erkenntnis der Wahrheit.
Und Hilfe ist durchaus nicht allein in einem spirituellen Sinne der Hilfe
zur Rettung der Seele gemeint. Nein sehr konkret wird formuliert: Hilfe
dazu, ein «ruhiges und stilles Leben zu führen». Wenn man diese etwas
quietistisch anmutende Formulierung mal anders übersetzt, dann wird
deutlicher worum es geht: «damit ihr ein Leben in Frieden, unbedroht
und in gerechter Teilhabe führen könnt». Als Bedingung für ein solches
Leben wird auch die Fürbitte für die «Könige und die Obrigkeit» genannt. Es wurden also schon damals politische Grundbedingungen gesehen, ohne die ein Leben in Frieden und gerechter Teilhabe nicht möglich
sein würde. Und immerhin hat schon Paulus mit seinen Missionsreisen
global gedacht und das ganze Imperium der Pax Romana im Blick gehabt.

In aller Orientierung an den realen Verhältnisse und der Frage nach
der Verantwortung der Christen in ihr ist unser Text in hohem Masse
auch ideologie- und politikkritisch. Für die Obrigkeit wird zu Gott gebetet. Er will, dass allen Menschen geholfen werde und sie zur Erkenntnis
der Wahrheit kommen. Das bedeutet: Alle weltliche Herrschaft bleibt
ihm verantwortlich. Sie wird sich in diesem Lichte zu bewähren haben
oder sich verfehlen.

Dieser Grundtext hat übrigens eine verblüffende Parallele zu einem
zentralen theologischen Text des 20. Jahrhunderts, der bis heute Grundorientierung kirchlichen Handelns in der Bezeugung des Evangeliums ist.
In der Barmer Theologischen Erklärung, These 5 heisst es:

«Die Schrift sagt uns, dass der Staat nach göttlicher Anordnung die
Aufgabe hat, in der noch nicht erlösten Welt, in der auch die Kirche

steht, nach dem Mass menschlicher Einsicht und menschlichen Vermögens unter Androhung und Ausübung von Gewalt für Recht und Frieden zu sorgen. Die Kirche erkennt in Dank und Ehrfurcht gegen Gott die Wohltat dieser seiner Anordnung an. Sie erinnert an Gottes Reich, an Gottes Gebot und Gerechtigkeit und damit an die Verantwortung der Regierenden und Regierten. Sie vertraut und gehorcht der Kraft des Wortes, durch das Gott alle Dinge trägt.»

Auch hier wird betont: Staatliche Autorität hat für Recht und Frieden zu sorgen. Sie ist darin Gott verantwortlich. Die Kirche selbst aber vertraut und gehorcht dem, der alle Dinge trägt. In diesem theologisch umrissenen Rahmen von öffentlicher Verantwortung, auf der Grundlage dieses Bekenntnis unseres Glaubens möchte ich meine grundlegenden Überlegungen zur diakonischen und ökumenischen Verantwortung stellen und sie in Beziehung setzen zu einer tiefgreifenden Neuorientierung und strukturell fundamentalen Fortentwicklung der ökumenisch-diakonischen Arbeit in der Evangelischen Kirche in Deutschland. Ich folge für die Gliederung den beiden Grundaussagen zu Dienst und Zeugnis des zitierten Textes aus dem Timotheusbrief.

1. Gott will, dass allen Menschen geholfen werde ...

Heute kann dieser Satz – nicht anders als damals – nur global verstanden werden. Wir müssen also der Tatsache Rechnung tragen, dass ökonomische und soziale Entwicklungen nicht mehr allein regional gedacht und erst recht nicht gestaltet und gesteuert werden können. Es hätte gar keine politische und gesellschaftliche Chance mehr, sich in ein Reservat wirtschaftlicher und sozialer Sicherheit retten zu wollen. Und erst recht ist es uns ökumenisch in der Gemeinschaft der Christen und in der Gotteskindschaft aller Menschen verwehrt, solche Versuche zu machen.

Die aktuelle Finanz- und Wirtschaftskrise hat unübersehbar und nicht mehr zu verdrängend klar gemacht, dass internationale Verflechtungen sowohl positiv, wie – noch evidenter – negativ auf das Leben einzelner Menschen und auf soziale Systeme unmittelbar zurückwirken. Die Kürzung des Elterngelds und anderer familienbezogenen Leistungen sowie der Abbau von Leistungen für Arbeitslose in den aktuell von der Bun-

desregierung geplanten «Sparkonzepten» zur Dämpfung des ungeheuren
Schuldenmachens in der Krise sind dafür nur ein konkretes Beispiel.

In gleicher Weise gilt das für all die besorgniserregenden und bedrohlichen Veränderungen der natürlichen Lebenswelt, für die es mit Wetter-
katastrophen, Verschmutzung, Vergiftung und Verknappung von Wasser, Land und Luft unzählige Beispiele gibt. Im Golf von Mexiko werden
Ausmasse sichtbar, die unsere schlimmsten Alpträume übertroffen haben.

All das führt in zunehmende Verteilungskämpfe und gefährdet den
Frieden. Nein es führt schon jetzt zu massiver Ausbreitung von Gewalt
und kriegerischen Auseinandersetzungen in vielen Regionen der Welt.

In der Evangelischen Kirche in Deutschland sind in den letzten Jahren die Zusammenhänge von gerechter Teilhabe, nachhaltigem Wirtschaften und der Überwindung von Gewalt und Krieg in verschiedenen
Denkschriften klar herausgearbeitet worden. Es fehlt also nicht an Erkenntnis. Wohl aber fehlt es an Strategien zur Umsetzung. Hoffnungs-
voll stimmen einige bemerkenswerte Entwicklungen in unserer Kirche.

Der Evangelische Entwicklungsdienst (eed) hat unter dem Titel «Zu-
kunftsfähiges Deutschland» gemeinsam mit dem Wuppertaler Institut für
Umwelt und Entwicklung einen erstaunlich breit aufgenommen Bera-
tungs- und Umsetzungsprozess in Gang gesetzt, der auf vielfältigen
Ebenen in konkrete Programme und Schritte der Umsetzung führt.

Die Dekade zur Überwindung von Gewalt wurde in der EKD breit
aufgenommen. Viele sind in der Vorbereitung der Internationalen ökumenischen Friedenskonvokation des Ökumenischen Rates der Kirchen
im Mai 2011 in Kingston, Jamaica, sehr engagiert.

Der Schlüsselprozess jedoch, mit dem die Evangelische Kirche in
Deutschland auf die beschriebenen Folgen der Globalisierung reagiert,
ist die Zusammenführung der diakonischen Arbeit, die eher regional und
national orientiert ist, mit der Entwicklungszusammenarbeit, die notwendig aus ihrer inneren Logik heraus ökumenisch und global orientiert
ist. Konkret: Der Evangelische Entwicklungsdienst (eed) fusioniert mit
dem Diakonischen Werk der EKD, zu dem Brot für die Welt gehört.
Dieser Prozess soll 2012 oder 2013 abgeschlossen sein. Dann sind die
Standorte Stuttgart und Bonn in Berlin zusammengeführt und eine Institution mit rund 700 Mitarbeitenden arbeitet in der Hauptstadt. Auch
dieser Standort ist Programm: Der Einfluss auf Politik und Gesellschaft

hin zu einem an gerechter Teilhabe und nachhaltig ökologisch orientierten Leben soll möglichst gross und wirksam werden.

In einem Argumentationspapier zur Fusion aus dem Jahr 2009 heisst es:

«Die Globalisierung hat die Welt verändert. Sie stellt auch die Kirche und mit ihr die Diakonie und Entwicklungsarbeit vor neue Aufgaben. Denn Armut und soziale Not sind zu weltweiten Phänomenen geworden, die grenzüberschreitend eng in komplexen Wirkungszusammenhängen verknüpft sind. Deshalb brauchen wir auch in unserem Land dringend eine gesellschaftliche Debatte darüber, wie die gemeinsame Zukunft der Menschen in einer globalisierten Welt aussehen kann.

Adäquate Lösungen für die weltweit drängenden sozialen Fragen können nur dann gefunden werden, wenn sich sozialpolitische Arbeit im In- und Ausland stärker aufeinander beziehen. Nur so können wir verhindern, dass die Sorge für die Benachteiligten und für soziale Sicherungssysteme im eigenen Land ausgespielt wird gegen die Sorge für die Benachteiligten weltweit. [...]

Die Neuausrichtung von Entwicklungsdienst und Diakonie in einem Zentrum für Entwicklung und Diakonie ist eine Investition in die Zukunft. Armut ist global geworden, der Wohlstandsgraben verläuft nicht mehr zwischen Kontinenten. Armut nimmt auch in den Industrienationen zu, weil dort Arbeitsplätze, Realeinkommen und staatliche Sozialleistungen zurückgehen. Eine Unterstützung und Vernetzung der Selbsthilfeorganisation von Bevölkerungsgruppen, die am Rande der Gesellschaft stehen, ausschliesslich auf globaler Ebene greift zu kurz, solange Menschen, Bevölkerungsgruppen und ganze Regionen im wirtschaftlichen Wettlauf um die günstigsten Standorte gegeneinander ausgespielt werden können.

Eine politische, an sozialen Mindeststandards ausgerichtete, Definition der Rahmenbedingungen einer Weltsozialordnung ist deshalb unabdingbar. An deren Formulierung und Durchsetzung zu arbeiten ist die Aufgabe von Kirche und Diakonie insgesamt und weltweit. Sie sind aufgrund ihres weltweiten Horizonts und ihrer Aufgabe prädestiniert dafür, die notwendige gesellschaftliche Debatte anzuführen und Netzwerke der Nächstenliebe und Solidarität über die nationalen Grenzen hinweg im Rahmen einer klaren Strategie nationaler und internationaler Armutsbekämpfung zu spannen.»

Der letzte Satz dieses Zitats ist mir besonders wichtig. Das neue Werk soll nicht nur ein ökumenischer «global player» sein. Es soll in dieser weltweiten Orientierung zugleich dazu beitragen, dass gerade auch in den lokalen und regionalen Strukturen, also auf Gemeindeebene und in Kirchenkreisen sowie natürlich in den Landeskirchen diakonisches und ökumenisches Engagement zusammenwachsen. Menschen sollen in konkreten Lebensvollzügen erfahren, dass Christsein notwendig diakonisch und ökumenisch ist. So soll «ownership» der Kirchen und Gemeinden an ihren eigenen ökumenischen Einrichtungen und Werken zurückgewonnen werden. Diese beiden Dimensionen zusammenzudenken, ist eine ausserordentlich anspruchsvolle konzeptionelle Aufgabe. Diakonie und Ökumene bleiben unterschieden, werden aber in genau definierten Kooperationsstrukturen aufeinander bezogen. Sie sollen «Netzwerke der Nächstenliebe und Solidarität über nationale Grenzen hinweg spannen». Eine «gemeinsame Strategie nationaler und internationaler Armutsbekämpfung» soll entwickelt werden. Solche Sätze sind schnell aufgeschrieben. Sie zu einem umfassenden Konzept zu entwickeln und in konkreten Projekten umzusetzen, wird besondere Anstrengungen in den nächsten Jahren erfordern und ständige Herausforderung bleiben. Dazu bedarf es eines umfassenden Konsultationsprozesses aller Beteiligten und einer genauen Verortung dieses Werkes in seinem kirchlichen Kontext.

2. ... und sie zur Erkenntnis der Wahrheit kommen

Der zweite Satz des biblischen Zitates weist auf einen Zusammenhang hin, der uns in eine gewisse Verlegenheit im Blick auf unsere eigene Geschichte führt. In diesem biblischen Satz werden Diakonie und Entwicklungszusammenarbeit in den unmittelbaren Zusammenhang gebracht damit, dass Menschen zur Erkenntnis der Wahrheit, also zu Glauben kommen. Diakonie und Mission, Entwicklung und Mission sind aber in unserer Geschichte und Gegenwart eher einander entfremdete Geschwister. Nicht selten haben wir es – zwanzig Jahre zurückschauend – für eine Art Gütesiegel gehalten, unsere diakonische Arbeit im eigenen gesellschaftlichen Umfeld und unsere ökumenisch-diakonische Arbeit in der Entwicklungszusammenarbeit so zu gestalten, dass man gar nicht mehr wahrnahm, dass wir das als Christen tun. «Bloss nicht missionieren!» Wir wollten, so redeten wir uns selbst ein, niemanden in einer abhängigen Lage mit unserem Glauben überwältigen. Natürlich ist es um der Freiheit des Glaubens willen nicht erlaubt, die Abhängigkeit von Menschen auszunutzen. Aber müssen wir deshalb vermeiden, als Christen erkennbar zu sein? Oft höre ich auf meinen ökumenischen Reisen, dass von unseren Partnerkirchen nur schwer verstanden wird, warum unsere Entwicklungsprojekte nur allzu locker mit ihrer kirchlichen Arbeit verbunden sind. Ich gebe unseren Brüdern und Schwestern nicht einfach eine bestätigende Antwort. Ich argumentiere, dass eine nachhaltige und ganzheitliche Entwicklung in einer Region nur gelingen kann, wenn alle relevanten gesellschaftlichen Kräfte und zivilen Organisationen darin einbezogen sind. Also auch säkulare Organisationen und auch Menschen und Organisationen anderer Religionen. Das bedeutet dann eben auch, dass unsere Hilfe nicht allein auf Christen bezogen werden kann. Es soll ja allen Menschen geholfen werden. Aber all diese Argumente lassen ihre Fragen nach dem Zusammenhang von Entwicklungszusammenarbeit und Bezeugung des Evangeliums nicht verstummen. Und das zu Recht!

Lange haben wir uns um eine Entfaltung dieses inneren Zusammenhangs herumgedrückt. Wir stehen nach meinen Erfahrungen noch ziemlich am Anfang, beide Dimensionen von Dienst und Zeugnis theologisch und praktisch aufeinander zu beziehen und lebendig werden zu lassen. Lange genug haben wir diakonische Aufgaben aus Gemeinde und Kirche ausgelagert mit dem Argument, sie brauchten besondere Professionalisierung. Natürlich ist Professionalität notwendig. Sie kann aber keine von unserer Grundorientierung an Gottes liebender Zuwendung unberührte Fachlichkeit sein. Es sind oft genug geradezu beglückende Erfahrungen, wenn Sozialarbeiter, Psychologen, Berater, Mediziner entdecken, welche Tiefendimension ihre eigene Professionalität bekommt, wenn sie sich in Beziehung setzt zu unserem Glauben und dem Leben in unsere Kirche. Und umgekehrt gilt ebenso, dass unser Zeugnis des Glaubens Konkretion und Lebensnähe gewinnt, wenn es sich «erden» lässt – von der analytischen und praktischen Kraft anderer Professionen. Und schliesslich müssen wir unser Verständnis von Professionalität weiten. Eine reine Fachlichkeit reicht lange nicht mehr. Zur Professionalität gehört es ganz unverzichtbar, Menschen, die sich in einem Arbeitsfeld freiwillig engagieren, mit ihren Gaben und Fähigkeiten in diakonische und ökumenische Prozesse und Konzepte zu integrieren. Es gilt, in gleicher Weise von ihnen zu lernen wie sie zu qualifizieren.

Vor allem aber haben wir auch eine grundlegende theologische Aufgabe vor uns. Der Rat der EKD hat für die begonnene Legislaturperiode erstmals eine «Kammer für weltweite Ökumene» berufen. Eine ihrer ersten Aufgaben wird sein, theologisch grundlegend das Verhältnis von Entwicklung/Diakonie und Mission zu durchdenken und konkret zu beschreiben. Wie sind sie voneinander zu unterscheiden? Wie sind sie aufeinander bezogen, sodass sie einander bereichern und befruchten?

Diesen Zusammenhang von Diakonie/Entwicklung und Mission in unserem eigenen Land, aber eben notwendigerweise auch mit unseren christlichen Geschwistern weltweit zu gestalten, kann von dem fusionierten «Evangelischen Zentrum für Entwicklung und Diakonie» (EZED – Arbeitstitel!) nicht allein verwirklicht werden. Selbstverständlich muss diakonische und entwicklungsbezogene Arbeit in sich selbst klienten- und partnerorientiert sein. Sie würde sonst sofort ihre Professionalität verlieren. Selbstverständlich braucht es auch theologische Reflektionen und Kompetenz in diesem ökumenischen Werk selbst darüber, was es heisst Diakonie und ökumenische Entwicklungszusammenarbeit als Wesensäusserung von Kirche zu verstehen. Selbstverständlich ist es eine Frage der inneren Verfasstheit und Kultur, wie diese Arbeit aus einer eigenen spirituellen Grundhaltung des Glaubens heraus geschehen kann.

Zugleich jedoch muss sich diese «Mega-Organisation» in ihr kirchliches und ökumenisches Umfeld einfügen zu gegenseitigem Lernen und Nutzen. Das beeindruckende globale Netz entwicklungspolitischer Zusammenarbeit, das die EKD gemeinsam mit den Freikirchen in Deutschland geknüpft hat, muss verwoben werden mit dem Netzwerk der Missionswerke in Deutschland mit ihrer Dachorganisation des Evangelischen Missionswerks. Dieses Netzwerk hat unverzichtbare komplementäre Orientierungen und Qualitäten, die besonders betrachtet und genutzt werden müssen.

Was sind die besonderen Möglichkeiten der Missionswerke. In einem internen Papier des EMW heisst es dazu:

«Die geschwisterlichen Beziehungsgeflechte von Missionswerken sind in der Regel aus früheren missionarischen Aktivitäten erwachsen und haben sich in landeskirchlich verankerte Partnerschaften zwischen Kirchen, Kirchenkreisen und Gemeinden transformiert. Unterschiedlich ausgeprägt werden sie verstanden z. B. als Gemeinschaften von Kirchen, Communio, Fellowship. Sie gestalten sich als langjährige, vertrauensvolle und thematisch umfassende Weggemeinschaften im gemeinsamen Glauben. Diese Partnerschaftsnetze bieten eine entscheidende Grundlage für Bewährungsproben, um Differenzen über unterschiedliche Positionen in zentralen theologischen Fragen auszuhalten und den geschwisterlichen Streit darüber – wo nötig über einen längeren Zeitraum – zu führen. Dafür sind auch länderspezifische Kompetenzen wichtig, die sich häufig in Gestalt von gewachsenen persönlichen Vertrauensbeziehungen äussern. Solche langjährige Vertrautheit ermöglicht es, im streitbaren aber konstruktiven Umgang den Zusammenhang von Profilierung, Pluralität von Wahrheitsverständnissen, Toleranz und bleibender ökumenischer Verbundenheit zu verdeutlichen und zu leben.»

Daraus ergibt sich als eine Spezialkompetenz der Missionswerke die aus vielfältigen Begegnungen, Konsultationen und wechselseitiger Fürbitte gewachsene Kompetenz einer theologischen Grundierung und Durchdringung von missionarisch-ökumenischen Weggemeinschaften auf nationaler, regionaler und weltweiter Ebene. Missionstheologische Grundsatzarbeit sieht es in unterschiedlicher Ausprägung als eine ihrer Kernaufgaben an, Themen und Anliegen aus den Kirchen des Südens zur Sprache zu bringen, die für das weltweite Miteinander von Kirchen und Religionen bedeutungsvoll sind. Solche Debatten finden Verknüpfungen auch mit entwicklungsrelevanten Themen und werden in vielfältiger Weise in hiesige ökumenische Lernprozesse an der Basis eingespeist.

Hier eröffnet sich eine ausserordentliche vielversprechende Perspektive einer schon bestehenden, aber doch weiter zu klärenden und strukturierenden Verknüpfung miteinander korrelierender kirchlicher Handlungsfelder. Ich nenne zwei Bereiche, in denen diese Verknüpfung von zentraler Bedeutung ist.

Zum einen: In der Debatte um den theologischen und praktischen Zusammenhang von Entwicklung und Mission sind Missionswerke und Entwicklungswerke aufeinander angewiesen. Die Missionswerke haben von Beginn ihrer Wirksamkeit an ihre Mission in sehr konkreten Handlungsfeldern betrieben. Sie gründeten Schulen, Krankenhäuser, Farmen und handwerkliche Betriebe. Sie verknüpften für die Menschen vor Ort konkrete Erfahrungen von Bildung, Heilung und Lebensgestaltung mit der Botschaft von der liebenden und versöhnenden Zuwendung Gottes zu den Menschen. Sie verfolgten von Anfang an einen ganzheitlichen Ansatz. In der heutigen Ökumene-Sprache heisst das «a holistic understandig of mission». Dieser Zusammenhang ist bis heute wirksam –

bei allen Veränderungen hin zu geschwisterlichen Modellen kirchlicher Gemeinschaft mit den ehemaligen Missionskirchen. Theologisch muss diese Erfahrung für die Debatte des Zusammenhangs von Mission und Entwicklung fruchtbar gemacht werden. Praktisch ist zu fragen, in welcher Weise das EZED den «Entwicklungsprojekten» der Missionswerke dienlich sein kann. Kann es Dienstleistungen für die Missionswerke erbringen? Kann das EZED bei Wahrung der «ownership» der Missionswerke (oder auch anderer Träger von Entwicklungsprojekten) administrieren und qualifizieren? Kann man Administration von Projekten nicht verwirklichen, ohne die eigene kirchliche und spirituelle Beziehung zu den Geschwistern zu verlieren? Kann sie – entlastet von Administration, Evaluation, Abrechnungspflichten – vielleicht gerade darin auch eine neue Qualität gewinnen?

Zum anderen: Mir fällt auf, wie grundlegend sich der theologische und geistliche Charakter vieler Kirchen ändert. Charismatische Bewegungen gewinnen an Einfluss in den aus der Mission hervorgegangenen nun auch schon «historischen» Kirchen. Vielerorts verlieren sie aber auch nicht unerheblich Mitglieder an pentekostale Kirchen. Die kirchlichen Paradigmen verändern sich. Kürzlich hörte ich von einem asiatischen Kirchenleiter den bezeichnenden Satz: «Education is risky!» Er meinte damit, dass seine Gemeindeglieder durch allzu gründliche Bildung in Glaubenszweifel gestürzt werden und ihren Leitungen nicht mehr unkritisch folgen. Was bedeutet ein solches Verständnis für die Zusammenarbeit mit diesen Kirchen? Unsere Entwicklungswerke setzen ja zu Recht grundlegend auf Lern- und Bildungsprozesse, die in eine eigenständige und selbsttragende Gestaltung eines Lebens aus Armut und Abhängigkeit heraus in ein auskömmliches Leben in verantworteter Freiheit führen sollen? Es könnte sein, dass manche Verständnislosigkeit und manch mangelnde Kooperation mit Partnerkirchen in sehr fundamental unterschiedlichem Verständnis von Zeugnis und Dienst, von Verantwortung und Freiheit liegt. Es könnte sein, dass wir einen sehr grundlegenden und wechselseitigen Dialog mit unseren Geschwistern über den Zusammenhang von Glauben und Weltverantwortung führen müssen, um die theologischen und ekklesiologischen Grundlagen unserer Zusammenarbeit überhaupt erst zu klären. Für einen solchen grundlegenden theologischen Dialog über Einheit und Verschiedenheit unserer Kirchen und die Potentiale einer fruchtbaren Zusammenarbeit in Zeugnis und Dienst sind die Missionswerke mit ihrem Evangelischen Missionswerk und die

«Partnerschaftsarbeit» der Landeskirchen auf ihren jeweiligen Ebenen und in ihren verschiedenen Strukturen von unersetzbarer Bedeutung. Ein «holistisches Verständnis» von Mission erfordert gerade den kommunikativen Verbund zwischen diesen verschiedenen Handlungsfeldern unserer diakonischen und ökumenischen Arbeit.

Um die Komplexität der Aufgabe noch besser zu erfassen, haben wir auf den ökumenischen Kontext zu schauen. Brot für die Welt und eed sind Mitglieder des weltweiten ökumenischen Zusammenschlusses von ACT-Alliance, die wiederum eng mit dem Ökumenischen Rat der Kirchen verbunden sein soll. Strukturell ist eine Verknüpfung hergestellt. Nun gilt es, sie in einen lebendigen Kommunikations- und Arbeitszusammenhang zu bringen. Denn auch weltweit bleibt es die Aufgabe, diesen Verbund kirchlicher Entwicklungsinstitutionen mit den multilateralen Organisationen der Kirchen, insbesondere dem ÖRK, zusammenzudenken und zusammenzuhalten.

In gleicher Weise haben die «mission-agencies» und die Mitgliedskirchen eine zentrale Bedeutung für den theologischen Dialog und die theologische Bildung in der ökumenischen Bewegung. Es kommt ja darauf an, dass sich in den ökumenischen Strukturen die Kompetenzen der unterschiedlichen Handlungseben von Kirchen und ökumenischen Organisationen untereinander austauschen und befruchten.

Kirche im 21. Jahrhundert – Ökumene ist theologisch schon lange als unverzichtbare Dimension von Kirche erkannt. Mit der Globalisierung wird sie eine praktizierbare Realität – aber auch eine noch lange nicht eingelöste Aufgabe.

Re-orienting public opinion: from politics of identity to the common concern for justice

Olav Fykse Tveit

1. Religious freedom in context

The *Minaret-Initiative* has been one of the most recent Swiss examples in European politics of actions intended to create loyalty towards right wing political parties and directed against Muslim minorities. Xenophobic attitudes against migrants of various origins, and other minorities, are exploited for political or economic interests. Suspicion against the stranger with a different cultural and religious background from the dominant group is a phenomenon with deep roots in xenophobia. It has fuelled violence and brutal persecution of minorities and has always been a threat to peace and different groups' life in community. Therefore, we look on this phenomenon as a severe moral problem.

In the context of a globalized world we see diverse migrant communities in every city of Switzerland and increasing cultural and religious plurality. Against this background, it is not surprising that such feelings surface. However, to take advantage of them for political gain is irresponsible and counterproductive for the future of life in community. It is true that the increasingly visible presence of Islam is disturbing some patterns of traditional Swiss society. However, politicians who give in to the populist temptation of utilizing such emotions radically undermine their ability to work for the common good of the whole society. It is even worse if these efforts find wide public attention through the media within Switzerland and abroad.[1] In the glare of publicity, social opinion is misdirected or confused.

Swiss Muslims have reason to be concerned about their acceptance in society and the degree of respect for their religious symbols. Research conducted by the University of Luzern examined the complex issue of

---

[1] According to Simon Bradley, «Deconstructing the new religious landscape», in: *SwissInfo*, June 22, 2009, the media are full of news concerning Islamic terror.

new religious buildings and their symbols in the public domain. The conclusion was that religions in Switzerland do not receive equal treatment, even in the same city. Public acceptance of a new religious building depends on a range of factors, including the political context, media climate and whether the religion is new or established. Swiss history is also a history of being a free space for encounters and dialogue, even for refugees from religious persecution. One hopes that Switzerland will not loose its status of an important player in international bridge building and peace building between cultures and nations.

The Federation of Swiss Protestant Churches (FSPC) has been aware of the seriousness of these challenges, especially in light of the fact that freedom of religion and the separation of state and religion are highly valued by the Protestant tradition. In this context the FSPC President, the Rev. Thomas Wipf, began to reflect on the basic values and attitudes that shape the communal and social life of communities and encouraged the Swiss society to face the task of accepting the concerns of people of Muslim faith.[2] As a responsible leader rooted in the Protestant tradition, Wipf affirms Christian responsibility to respect those who think and believe differently:

"As Christians in this country we therefore insist that our Muslim neighbours should be able to live out their religious convictions openly and as a community. The Islamic associations will also find the Christian churches and Jewish associations to be partners on whom they can rely to a great extent when it comes to defending the basic rights of religious freedom, developing regular dialogue, making encounters possible and acting as ambassadors for religious concerns at the political level."[3]

This is an expression of mutually accountable leadership in a changing world, taking responsibility for the whole – for the other, just as for one's own constituency.

---

[2]   Thomas Wipf, *In Dialogue with Muslims: Transparency and Openness are Indispensable*, FSPC Impulse 1, Federation of Swiss Protestant Churches, Bern, 2007, 5.

[3]   Wipf, In Dialogue [Anm. 2], 5–6.

2. Responsible leadership and just relationships – a global perspective

Responsible leadership clearly requires addressing the challenges and opportunities of increasing cultural diversity and religious plurality. It is always necessary to include a focus on just relationships and the impact this has on interreligious relations and cooperation. Peace requires justice, and justice requires a moral responsibility for our common good. Responsible leaders need to focus on priorities that are essential for nurturing relationships and the future of humankind. Setting people against each other, or directing energies towards exclusion of others for political gains, is utterly irresponsible in a time when nations are concentrating on common efforts to eradicate poverty, address preventable diseases, overcome violence and care for creation as paramount concerns. The failure of progress towards the United Nations' Millennium Development Goals (UN MDGs) and towards a post-Kyoto agreement on the reduction of greenhouse gas emissions underlines the urgency to re-direct public opinion towards priorities for a common future.

Of course, it has not been helpful that the emphasis on social and environmental justice has been attacked in recent decades by those who promote the *free market* as a panacea for all problems. One of the fathers of the neo-liberal ideology which dominated public discourse for more than two decades, Friedrich Hayek, simply denied that injustice would be a relevant criteria for market societies. He declared that social justice "does not belong to the category of error but to that of nonsense."[4] Justice issues were thus considered irrelevant by the economist. The experience of the recent financial crises has paved the way for a thorough critique of such positions. Just now, the widely known and highly recognized Indian economist, Amartya Sen, a Nobel laureate in 1998, has published a new book on the «Idea of Justice».[5] He argues that there may be no agreement on a detailed concept of justice because the search for justice has to be embedded in different contextual realities and cultures. There can still be a well-reasoned agreement on concrete efforts to eliminate scandalous examples of manifest injustice such as slavery, bonded

---

    [4]   Friedrich Hayek, *Law, Legislation, and Liberty*, Volume 2, The Mirage of Social Justice, New York, 1973.
    [5]   Amartya Sen, *The Idea of Justice*, Cambridge (Mass.), London 2009.

labour, marginalization of women, hunger, lack of adequate education and health care. Justice idealized is futile; justice realized is measured by decreasing instances of blatant injustice and better living conditions for the marginalized and impoverished. This is not just an ardent plea for the implementation of the UN MDGs, but for tangible action with those suffering from injustice in so many places of the world.[6] Such a call for action is motivated by Amartya Sen's own traumatizing experience of the devastating Bengal famine in 1943 that cost the lives of an estimated 3 million people.[7]

Amartya Sen's approach resonates with a shift in ecumenical social thought that occurred in the late 1960s and since then has had considerably influence on the critique of the prevailing development paradigm by the fellowship of member churches of the World Council of Churches (WCC).[8] This is especially true for the conviction that engagement for justice must start with those suffering from structural injustice and oppression, and that justice requires their participation in the process of change and transformation. This shift was a practical consequence of biblical and theological reflection on "God's option for the poor".[9] The importance of different cultural and religious contexts, the necessary dialogue among them and the value of practical cooperation – aspects

---

[6]   Ibid, 388–390.

[7]   Amartya Sen, *Poverty and Famines. An Essay on Entitlement and Deprivation*, Oxford 1981, 52ff. and 195ff.

[8]   Cf. Ans van der Bent, *Commitment to God's Word. A Concise Critical Survey of Ecumenical Social Thought*, Geneva 1995, 120ff.; see also C.I. Itty, Just, Participatory and Sustainable Society, in: Nicholas Lossky et al., *Dictionary of the Ecumenical Movement*, 2nd edition, Geneva 2002, 624f.

[9]   Cf the trilogy edited by Julio de Santa Ana: a) *Good News to the Poor: The Challenge of the Poor in the History of the Church*, Geneva 1977; b) *Separation without Hope? Essays on the Relation Between the Church and the Poor During the Industrial Revolution and the Western Colonial Expansion*, Maryknoll/NY 1980; c) *Towards a Church of the Poor. The Work of an Ecumenical Group on the Church and the Poor*, Geneva 1979. In retrospect the theological emphasis on the messianic role of the poor that characterized the period of the late sixties and early seventies under the influence of Latin American Liberation theology is seen with more critical eyes (partly because of the simple fact that many of the poor have moved to Pentecostal churches).

that are widely neglected by the prevailing paradigm of economic reasoning – were increasingly discovered through this approach.[10]

Parallel developments in the work on interreligious dialogue led to
similar insights. The WCC policy document on Common Understanding
and Vision, which was adopted by its central committee in 1997, ex-
presses the commitment of the fellowship "to foster dialogue and cooperation with people of other faiths in order to build viable human communities". The WCC ecumenical vision, which was reaffirmed at the 8th
WCC Assembly held in Harare in 1998, stated the following "[...] we
open ourselves for a culture of dialogue and solidarity, sharing life with
strangers and seeking encounter with those of other faiths". Such articu-
lation of the WCC understanding of interreligious dialogue, giving priority to «dialogue in community»[11] is based on the dialogue experience of its
member churches that lived for centuries in a *dialogical co-existence* with
members of other religions.

S. Wesley Ariarajah, who led WCC interfaith dialogue from 1981 to
1991, described this approach in the following way:

"Interfaith dialogue was understood as an encounter between people
who live by different faith traditions, in an atmosphere of mutual trust
and acceptance. Dialogue did not require giving up, hiding or seeking to
validate one's own religious conviction; in fact, the need for being rooted
in one's own tradition to be engaged in a meaningful dialogue was em-
phasized, as were common humanity and the need to search in a divided
world for life in community. Dialogue was seen as a way not only to
become informed about the faiths of others but also to rediscover essential dimensions of one's own faith tradition. The benefits of removing
historical prejudices and enmities as well as the new possibilities for
working together for common good were recognized and affirmed."[12]

---

[10]   In response to the WCC engagement for «Justice for the poor», the FSPC has
been paying special attention to contributions with a well-founded perspective on devel-
opment policies and the ways to achieving the UN MDGs, cf. Hella Hoppe/Christoph
Stückelberger, *Reforms for Strengthening the United Nations: Orientations and Proposals of the
Federation of Swiss Protestant Churches*, SEK-FEPS, Bern 2005; see also: Thomas Wipf,
Rediscovering Calvin: the churches on the 500th anniversary of the birth of the Reformer John Calvin,
FSPC Impulses no. 6, Bern 2009, 14.

[11]   WCC Guidelines on Dialogue with People of Living Faiths and Ideologies, Geneva 1979.

[12]   S. Wesley Ariarajah, «Interfaith Dialogue» in: Losskey et al., *Dictionary* [Anm. 8].

At the same time, this community-based approach (*diapraxis*) did not exclude the theological engagement with religious plurality, which has been on the agenda of the ecumenical movement many times, reaching a certain consensus in 1989[13] and 1990.[14] At the 2006 WCC Assembly in Porto Alegre, WCC member churches brought this issue into focus again and agreed to strengthen their common efforts in the area of interreligious dialogue and cooperation, and to strengthen their ecumenical theological reflection on what it means to be a Christian in a world of many religions, in which the *other* is not any more a subject of mission but a partner in dialogue.

Such transformation in attitude urgently requires looking at the meaning of faith and religion together with people of other faiths while taking global responsibility together. The Catholic theologian Paul Knitter asserts that linking interreligious dialogue with global responsibility provides the opportunity not only for a different kind of dialogue but also for effectively better dialogue:

"When religious persons together listen to the voices of the suffering and oppressed, when they attempt together to respond to those needs, I have found that they are able to trust each other, and to feel the truth and the power in each other's strangeness. The suffering other becomes mediator, as it were, or conduit of trust and comprehension between different religious worlds."[15]

In other words, common praxis is the starting point which plays an integral role in interreligious dialogue when people of different religious views reach a level of trust enabling them to speak together religiously or theologically based on their common action for the well-being of this world.

---

[13] The world mission conference of 1989, cf. Frederick R. Wilson (ed.), *The San Antonio Report*, Geneva 1990.

[14] Baar Statement: *Theological Perspectives on Plurality*, Geneva 1990.

[15] Paul F. Knitter, *One Earth Many Religions: Multifaith Dialogue and Global Responsibility*, New York 1995, 12.

3. Reasoned dialogue while sharing the space

Focusing again on Switzerland, many observed with great appreciation that the Federation of Swiss Protestant Churches and the Swiss Council of Religions have been working closely together under the leadership of Thomas Wipf in opposing publicly the so-called *Minaret Initiative*.[16] Wipf gave an account of his motivations and theological reasoning in a brief contribution to the bulletin of the Open Forum Davos which accompanies the World Economic Forum in the famous Swiss ski resort.[17] In this article, Wipf refers to the increasing diversity of the Swiss religious landscape. But he also asks what holds a society together:

"While the question of what keeps a society together is not a new one, it is being asked again today with greater urgency than before. It has become clear that our secular, democratic state of law, and our free, multicultural society require a new framework that goes beyond security, economic and social policy. Switzerland is also a humane place, and a place of human coexistence. As Christian churches, we know that this also touches on faith and ethical orientation, aspects central to the identity of human society."[18]

Wipf reaffirms the separation of state and religion as a condition safeguarding the freedom of religion and creating space for dialogue among a plurality of opinions and worldviews. In the same session at the World Economic Forum, he stated again:

"In our view, the state does not have a religion – precisely for the sake of religion itself. The state should not be the guardian of the truth but the guardian of freedom."[19]

Yet he acknowledges the complexity of the question of separating the sacred and the secular sphere in Islam, and therefore he calls for more clarity on this issue and other matters that should become subjects of continuous dialogue and reflection between Christians and Muslims. He adds:

---

[16]   Cf. http://www.sek-feps.ch/en/topics-a-z/council-of-religions.

[17]   Thomas Wipf, *Towards a basic consensus among religions,* in. Bulletin Open Forum Davos 2010, special edition, Federation of Swiss Protestant Churches, Bern, 2010, 24f.

[18]   Ibid, 24.

[19]   Wipf, In Dialogue [Anm. 2], 7.

"People of Muslim faith have long been part of Switzerland. They are residents of the country and a large number of them are now Swiss citizens. Islam is indeed not only part of our economic world, but a part of our social and religious lives as well. People of Muslim faith now inquire of us concerning our willingness to share our Swiss living space with them."

Here the Swiss church leader goes beyond the framework developed by the famous and very influential 20th-century Swiss theologian Karl Barth.[20] Barth could still describe the relationship between congregation and community, church and state as two concentric circles linked to each other in a series of analogies even given the consequences of secularization and the separation of church and state. Such a relationship still presupposes a certain cultural coherence of the shared space, whereas today the marks of cultural diversity and religious plurality need to be taken into account. This requires a far more dialogical and relational approach.

But Barth's work also includes reflections that already come much closer to this reality. For instance, in his Church Dogmatics[21] Barth presents his reflections on the positive relationship between revelation and historical experience and the world of religions. Here the world and the different religions are not by themselves analogies of the way in which the coming kingdom of God transforms the world. It is significant that in this context Barth refers to the cross of Jesus Christ. It is only there that salvation in Christ becomes visible within the world.

These thoughts imply a link between interreligious dialogue and the concern for the common good of society which is at the heart of Thomas Wipf's plea for a consensus among religions. In new ways, the recognition of the rapidly changing context with increasing religious plurality leads back to the centre of Protestant theology, the cross as the sign of God's presence in the world, sharing in the suffering and the even the death of human beings so that the promise of life in its fullness can take shape in the coming of God's reign.

As WCC general secretary, I have started my work calling for a deeper understanding of the meaning of the cross as a symbol of Christianity and Christian values.

---

[20]   Cf. for the following Karl Barth, *Christengemeinde und Bürgergemeinde*, Zürich 1946.

[21]   Cf. Karl Barth, *Church Dogmatics*, IV/3 para 69.

How shall we, then, best give shape to the ecumenical movement of the cross in our time? And how can the ecumenical movement be a movement of the cross – the tree of life? Perhaps we should emphasize what some of the early teachers of the church tell us: when Christ stretches out his arms at the cross, he is stretching out to the whole world, embracing everybody. One example is the colourful and powerful Latin-American cross (in front of this pulpit), with images of daily life and a woman stretching out her arms to everybody and to God, in worship. Reminded of what the cross is, we see that the exclusiveness of the cross is precisely that it is inclusive.

The gift of the cross binds us together. Our open arms can be a sign of the ecumenical movement of the cross, showing that we need one another, that we want to share God's gifts in this beloved world with all.[22]

By means of these words I am also gratefully considering the important impulses I have obtained from years of contact and collaboration with Thomas Wipf in our search for a common and authentic Christian witness.

---

[22] The Ecumenical Movement of the Cross, Sermon for the service of installation of Rev. Dr Olav Fykse Tveit as general secretary of the World Council of Churches, Geneva 2010, 9.

AUTORINNEN UND AUTOREN

Michel Bollag: Lic. phil. I, Co-Leiter des Zürcher Lehrhauses, Fachreferent für das Judentum, verschiedene Lehraufträge an Universitäten und Fachhochschulen in der Schweiz und im Ausland, Co-Präsident der evangelisch-jüdischen Gesprächskommissionkommission des Schweizerischen Israelitischen Gemeindebundes (SIG) und des Schweizerischen Evangelischen Kirchenbundes (SEK); Studium der Pädagogik, Psychologie und Philosophie, 1981–1992 Leitung der Religionsschule der Israelitischen Cultusgemeinde Zürich, 1992–2001 Rabbinatsassistent an der Israelitischen Cultusgemeinde Zürich.

Michael Bünker: *1945, Bischof Hon.-Prof. Dr.; Bischof der Evangelischen Kirche A.B. in Österreich, Vorsitzender des Evangelischen Oberkirchenrates A.u.H.B. in Österreich, Generalsekretär der Gemeinschaft Evangelischer Kirchen in Europa GEKE; 1980 Vikar in Wien-Döbling, nach der Ordination Pfarrer in Wien-Florisdorf, 1991 Leitung der Evangelischen Religionspädagogischen Akademie, 1999 Wahl zum Oberkirchenrat.

Peter Bukowski: *1950, Pfr. Dr. h. c.; Direktor des Seminars für pastorale Ausbildung am Theologischen Zentrum Wuppertal, Dozent für Homiletik, Liturgik und Seelsorge, Moderator des Reformierten Bundes, Liturgiebeauftragter der Gemeinschaft evangelischer Kirchen in Europa (GEKE); Studium der evangelischen Theologie und der Musik in Berlin, Bonn und Köln; psychotherapeutische Ausbildung in Düsseldorf.

Ingolf U. Dalferth: *1948, Prof. Dr. Dr. h. c.; Inhaber des Lehrstuhls für Systematische Theologie, Symbolik und Religionsphilosophie an der Universität Zürich, Direktor des dortigen Instituts für Hermeneutik und Religionsphilosophie und Danforth Professor of Philosophy of Religion an der Claremont Graduate University, School of Religion.

Christine Egerszegi-Obrist: *1948; seit 2007 Aargauer Ständerätin; 1995–2007 Nationalrätin, 2006–2007 Nationalratspräsidentin.

Thomas Flügge: *1978, Dipl. theol, Journalist (FJS); seit 2007 Beauftragter für Öffentlichkeitsarbeit des Schweizerischen Evangelischen Kirchenbundes SEK sowie der Gemeinschaft Evangelischer Kirchen in Europa GEKE; 2006 Wissenschaftlicher Mitarbeiter am DFG-Projekt «Transformation der Religion in der Moderne» der Ruhr-Universität Bochum.

+ *Peter Henrici SJ:* *1928, Mgr. Prof. Dr. phil., Emeritierter Weihbischof von Chur; 1960–1963 Philosophieprofessor an der Päpstlichen Universität Gregoriana, Rom; 1993–2003 Generalvikar des Bistums Chur in Zürich.

Martin Ernst Hirzel: *1965, Pfr. Dr. theol.; seit 2006 Beauftragter für Ökumene und Religionsgemeinschaften des Schweizerischen Evangelischen Kirchenbundes (SEK), Mitglied des Zentralausschusses des Ökumenischen Rates der Kirchen (ÖRK), stellvertretendes Mitglied des Rates der Gemeinschaft Evangelischer Kirchen in Europa (GEKE); vorher Professor für Kirchengeschichte an der Theologischen Fakultät der Waldenserkirche in Rom.

Hella Hoppe: *1970 , Dr. rer. pol.; Beauftragte für Ökonomie am Institut für Theologie und Ethik (ITE) beim Schweizerischen Evangelischen Kirchenbund; 2003–2005 Program Associate im UNO Verbindungsbüro der Friedrich Ebert Stiftung in New York; 2004–2005 Stipendiatin des Fulbright New Century Scholars Program «Toward Equality: The Global Empowerment of Women»; 2002–2003 Wissenschaftliche Assistentin an der Fakultät Politikwissenschaft der Universität Münster, 2001–2002 Wissenschaftliche Referentin in der Enquête-Kommission «Globalisierung der Weltwirtschaft» beim Deutschen Bundestag in Berlin.

Wolfgang Huber: *1942, Prof. Dr. theol. Dr. h. c.; 2003–2009 Vorsitzender des Rates der Evangelischen Kirche in Deutschland, Honorar-Professor an der Humboldt-Universität zu Berlin und der Universität Heidelberg; 1980–1984 Professor für Sozialethik an der Universität Marburg, 1983–1985 Präsident des Deutschen Evangelischen Kirchentages, 1984–1994 Professor für Systematische Theologie an der Universität Heidelberg, 1989 Lilly Visiting Professor an der Emory University in Atlanta/USA, 1994–2009 Bischof der Evangelischen Kirche Berlin-Brandenburg (schlesische Oberlausitz), 1997–2009 Mitglied des Rates der Evangelischen Kirche in Deutschland, 1998–2001 Mitglied des Zentral- und des Exekutivausschusses des Ökumenischen Rates der Kirchen, 2001–2003 Mitglied des Nationalen Ethikrates in Deutschland.

Clifton Kirkpatrick: *1945, Rev. Dr. Dr. h. c., Stated Clerk Emeritus, Presbyterian Church (U.S.A.), Visiting Professor of Ecumenical Studies and Global Ministries, Louisville Presbyterian Theological Seminary; 2004–2010 President of the World Alliance of Reformed Churches; 1981–1996 Director of the Worldwide Ministries Division, Presbyterian Church (USA), 1972–1981 Executive Director, Houston (Texas) Metropolitan Ministries, 2007–2009 President of the International Calvin Jubilee Patronage Committee, 1998–2006 Member of the Central and Executive Committee, World Council of Churches.

Rifa'at Lenzin: *1954, lic. phil.; freiberufliche Islamwissenschaftlerin und Co-Leiterin des Zürcher Lehrhauses, Publizistin und Dozentin an verschiedenen Universitäten und Fachhochschulen, Arbeitsschwerpunkte: Fragen der Interkulturalität, Genderfrage im Islam und muslimischer Identität in Europa, Mitglied des Interreligiösen Think-tank und Vize-Präsidentin der Interreligiösen Arbeitsgemeinschaft in der Schweiz IRAS COTIS; Studium der Islamwissenschaft, Religionswissenschaft und Philosophie in New Delhi, Zürich und Bern.

Frank Mathwig: *1960, PD Dr. theol.; Beauftragter für Theologie und Ethik am Institut für Theologie und Ethik des Schweizerischen Evangelischen Kirchenbundes, Privatdozent am Fachbereich 1, Evangelische Theologie der Universität Siegen und Lehrbeauftragter für Ethik an der Theologischen Fakultät der Universität Bern.

Rüdiger Noll: *1958, Pfarrer der Evangelischen Kirche von Westfalen, Direktor der Kommission für Kirche und Gesellschaft der Konferenz Europäischer Kirchen (KEK) mit Büros in Brüssel und Strassburg, Assoziierter Generalsekretär der Konferenz Europäischer Kirchen, Mitglied des Rates für Religions- und Glaubensfreiheit der der OSZE/ODIHR, Berater des Europäischen Rates der Religionsführerinnen und -führer, Exekutivsekretär für Menschenrechtsfragen der KEK, Berater für Gerechtigkeit, Frieden und Bewahrung der Schöpfung.

René Pahud der Mortanges: *1960, Prof. Dr. iur. utr., Professor für Rechtsgeschichte und Kirchenrecht an der Universität Freiburg/Ue., Direktor des dortigen Instituts für Religionsrecht, Mitglied der Leitungsgruppe des NFP 58 (‹Religion, Staat und Gesellschaft›).

Elisabeth Parmentier: *1961, Prof. Dr. theol, Professorin an der Faculté de théologie protestante, Université Strasbourg; 1994–2001 Kopräsidentin der Leuenberger Kirchengemeinschaft, 2001–2006 Präsidentin der Gemeinschaft Evangelischer Kirchen in Europa.

Silvia Pfeiffer: *1945, Dr. phil.; Kirchenratspräsidentin des Kantons Schaffhausen, Vizepräsidentin des Rates des Schweizerischen Evangelischen Kirchenbundes (SEK); Studium der Geschichte, Kirchen-, Kunstgeschichte, Deutsche Literatur, Assistentin am Institut für Sozialethik an der Theologischen Fakultät der Universität Zürich bei Prof. Dr. Arthur Rich, Assistentin und Lehrbeauftragte am Historischen Seminar der Universität Zürich, 1987–2004 Mitglied des Kantonsrates Schaffhausen (1994 Präsidentin).

Martin Schindehütte: *1949, Bischof für Ökumene und Auslandsarbeit der Evangelischen Kirche in Deutschland und Leiter der Amtsstelle der Union Evangelischer Kirchen; Studium der Theologie und Sozialpädagogik, Gemeindepfarrer, Studienleiter der Evangelischen Akademie Hofgeismar, Oberkirchenrat der EKD und geistlicher Vizepräsident des hannoverschen Landeskirchenamtes.

Peter Schmid: *1951, Dr. theol. h.c.; seit 2003 u. a. Mitglied des Rates des Schweizerischen Evangelischen Kirchenbundes, Präsident der Fachhochschule Nordwestschweiz, Vorsitzender des Kuratoriums des Frey-Grynaeischen Instituts Basel; 1989–2003 Mitglied der Kantonsregierung Baselland, politisch verantwortlich für Bildung, Wissenschaft, Kultur und Sport; Engagement für den jüdisch-christlichen Dialog.

André Schneider: Managing Director and Chief Operating Officer at the World Economic Forum; Classical Orchestra Musician, PhD in Computer Sciences; Researcher in parallel computers for the European Community, IT consultant for various companies and organizations, 2000 Director of Knowledge Management and Associate Member of the Managing Board of the World Economic Forum, since 2003 member of the Managing Board.

Paolo Tognina: *1964, seit 2001 Radio- und Fernsehbeauftragter der Conferenza delle chiese evangeliche di lingua italiana in Svizzera, Redaktor der ‹Voce evangelica› (Kirchenbote Tessin und ital. Südbünden); Studium der evangelischen Theologie in Rom und Atlanta (USA), 1992, ordiniert in Torre Pellice, 1992–2000 evangelischer Pfarrer in Muralto/Locarno.

Olav Fykse Tveit: *1960, Rev. Dr.; general secretary, World Council of Churches; 2002–2009 general secretary of the Church of Norway Council on Ecumenical and International Relations, 1999–2002 secretary for the Church of Norway Doctrinal Commission and Church-State Relations, 1996–2001 Research scholar Norwegian School of Theology 1996-2001, 1991–1996 Ecumenical officer Church of Norway, 1988–1191 Parish pastor in Haram.

Eveline Widmer-Schlumpf: *1956, Dr. iur. und Rechtsanwältin; seit 1. Januar 2008 Vorsteherin des Eidgenössischen Justiz- und Polizeidepartements; von 1994 bis 1998 Mitglied des Grossen Rats des Kantons Graubünden, von 1998 bis Ende 2007 Mitglied des Bündner Regierungsrats.